For & Against

Debating in English

Argumenter et convaincre en anglais

Florent Gusdorf

ellipses

Du même auteur chez le même éditeur

World Wise Words - L'anglais pour réviser ses examens, 2010, 192 p.
Anglofun • America • Apprentissage ludique de la culture et de la civilisation américaines, 2010, 340 p.
(en collaboration avec John Wisdom)
Words Today, Les mots d'aujourd'hui, 2009, 383 p.
Tout le vocabulaire du TOEFL, TOEIC, 2009, 448 p.
Pratique de l'anglais médical. Lexique à l'usage des professionnels de la santé, 2008, 208 p.
Anglofun • Great Britain • Apprentissage ludique de la culture et de la civilisation britanniques, 2008, 272 p.
(en collaboration avec John Wisdom)
Hot off the Press – Traduire sans trahir, 2006, 128 p. (en collaboration avec Alan Manning)
La version anglaise aux concours – Corrigés commentés des versions aux concours des grandes écoles commerciales, 2002, 224 p.
La version anglaise aux concours – Corrigés commentés des versions aux concours des grandes écoles scientifiques, 2002, 288 p.
Guide anglais-français du Cybermonde, 1998, 288 p.
Traduire la presse 2 – Entraînement au thème anglais, 1996, 160 p.
(en collaboration avec Alan Manning)
L'A.B.C.D. du QCM d'anglais : Cahiers d'entraînement, 1995, 318 p.
(en collaboration avec Stephen Lewis)

dans la collection « Words »

e-words. Le vocabulaire des nouvelles technologies, 2008, 480 p.
Trans Words – Plus de thèmes anglais – 5000 phrases de thème corrigées, 2004, 608 p.
More Words – Plus de vocabulaire anglais – 1500 exercices corrigés et commentés, 2003, 608 p.
Words Université, 1999, 264 p.
Words Internet – Cyberespace – Info-tech, 1999, 192 p.
Words Lycée, 1993, 216 p.
Words Business, 1992, 304 p.
Words Politics, 1992, 272 p.
Words Techniques, 1992, 384 p.
Words Communications, 1992, 240 p.
Words Classes préparatoires HEC, 1991, 416 p.
Words – Médiascopie du vocabulaire anglais, 1991, 704 p.

dans la collection « Bloc-notes »

TOEFL/TOEIC Express • Auto-évaluation • Grammaire, 2009, 208 p.
TOEFL/TOEIC Express • Auto-évaluation • Vocabulaire, 2008, 208 p.
English Academy • Les 50 fautes d'usage les plus fréquentes en anglais, 2008, 128 p.
Key Words English. Vocabulaire de la vie de tous les jours, 2007, 128 p.
Complete to Compete. Réviser son vocabulaire anglais – Thèmes de société, 2007, 128 p.

ISBN 978-2-7298-6044-8

32, rue Bargue 75740 Paris cedex 15

www.editions-ellipses.fr

Pour Declan Mc Cavana
Président de le French Debating Association
et
Grand Master in Forensics

Table of contents

Avertissement 6
Introduction : les outils pour le débat 7
1. A woman's place is at home 14
2. Abolishing the death penalty 16
3. Abortion is a crime 18
4. Animal experimentation is necessary 20
5. Ban Sunday trading 22
6. Being an only child 24
7. Big government 26
8. Bosses are paid too much 28
9. Building a mosque at Ground Zero 30
10. Camping is the best way to vacation 32
11. Cellphones 34
12. Censoring the Internet 36
13. Children should help with household chores 38
14. China: the next superpower? 40
15. Climate change is a hoax 42
16. Cons/ex-cons should have the vote 44
17. Credit card limits for youth 46
18. Democracy is the least worst option 48
19. E-books are a bane for book publishers 50
20. Education is the only way of cutting crime 52
21. Election expenses should be limited 54
22. English: the new lingua franca? 56
23. Equal pay for women 58
24. Europeans are lazy 60
25. Euthanasia should be made legal 62
26. Extreme sports 64
27. Face-veils 66
28. Football needs video referees 68
29. Free speech means all speech is free 70
30. French culture is doomed to disappear 72
31. Gays should be allowed to serve in the army 74
32. Giving money to the poor won't eradicate poverty 76
33. Globalization is doing more harm than good 78
34. Gun control must be imposed 80
35. Health has no price 82
36. High-speed society is destroying culture 84
37. Home-schooling is the best education 86
38. Hunting does more good than harm 88
39. Immigration is a boon to rich countries 90
40. Information technology (IT) 92
41. Is development sustainable? 94
42. It is better to buy than to rent 96
43. LDCs should limit their brain drain 98
44. Legal restrictions on gambling 100
45. Legalizing medical marijuana 102
46. Let priests marry 104
47. Living in a city 106
48. Living on campus 108
49. Living without Google 110
50. Making money is the new religion 112
51. Marriage is an outdated institution 114
52. Money rules our lives 116
53. More women should sit on corporate boards 118
54. Museum entry should be free 120
55. Newspapers are doomed to disappear 122
56. No one should be forced to live to a hundred 124
57. No smoking—anywhere, anytime 126
58. Nuclear energy is the future 128
59. Offshore drilling 130
60. Parents are the best teachers 132
61. People should be encouraged to work longer 134
62. Plastic bags ought to be banned altogether 136
63. Plastic surgery is more about plastic than surgery 138
64. Professional athletes are paid too much 140
65. Public transport should be free 142
66. Rainforests are the lungs of the Earth 144

67. Road pricing is the way to go 146
68. School uniforms 148
69. Scientific articles should be made free 150
70. Space exploration is not worth the cost 152
71. Strikes are a thing of the past 154
72. Students should evaluate their teachers 156
73. Studying abroad is a necessity 158
74. Suicide is a personal right 160
75. The American Dream is dead 162
76. The EU makes no sense 164
77. The European social model is on its last legs 166
78. The monarchy is a thing of the past 168
79. The Olympic Games are a folly 170
80. The Web: bane or boon? 172
81. The world is losing the war on AIDS 174
82. To clone or not to clone 176
83. Torture can be justified 178
84. TV is doing more harm than good 180
85. Water is Africa's major challenge today 182
86. Windfarms are an eyesore 184
87. Youth is the best time of life 186

Avertissement

- Débattre en anglais est devenu un exercice incontournable. Qu'il s'agisse de la **classe de lycée**, de la **préparation aux examens et concours** ou dans la **discussion** de tous les jours, l'élève ou le candidat est confronté à un point de vue qu'il doit défendre, étayer, illustrer. Ceci est également vrai dans la **vie professionnelle** de l'ingénieur, du commercial, de l'homme d'affaires ou de l'élu politique. À l'écrit ou à l'oral, chacun doit être capable de convaincre et persuader. L'art du débat s'inscrit, par ailleurs, dans tous les **examens internationaux de langue**, que ce soit le **TOEFL**, le **GRE**, l'**IELTS** ou le **CLES**. C'est en pensant à ces publics divers que *For and Against* a été conçu.
- *For and Against* regroupe **87 sujets de débat**. Ces sujets concernent l'actualité médiate et immédiate, et couvrent les grands espaces de discussion de nos sociétés : éducation, religion, politique, santé, technologie, transport, environnement, énergie, économie, sport ou loisirs. *For and Against* se veut être le reflet de débats qui, pour certains s'inscrivent dans une tradition philosophique de longue date, et pour d'autres dans l'actualité brûlante de tous les jours.
- Chaque thème s'articule sur **deux pages**. Sur la page de gauche figure le **vocabulaire de base** indispensable au sujet de débat. Ce sont les mots incontournables que l'étudiant doit maîtriser et qu'il sera amené à manier. Sur la page de droite, figurent **deux catégories d'arguments** *For* et *Against*, le pour et le contre. Les arguments sont classés par rubrique. Ils permettent de nourrir le débat, de l'enrichir et de le structurer. Ils sont autant d'amorces d'idées que l'étudiant est invité à approfondir.
- Les **thèmes de débat** ont été retenus pour leur **pertinence** et leur **fréquence**, mais aussi pour leur **richesse linguistique**. Certes, s'il n'a pas été possible de mentionner tous les arguments, nous avons tenté de les présenter de façon cohérente, en respectant une **neutralité** aussi stricte que bienveillante. Ils ne reflètent en rien les opinions de l'auteur, dont le rôle s'est limité à la construction d'un inventaire à partir d'un recensement des points de vue les plus larges possibles.
- En guise **d'introduction**, nous avons souhaité apporter quelques **outils**. Expressions, phrases rhétoriques, connecteurs, classes de mots pour et contre, ce vocabulaire utile permettra de donner du relief au débat tout en le contenant dans les limites appropriées de la courtoisie linguistique.

Introduction : les outils pour le débat

Examiner une question

Verbs you can use with "question" : to consider / to discuss / to examine : examiner • **to deal with / to tackle** : traiter de • **to discuss** : discuter • **to talk (sth) over** : discuter, débattre (de qch) • **to address** : aborder • **to bring up / to pose / to raise** : soulever • **to thrash out** : débattre • **to hash over** : discuter ferme de • **to hash out** : discuter en détail de • **to evade / to parry** : éviter • **to find a solution (to)** : trouver une solution (à)

Aborder une idée

Verbs you can use with "idea" : to bring up : évoquer • **to come up with / to dream up** : imaginer, concevoir • **to hit upon / to think up** : trouver • **to toss around** : remuer, agiter • **to moot / to input** : soulever, mettre sur le tapis • **to put forward / to promote** : mettre en avant • **to entertain / to flirt with / to toy with** : caresser • **to mull over / to turn over** : ruminer, réfléchir à, tourner dans sa tête • **to encourage / to generate** : encourager / produire • **to stifle** : étouffer • **to bounce (an idea) off sb** : tester (une idée) sur qn • **to brainstorm** : agiter, remuer • **to discuss / to explore / to talk about** : discuter de / explorer / parler de • **to transform / to translate (into)** : transformer (en) • **to come into sb's head** : entrer dans l'esprit de qn • **to occur to sb / to hit sb** : frapper qn • **to stem from** : provenir de

Développer des arguments

Verbs you can use with "argument" : to put forward / to offer / to present : avancer • **to develop** : développer • **to illustrate / to support / to underline** : illustrer / être à l'appui de / souligner • **to be based on** : être fondé sur • **to buttress** : étayer • **to question** : mettre en doute • **to discount** : ne pas prendre en compte • **to dismiss / to reject** : écarter • **to apply (to)** : s'appliquer (à)

Expressions with "argument" : to enter into an argument (with / over) : engager une polémique (avec / à propos de) • **at this point several arguments could be mentioned** : on peut invoquer ici plusieurs arguments • **another argument supports this thesis** : il existe un autre argument à l'appui de cette thèse • **to stand up to scrutiny** : résister à l'analyse • **a flaw in an argument** : une faille dans un argument • **a line of argument** : un raisonnement • **it is beyond argument** : c'est indiscutable • **to be open to argument** : être à l'écoute des arguments

Positive adjectives you can use with "argument" : cogent / convincing / forceful / conclusive / persuasive : convaincant • **plausible** : plausible • **relevant** : pertinent • **tenable** : défendable • **sound** : solide, judicieux • **true** : vrai • **genuine** : authentique • **powerful / compelling** : puissant • **indisputable / unquestionable** : indiscutable • **well-grounded** : bien fondé

Negative adjectives you can use with "argument" : unfounded / groundless : sans fondement • **debatable / questionable** : contestable • **arguable** : discutable, contestable • **controversial** : controversé • **far-fetched** : tiré par les cheveux • **false** : faux • **flimsy** : ténu • **illusory / illusive** : trompeur, illusoire • **irrelevant** : hors sujet, sans rapport avec la question • **misleading** : trompeur • **shallow** : superficiel • **spurious** : fallacieux •

doubled-edged : à double tranchant • **moot** : controversé

Examiner un problème

Verbs you can use with "issue" : to raise : soulever • **to debate** : débattre de • **to discuss** : discuter de • **to address / to consider / to deal with** : traiter de • **to examine / to look at** : examiner • **to explore** : explorer • **to tackle** : aborder • **to clarify** : clarifier • **to focus on** : se concentrer sur • **to highlight** : souligner • **to touch on** : aborder • **to avoid / to evade** : éviter

Adjectives you can use with "issue" : sensitive / touchy : sensible • **divisive** : polémique • **thorny** : épineux • **crucial** : crucial • **vital** : vital • **complex** : difficile • **unresolved** : non résolu • **a contentious / hot button issue** : un sujet controversé / sensible • **a controversy / controversial** : une polémique / controversé • **issues concerning / related to** : les problèmes concernant / en rapport avec

Débattre

Verbs you can use with "debate" : to take part in : prendre part à, participer à • **to win / to lose** : gagner / perdre • **to stir** : susciter • **to wade in (a debate)** : se mettre de la partie • **to step into** : se mêler à, s'immiscer dans • **to contribute to** : contribuer à • **to encourage / to promote** : encourager, promouvoir • **to provoke / to spark off** : provoquer • **to stifle** : étouffer • **to rage** : faire rage • **to be widely debated** : être largement débattu

Adjectives you can use with "debate" : fierce : virulent • **brief** : bref • **acrimonious** : acrimonieux • **heated** : chaud • **lively** : animé • **stormy** : orageux • **thorny** : épineux

Peser le pour et le contre

to weigh / to examine the pros and cons / both sides of an argument / the debate between the benefits and disadvantages : peser le pour et le contre • **the positive / the negative aspects / sides (of)** : les aspects / les côtés positifs / négatifs (de) • **to argue both sides of a debate** : débattre du pour et du contre • **the most significant advantage / disadvantage (of / to)** : l'avantage / l'inconvénient le plus significatif (de) • **a step forward, in the right direction / backward** : un pas en avant, dans la bonne direction / en arrière • **to outweigh the benefits (of)** : compenser les avantages (de) • **to militate (for / against)** : militer (pour / contre) • **to argue (against / about / in favor of)** : argumenter, témoigner, discuter, débattre (contre / au sujet de / en faveur de)

to argue for : to assert : affirmer • **to claim** : prétendre • **to put forward** : avancer • **to state** : déclarer • **to sustain** : soutenir • **to uphold** : maintenir • **to recommend** : recommander • **to speak for** : s'exprimer en faveur de • **to stump / to tout** : vendre, militer pour

to argue against : to confute : démontrer l'erreur, réfuter • **to contradict** : contredire • **to debunk** : discréditer • **to deny** : dénier • **to disprove / to refute / to rebut** : réfuter • **to object** : objecter • **to prove wrong** : critiquer • **to confute** : démontrer l'erreur, réfuter

Lister les arguments pour

the main / great advantage (to / of) : l'avantage principal (de) • **one (major) advantage (of)** : un avantage (essentiel) (de) • **one / another / a further / an additional advantage (of)** : un autre avantage (à) • **the greatest / first / most serious advantage** : l'avantage majeur / le plus sérieux • **another positive aspect (of)** : un autre aspect positif (de)

Useful positive verbs : to benefit • to help • to improve • to lift • to raise • to please • to satisfy • to save • to rescue • to strengthen • to boost • to enhance • to reinforce

Useful positive nouns : benefit • the pros • positive side • good point • strength (of an argument)

Useful positive adjectives : beneficial • advantageous • helpful • useful • valuable • satisfying • satisfactory • pleasing • propitious • worthy • worthwhile • timely

Useful positive adverbs : thankfully • fortunately • advantageously • enjoyably • luckily

Lister les arguments contre

the main disadvantage (of) / one major disadvantage (of / to) : un / l'inconvénient majeur (de) • **another / an additional disadvantage** : un autre inconvénient / un inconvénient supplémentaire

Useful negative verbs : to damage • to ruin • to diminish • to destroy • to endanger • to jeopardize • to harm • to hurt • to bother • to inconvenience • to annoy • to weaken • to interrupt • to worsen • to mar • to spoil • to ruin • to mitigate

Useful negative nouns : drawback • the cons • difficulty • downside • inconvenience • shortcoming • annoyance • weakness

Useful negative adjectives : disadvantageous • detrimental • troublesome • inconvenient • annoying • hurtful • weak

Useful negative adverbs : inconveniently • unfortunately • annoyingly • dangerously

Introduire les arguments

firstly / first of all / to start with / to begin with / in the first place : pour commencer, premièrement • **first and foremost** : en tout premier lieu • **to begin with / to start with** : pour commencer • **first of all** : tout d'abord • **at first sight / at first glance / on the face of it** : à première vue • **by way of introduction** : en guise d'introduction • **secondly / then / in the second place** : puis, deuxièmement • **finally / lastly** : enfin, en dernier lieu

as regards : en ce qui concerne • **regarding** : quant à • **as for** : pour ce qui est de • **as for the question (of)** : en ce qui concerne la question (de)

Souligner un point du débat

to emphasize : insister • **to underline / to underscore / to highlight / to stress** : souligner • **to feature (event / person / story)** : mettre en vedette • **a feature** : un trait caractéristique, une particularité • **to italicize** : mettre, imprimer en italiques • **to play up (sth)** : insister sur l'importance (de qch) • **to point out (to)** : souligner • **to dwell on** : s'étendre sur • **to hammer in** : enfoncer • **to make crystal clear** : bien préciser

Ajouter des arguments au débat

above all : par-dessus tout • **moreover / besides / furthermore / in addition (to) / what is more** : en outre, de plus • **incidentally, we must not forget (that)** : notons au passage (que) • **in the bargain** : par-dessus le marché • **on further examination** : à y regarder de plus près • **on second thoughts** : toute réflexion faite • **I'd like to touch again on an idea** : je souhaiterais reprendre une idée • **we must also remember (that)** : il faut aussi noter (que) • **without going too much into detail** : sans nous appesantir sur les détails • **there is another side to the issue / question / argument (of)** : il existe un autre point de vue sur la question

Conclure un débat

to sum up / to cap it all / to wrap it up : en résumé • **to recap** : récapituler • **all in all / in a nutshell** : en un mot • **in conclusion / as a conclusion** : en conclusion, en guise de conclusion • **all things considered / on the whole** : dans l'ensemble • **on balance** : l'un dans l'autre • **taking everything into account** : toutes choses étant considérées • **as was previously stated** : comme indiqué précédemment • **it all boils down to (+ ING)** : tout cela revient à • **all in all** : en définitive • **in the last / final analysis** : en dernière analyse

Marquer son accord

I agree with : je suis d'accord avec • **you are quite right to point out** : vous avez raison d'attirer l'attention sur • **though I fully agree with him (that), I still believe (that)** : bien qu'étant totalement d'accord avec lui (que), je n'en crois pas moins (que) • **I couldn't agree more (that / with)** : je suis tout à fait d'accord (pour dire que / avec) • **it is agreed (that)** : il est convenu (que) • **to approve of** : approuver • **it is true (that)** : il est vrai / juste (que) • **granted / I grant you (that)** : je vous accorde (que) • **I'm broadly in agreement (with)** : je suis d'accord dans les grandes lignes (avec) • **A says, rightly in my view, (that)** : A dit, et à juste titre, selon moi, (que) • **we must acknowledge the validity of his point** : nous devons reconnaître la validité de son argument

Marquer son désaccord

to disagree with : être en désaccord avec • **to make reservations** : formuler des réserves • **to raise objections** : soulever des objections • **to refute a claim** : réfuter un argument • **to be far from the truth** : être loin de la vérité • **I am in complete disagreement (with)** : je suis en total désaccord (avec) • **it is wrong to say (that)** : il est faux de dire (que) • **I disapprove of his attitude** : je désapprouve son attitude • **I don't share B's opinion** : je ne partage pas le point de vue de B • **I don't hold the same view as B** : je n'ai pas la même vision que B • **I don't see it in the same way as** : je ne le vois pas sous le même angle que • **the question is not (whether)** : la question n'est pas de savoir (si) • **it is irrelevant to assert (that)** : il est hors de propos d'affirmer (que) • **A seems to miss the point completely** : A semble n'avoir rien compris • **the argument isn't worthy of our attention** : cet argument ne mérite pas qu'on s'y arrête • **whether you like it or not** : que cela vous plaise ou non • **whether he... is beyond the point** : qu'il... ou non, là n'est pas le problème • **I don't see your point** : je ne comprends pas ce que vous voulez dire • **I don't follow the trend of your thought** : je ne suis pas votre raisonnement

Donner son opinion

I believe / think / feel (that) : je pense (que) • **I strongly believe (that)** : je crois fermement (que) • **my opinion is that** : mon opinion est que • **in my opinion / in my view / as far as I am concerned / to my mind** : en ce qui me concerne • **for my part** : pour ma part, en ce qui me concerne • **the way I see it** : la façon dont je vois les choses

I personally believe (that) : je crois personnellement (que) • **I, for one, think (that)** : quant à moi, je pense (que) • **my feeling is that** : je trouve que • **my own view of the matter is that** : pour ma part, je pense que • **I'm convinced (that)** : je suis persuadé (que) • **I can't help thinking that** : je ne peux m'empêcher de penser que • **with due respect, I think (that)** : sans vouloir vous contredire, il me semble (que) • **I'm not in a position to say (that)** : je ne suis pas à même de dire (que) • **what I would like to point out is (that)** : ce sur quoi j'aimerais attirer l'attention est (que) • **much to my surprise** : à ma grande surprise • **on no account should we accept (that)** : sous aucun prétexte nous ne devrions tolérer (que) • **I'm under the impression (that) / I have the feeling (that)** : j'ai le sentiment (que) • **I would rather not commit myself** : je préfèrerais ne pas me prononcer • **this is not something I have given a lot of thought to** : je n'y ai pas vraiment réfléchi • **I haven't the slightest**

idea / notion : je n'en ai pas la moindre idée • **your guess is as good as mine** : vous en savez autant que moi

Exprimer l'opinion générale

it is often suggested / claimed (that) : on prétend souvent (que) • **it is generally said / believed (that)** : on dit / on considère généralement (que) • **it is generally agreed today (that)** : de nos jours, tout le monde s'accorde à dire (que) • **it is thought (that)** : on pense (que) • **it is commonly said (that)** : on dit couramment (que) • **the question is considered / regarded / looked upon as** : on considère ce problème comme • **it is commonly upheld / it is currently held (that)** : on soutient généralement (que) • **it is sometimes suggested (that)** : on suggère parfois (de / que) • **it has often been claimed (that)** : on a souvent prétendu (que) • **it should be borne in mind (that)** : on ne devrait pas oublier (que) • **some / a few / many / people / scientists / sceptics / critics + claim / suggest / argue / believe / feel / maintain / hold (that)** : des / quelques / de nombreux / scientifiques / sceptiques / critiques prétendent / suggèrent / avancent / croient / ont l'impression / prétendent (que) • **let us take a closer look (at)** : examinons de plus près • **once more / again the question arises (whether)** : la question est donc de savoir (si) • **one recurring problem today is (that)** : un problème dont il est souvent question aujourd'hui est (que) • **it cannot be denied (that)** : on ne peut nier le fait (que) • **it would hardly be an exaggeration to say / to state (that)** : on exagèrerait à peine en disant (que) • **it seems / it appears to me (that)** : il me semble (que) • **I'm strongly inclined (to)** : j'ai fortement tendance (à) • **it strikes me (that)** : je suis frappé par le fait (que)

Prôner un point de vue

a proponent : un partisan • **to advocate (+ ING)** : prôner • **to take steps (to)** : prendre des mesures (pour) • **to support the view (that)** : soutenir le point de vue (que) • **to be for / to be in favor of / to favor** : être favorable (à) • **to approve of** : approuver • **to back / to support** : soutenir • **no one doubts (that)** : il ne fait aucun doute (que) • **it is well established (that)** : il est clairement établi (que) • **steps / measures should be taken (to)** : on devrait prendre des mesures (pour) • **serious attempts to halt / prevent / solve... must be made** : de sérieuses tentatives pour empêcher / prévenir / résoudre... doivent être faites • **people should focus (their attention) on** : on devrait se concentrer (sur) • **one should try to improve / to reduce the impact (of)** : on devrait essayer d'améliorer / de réduire l'impact (de) • **one way to solve / overcome / combat / eradicate a problem** : une façon de résoudre / surmonter / combattre / éradiquer un problème

Réfuter un point de vue

an opponent / a foe : un adversaire • **to disapprove / to frown upon** : désapprouver • **to oppose the view (that)** : s'opposer (à ce que) • **to be opposed (to)** : être opposé (à) • **to speak out (against)** : s'élever / se manifester (contre) • **to denounce** : dénoncer • **a denunciation** : une dénonciation • **to contradict** : contredire • **to dispute / to find fault with** : contester • **to refute** : réfuter • **to savage** : critiquer vertement, tirer à boulets rouges sur • **to belie** : contredire les apparences • **to distort the truth** : déformer la vérité • **to veer (away from the truth)** : s'éloigner (de la vérité)

to assail / to rail (at / against) a position : dénoncer / s'insurger contre une position • **to criticize** : critiquer • **criticism** : la / les critiques • **to touch off**

angry reactions : déclencher des réactions de colère • **to draw outrage :** faire scandale • **to stir controversy :** faire controverse • **to draw fire :** s'attirer les critiques • **to touch off a heated debate :** déclencher un débat virulent • **the arguments do not stand up :** les arguments ne tiennent pas • **to fight a project :** s'attaquer à un projet • **to challenge / to impugn a decision :** contester une décision • **to be hotly contested / disputed :** être farouchement contesté • **to err :** se fourvoyer • **to be anathema (to sb) :** avoir en abomination

Enoncer un contraste

on the other hand : d'autre part • **however :** cependant • **nevertheless / still / yet / nonetheless :** néanmoins • **even so / in spite of / despite :** malgré, en dépit de • **while :** pendant que • **whereas :** tandis que • **even though :** même si • **although :** bien que

verbes : to pit (sth) against : opposer (qch) à • **to oppose (to) :** s'opposer (à) • **to oppose a viewpoint :** opposer un point de vue • **to (strongly) disagree :** être en désaccord (profond) • **to claim that an argument is moot / misguided / incorrect / ungrounded :** prétendre qu'un argument est infondé / trompeur / incorrect / sans fondement

Connecteurs logiques

therefore : par conséquent • **as a result / as a consequence :** en conséquence • **apart (from this / that) :** mis à part (ceci / cela) • **let alone :** sans parler de • **thus :** ainsi donc • **and so :** et donc • **hence :** d'où / de là • **that is why :** c'est pourquoi • **that is the reason why :** c'est la raison pour laquelle • **accordingly :** par conséquent / en conséquence • **with far-reaching consequences :** aux conséquences incalculables

Verbes exprimant la conséquence

to cause / to provoke / to bring [brought] about / to entail : causer, provoquer, entraîner • **to give rise to / to lead [led] to :** conduire à • **to result (in) :** avoir pour résultat / conséquence • **to involve :** impliquer • **to mean (+ ING) :** signifier, vouloir dire • **it follows from this (that) :** il s'ensuit (que) / il en résulte (que) • **which means (that) :** ce qui implique / signifie (que) • **which seems to confirm (that) :** ce qui tend à prouver (que) • **it is therefore hardly surprising (that) :** il n'est guère surprenant, par conséquent, (que) • **it can be inferred (that) :** on peut en déduire (que) • **this being so :** les choses étant ce qu'elles sont • **this being the case :** ceci étant le cas

Principales phrases rhétoriques

Agreeing / Disagreeing : I (fully) agree that ... • I believe it's true that ... • A says that ... but I do not see it that way • I disagree with B that ...

Defining : A is something that ... • If you... it means that • A is a kind of...

Comparison / contrast : like A, B is also... • both A and B are... • both A and B have many things in common • A is ... Likewise, B is • unlike B, A is ... • A and B are different in that A is ... while B is ... • similarly / in the same way, I believe that ... • on the other hand, I think that ... • contrary to what B says • unlike what is said

Citing / quoting : according to ... • based on what A says • based on A's arguments / comments / explanation

Giving reasons : one reason is that • the reason for... is that • the reason why... is that • another reason is that • the main reason is that...

Introducing an example : for example / for instance • such as • especially / particularly / in particular • on the plus side • a case in point

Cause and effect : [cause] results in [effect] • [cause] leads to [effect] • [effect]

stems from [cause] • [effect] basically results from [cause]

Expressing preference : I (would) prefer (+ ING) to (+ ING) • I would rather / I'd rather (+ INF) than (+ INF) • I prefer (+ ING) rather than (+ ING) • I prefer (+ ING) instead of (+ ING)

Expressing hypothesis : if I were you • if I were to (+ INF) • were I to (+ INF) • suppose / imagine you

Giving conclusions : so, to sum up • basically that is (the reason) why • in conclusion • to wrap it up • so, these are the reasons why

Note sur les abréviations utilisées dans *For and Against*

a = adjectif
bn = milliard
fam = familier
INF = infinitif
ING = forme du gérondif
m = million
n = nom
ni = nom indénombrable
pl = pluriel
qch = quelque chose
qn = quelqu'un
sb = somebody
sth = something
UK = anglais britannique
US = anglais américain

1 A woman's place is at home

a housewife	une ménagère
a stay-at-home mom	une mère au foyer
a working mother / mum / mom	une mère qui travaille
childbearing	la maternité
to keep house / housekeeping	tenir la maison / l'intendance
the household	le ménage (la famille)
housework / housecleaning	le ménage
to skivvy / to do the household chores	faire les corvées domestiques
to stay at home / to run the home	rester à la maison / gérer le foyer
to keep [kept] the home spick and span	tenir un foyer impeccable
to control the purse strings	tenir les cordons de la bourse
the keeper of the home / the tender of the hearth	la gardienne du foyer
to be tied to the sink / trapped at home	être coincée à la maison
to be kept by her husband	être entretenue par son mari
a second-class citizen	un citoyen de seconde classe
the feminist movement / Women's Lib	le MLF
a feminist	une féministe
a male chauvinist (pig)	un macho
a patriarchal society	une société patriarcale
to resume work	se remettre à travailler
to return to the labor force	reprendre un emploi
to work outside the home	travailler
to enter the workforce	se mettre sur le marché du travail
to earn a salary	toucher un salaire
a paid / paying job	un emploi rémunéré
to work part time / full time	travailler à temps partiel / plein temps
to work two jobs	avoir un double métier
flextime	les horaires à la carte
a child minder / a child-carer	une nounou
to leave children with a nanny	faire garder ses enfants
a nursery / a day care center / preschool	une / la crèche
maternity / parental leave	le congé de maternité / parental
a career path / a career track	une voie professionnelle
to juggle work and child rearing	jongler entre son emploi et l'éducation des enfants
the glass ceiling	le plafond de verre
the gender gap	l'écart entre les sexes
pay discrimination	la discrimination salariale
promotion / career advancement	la promotion / l'avancement
a career break	une interruption de carrière

for

- **it is a mother's duty (to)** : c'est le devoir d'une mère (de) • **to bring up / to raise / to educate kids** : élever, éduquer des gosses • **to look after the children's education / upbringing** : s'occuper de l'éducation des enfants • **to make sure the children are on time for dinner / they have made their homework / they don't spend time watching TV** : s'assurer que les enfants sont rentrés pour dîner / qu'ils ont fait leurs devoirs / qu'ils ne passent pas leur temps devant la télévision • **to monitor one's children's friends** : surveiller les fréquentations de ses enfants
- **children need a mum 24/7 / a full time mother / not a part time mother** : les enfants ont besoin d'une mère à plein temps / pas d'une mère à mi-temps • **only a mother can provide love and care** : seule une mère peut apporter l'amour et l'affection • **a mother contributes to the emotional balance of a child** : une mère contribue à l'équilibre affectif d'un enfant
- **a demanding / crowded schedule** : un emploi du temps très pris • **to have to choose between one's children and one's career** : devoir choisir entre ses enfants et sa carrière • **many children have paid a price for the rise of the two-income household** : bien des enfants ont payé cher la montée des couples qui travaillent

against

- **to be economically independent (from)** : être indépendante financièrement (de) • **to achieve financial independence** : parvenir à l'indépendance financière • **to bring home the bacon** : faire bouillir la marmite • **to earn one's keep / to make a living** : gagner sa vie • **to earn a salary** : toucher un salaire • **to be dependent on one's husband** : être dépendante de son mari • **to be the slave of one's husband** : être l'esclave de son mari
- **gender equality** : l'égalité entre les sexes • **to share the household chores (with)** : partager les corvées domestiques (avec) • **housecleaning is not the preserve of woman** : le ménage n'est pas l'apanage des femmes • **we no longer live in a patriarchal society** : on ne vit plus dans une société patriarcale • **to get rid of stereotypes** : se débarrasser des stéréotypes • **to be born free** : être née libre • **women have been given control over their own lives / economic fates** : les femmes décident de leur vie / de leur sort économique • **to gain / to have equal rights** : obtenir l'égalité des droits / avoir des droits égaux • **to aspire to a career** : aspirer à un métier • **the right to pursue a career** : le droit de poursuivre une carrière
- **women represent a formidable pool of talents / skills which should not be ignored** : les femmes représentent une réserve inouïe de talents / de compétences qui ne devraient pas être ignoré(e)s • **a force to be reckoned to** : une force avec laquelle il faut compter • **demand for female brains** : la demande de compétences féminines • **to design work in a family-friendly way** : concevoir un emploi compatible avec la vie de famille • **to allow flexible working** : permettre des horaires flexibles

2 Abolishing the death penalty

capital punishment	la peine capitale
a death sentence	une condamnation à mort
to be punishable by death	être passible de la peine de mort
to be sentenced / condemned to death	être condamné à mort
to hand down / to impose a death sentence	infliger la peine capitale
to carry the death penalty	entraîner la peine de mort
to be on death row	être dans le couloir de la mort
a death row inmate	un condamné à mort
to execute / to put to death	exécuter
the executioner / an execution	le bourreau / une exécution
to restore / to reinstate the death penalty	rétablir la peine de mort
restoration / reinstatement (of)	le rétablissement (de)
to abolish, to repeal / abolition	abolir / l'abolition
to do away with the death penalty	abolir la peine de mort
to ban / to outlaw the death penalty	interdire la peine de mort
to appeal (against a decision)	faire appel (d'une décision)
to file a petition for clemency	déposer un recours en grâce
to deny (sb) clemency	refuser la clémence (à qn)
to reverse a sentence	casser une condamnation
to go ahead with an execution	procéder à une exécution
to reject a request / a plea for clemency	rejeter un appel à la clémence
to halt an execution	arrêter une exécution
to win a reprieve	obtenir un délai de grâce
to stay an execution	surseoir à une exécution
a stay of execution	un sursis à exécution
to grant clemency	accorder la clémence
to decapitate, to behead / to guillotine	décapiter / guillotiner
the gas chamber	la chambre à gaz
to hang [hanged] / hanging	pendre / la pendaison
to stone / stoning	lapider / la lapidation
to die on the gallows	mourir sur la potence
(to die on) the electric chair / the chair	(mourir sur) la chaise électrique
the firing squad / to be shot	le peloton d'exécution / être fusillé
to inject / a lethal injection	piquer / une injection mortelle
to overturn / to quash a wrongful conviction	casser une condamnation injuste
a life without parole sentence	une peine de réclusion à perpétuité
life without parole (LWOP)	une peine à perpétuité incompressible
to commute a death sentence	commuer une peine de mort
to pardon sb / pardon	gracier qn / la grâce
to spare a life	épargner une vie
a deterrent (to)	un moyen de dissuasion (pour)

for

- **a defender of the death penalty** : un défenseur de la peine de mort • **to be justified on the following grounds** : être justifié pour les raisons suivantes • **to carry out / to uphold [upheld] a death sentence** : exécuter / confirmer une peine capitale • **to protect society (from)** : protéger la société (de) • **to remove from society** : écarter de la société • **to fit the crime** : correspondre au crime • **to prevent re-offending** : empêcher la récidive • **to act as a deterrent** : agir comme moyen dissuasif • **to be made to suffer in proportion (to)** : connaître les mêmes souffrances (que) • **life in prison is worse than death** : une peine de prison à vie est pire que la mort • **a means of retribution** : un moyen de vengeance • **an eye for an eye, a tooth for a tooth** : la loi du talion • **to provide closure for the victim's family** : permettre à la famille de la victime de faire son deuil

against

- **an opponent to the death penalty / a capital punishment opponent** : un adversaire de la peine de mort • **an abolitionist** : un abolitionniste • **to go against the grain (of civilization)** : aller à l'encontre (de la civilisation) • **to be unconstitutional** : être contraire à la constitution • **to be ethically unacceptable** : être moralement inacceptable • **to take the law into one's own hands** : faire justice soi-même • **state-sponsored killing** : le meurtre légal • **the sacredness of human life** : le caractère sacré de la vie • **to violate fundamental rights** : violer les droits fondamentaux
- **to be applied unfairly** : être appliqué de façon injuste • **to target (a minority)** : prendre pour cible (une minorité) • **a minor / a juvenile** : un mineur • **to be fully responsible for one's acts** : être pleinement responsable de ses actes • **to have extenuating circumstances** : avoir des circonstances atténuantes • **to be mentally impaired / handicapped** : être handicapé mental • **to afford a good lawyer** : se payer un bon avocat • **legal aid** : l'aide judiciaire • **an incompetent defense lawyer** : un avocat de la défense incompétent • **a travesty of justice** : une parodie de justice • **a show trial** : une parodie de procès
- **a cruel and unusual punishment** : un châtiment cruel et inhabituel • **agonizing death** : une mort douloureuse • **a botched execution** : une exécution ratée • **to suffer great pain** : souffrir atrocement • **a method of execution** : une méthode d'exécution • **barbaric / despicable / callous / shameful / grisly / chilling** : barbare / méprisable / insensible / honteux / sinistre / à vous glacer le sang
- **to deter (from)** : dissuader (de) • **to act as a deterrent** : exercer un effet dissuasif • **to bring the victim back to life** : ramener la victime à la vie • **the high cost of execution over life in prison** : emprisonner à vie coûte moins cher qu'exécuter • **to remove any chance of rehabilitation** : ôter toute possibilité de réinsertion
- **a miscarriage of justice** : une erreur judiciaire • **to prove sb's guilt** : prouver la culpabilité de qn • **to unearth / to introduce fresh (DNA) evidence** : découvrir / présenter de nouvelles preuves (ADN) • **faulty forensic tests** : des tests médico-légaux défectueux • **perjured evidence** : de faux témoignages • **to be wrongfully convicted** : être condamné à tort

3 Abortion is a crime

to be pregnant / to be expecting / to be in the family way	être enceinte
to get pregnant / to fall pregnant	tomber enceinte
to be three months pregnant (with)	être enceinte de trois mois (de)
a pregnancy / a pregnancy test	une grossesse / un test de grossesse
teenage pregnancy	la grossesse chez les adolescentes
parental consent	le consentement parental
to hide [hid / hidden] a pregnancy (from)	cacher une grossesse (à)
an unplanned pregnancy	une grossesse non prévue
to have a baby	avoir un enfant
the due date	la date de l'accouchement
an abortion (on)	un avortement (sur) / une IVG
late-term abortion	l'avortement tardif
partial-birth abortion	l'avortement par naissance partielle
to terminate / to end a pregnancy	mettre un terme à une grossesse
to bring [brought] into the world	mettre au monde
to seek [sought] an abortion	chercher à se faire avorter
to have an abortion / to get an abortion	avorter / se faire avorter
to perform / to do an abortion / to carry out an abortion (on)	pratiquer un avortement (sur)
a foetus (UK) / a fetus (US)	un fœtus
an embryo / an unborn child	un embryon / un enfant à naître
viability (ni) / viable (a)	la viabilité / viable
an abortion law	une loi sur l'IVG
to liberalize / to legalize abortion	libéraliser / légaliser l'avortement
to restrict / to ban, to outlaw abortion	limiter / proscrire l'avortement
birth control	la régulation des naissances
to be on the pill	prendre la pilule
the morning-after pill	la pilule du lendemain
to carry a pregnancy to term	mener une grossesse à terme
an abortion center / clinic / facility	un centre d'orthogénie
a backstreet / back alley abortion	un avortement clandestin
a botched abortion	un avortement raté
a backstreet abortionist	une faiseuse d'anges
to be pro life / pro-choice	être contre / partisan de l'avortement
a prolifer / an antiabortionist / a right-to-lifer	un adversaire de l'avortement
the right to life	le droit à la vie
a pro choice activist / a pro-choicer	un partisan du droit à l'avortement
freedom of choice	la liberté de choix

for

- **abortion-rights supporters** : les partisans du droit à l'avortement • **to justify abortion** : justifier l'avortement • **a congenital disorder** : une maladie congénitale • **a fetal abnormality** : une malformation fœtale • **a defective fetus** : un foetus malformé • **a malformed / an abnormal child** : un enfant malformé • **a mentally handicapped child** : un enfant handicapé mental • **a Down's syndrome child** : un enfant trisomique
- **to rape / a rapist** : violer / un violeur • **statutory rape** : le détournement de mineur(e)s • **a rape victim** : la victime d'un viol • **incestuous (a)** : incestueux • **an incest victim** : la victime d'un inceste • **to be conceived in rape / in incest** : être conçu à la suite d'un viol / d'un inceste • **in case of rape / incest** : dans des cas de viol / d'inceste
- **to protect / to safeguard the mother's health** : protéger la santé de la mère • **a therapeutic abortion** : un avortement thérapeutique • **to die in childbirth / childbed** : mourir en couches
- **a woman's right to control her own body** : le droit de la femme à disposer de son corps • **the right to privacy** : le droit à la vie privée
- **to be suited / unsuited for motherhood** : être apte / inapte à la maternité • **to be a financial burden** : représenter un fardeau financier • **to be unable to bring up a child** : être incapable d'élever un enfant • **to struggle to raise a kid** : avoir du mal à élever un gosse • **to support a family** : subvenir aux besoins d'une famille • **to rely on public assistance** : dépendre de l'assistance publique • **to contribute significantly to crime reduction / to a drop in crime** : contribuer largement à la baisse de la criminalité

against

- **the abortion opponents / foes** : les adversaires de l'avortement • **the sacredness of life** : le caractère sacré de la vie • **life begins at conception** : la vie commence à la conception • **a human being with the right to live** : un être humain avec le droit de vivre • **abortion is tantamount to / akin to murder / infanticide** : l'avortement est équivalent au meurtre / à un infanticide • **to break the hippocratic oath** : violer le serment d'Hippocrate
- **abortion is not a form of contraception** : l'IVG n'est pas une forme de contraception • **to encourage casual sex** : encourager les relations sexuelles passagères • **a one-child policy** : une politique de l'enfant unique • **a sex-selective abortion** : un avortement en fonction du sexe de l'enfant • **to determine sex before birth** : déterminer le sexe avant la naissance
- **to give up a child for adoption** : confier un enfant à l'adoption • **adoption is a viable option / an alternative (to)** : l'adoption est une option viable / une alternative (à) • **a childless couple** : un couple sans enfants
- **to result in medical complications later in life** : conduire à des complications ultérieures • **a miscarriage** : une fausse couche • **to cause intense psychological pain / stress** : provoquer des douleurs / des tensions psychologiques intenses

4 Animal experimentation is necessary

animal research	la recherche sur les animaux
animal testing	les expériences sur les animaux
lab animals	les animaux de laboratoire
in vivo testing / vivisection	la vivisection
to experiment on animals	faire des expériences sur les animaux
to be experimented on	être l'objet d'expériences
to carry out / to perform experiments (on)	faire des expériences (sur)
to ban experimentation	interdire les expériences
animal cruelty	la cruauté envers les animaux
animal suffering	les souffrances des animaux
the Society for the Prevention of Cruelty to Animals (SPCA)	la Société protectrice des animaux (SPA)
an animal rights organization	une association de défense des animaux
an animal rights activist	un défenseur des animaux
an animal protection law	une loi sur la protection des animaux
medical progress	les progrès de la médecine
drug testing	des essais sur des médicaments
toxicology tests	des tests de toxicologie
cosmetics testing	des tests sur des cosmétiques
to inject chemicals (into)	injecter des produits chimiques (dans)
the development of a new drug	la mise au point d'un nouveau médicament
to apply a method on man	appliquer une méthode à l'homme
a pioneering therapy	une nouvelle thérapie
to do research (in)	faire des recherches (sur / en)
to develop a vaccine (for / against)	mettre un vaccin au point (pour / contre)
to undergo a therapy	subir une thérapie
a miracle cure / a wonder cure	un remède miracle
a human / clinical trial / study	un essai sur l'homme / un essai clinique
to undertake a clinical trial	faire un essai clinique
to treat sb (with)	traiter qn (à / avec)
to approve a drug	approuver un médicament
a lab test	un test en laboratoire
to be enrolled in a trial	participer à un essai
to assess the scientific merits of trial designs	mesurer les mérites des essais cliniques
the Food and Drug Administration (FDA) (US)	l'Agence américaine des médicaments
to market a medicine	mettre un médicament sur le marché
a promising new treatment	un nouveau traitement prometteur
to make progress / inroads (into)	faire des progrès / des progrès (en)

for

- **animals are expendable creatures** : les animaux ne sont pas des créatures indispensables • **the life of a human being is worth much more than that of an animal** : la vie d'un être humain vaut bien davantage que celle d'un animal • **the price of life** : le prix de la vie • **an animal does not feel pain** : un animal ne ressent pas la douleur
- **to be indispensable for medical progress** : être indispensable pour le progrès de la médecine • **to breed [bred] animals for research** : élever des animaux pour la recherche • **to provide models for a wide range of diseases** : fournir des modèles à tout un ensemble de maladies • **a breakthrough** : un progrès capital • **an advance** : un progrès • **a promising therapy** : une thérapie prometteuse • **to advance biological / medical knowledge** : faire avancer la recherche en biologie / en médecine • **to pave the way (for)** : ouvrir la voie (à) • **to lead (to)** : conduire (à) • **to conquer diseases** : vaincre les maladies • **to be scientifically justified** : être justifié scientifiquement • **to make great strides** : avancer à grands pas • **rabies** : la rage • **a mouse / mice [pl]** : une souris

against

- **to do without animal experimentation** : se passer des expériences sur les animaux • **to be poorly regulated** : être peu réglementé • **misleading animal models** : des modèles animaux trompeurs • **outdated tests** : des tests dépassés • **the stress that animals endure in labs can affect experiments** : le stress éprouvé par l'animal en laboratoire peut influer sur les expériences • **to be reliable / unreliable** : être fiable / peu fiable • **the benefits to human beings are not proven** : les avantages pour l'homme ne sont pas avérés • **strict controls have not prevented researchers from abusing animals** : des contrôles stricts n'ont pas empêché les chercheurs de maltraiter les animaux
- **an alternative to animal testing** : une alternative aux expériences sur les animaux • **the use of non-animal methods** : l'utilisation de méthodes autres qu'avec des animaux • **computer simulation is / computational, computer models are more reliable** : la simulation informatique est / les modèles informatiques sont plus fiables • **to predict effects in humans** : prédire les effets chez l'homme
- **to make animals suffer** : faire souffrir des animaux • **to cause pain / suffering** : causer des douleurs / souffrances • **pain relief** : le soulagement de la douleur • **a pain killer** : un analgésique • **anaesthesia** : l'anesthésie
- **to encourage animal trafficking** : encourager le trafic d'animaux • **a wild-caught animal** : un animal attrapé à l'état sauvage • **to be lawfully / unlawfully imported** : être importé légalement / illégalement • **to violate international conventions** : violer les conventions internationales • **to poach / poaching** : braconner / le braconnage
- **animals are God's creatures** : les animaux sont des créatures de Dieu • **to deserve to live** : mériter de vivre • **animals have rights too** : les animaux aussi ont des droits • **to have as much right to live (as)** : avoir autant de droit de vivre (que) • **Noah's Ark** : l'Arche de Noé

5 Ban Sunday trading

Sunday shopping	les courses le dimanche
to be open on Sunday	être ouvert le dimanche
to be open round the clock	être ouvert 24/24
a public holiday	un jour férié
to go shopping	faire les courses
to go window shopping / to browse	faire du lèche-vitrine / flâner
a shopper / a customer	un client
late-night shoppers	la clientèle tardive
to operate / to run a store	gérer un magasin
to cater to / to meet customers' needs	satisfaire aux besoins des clients
to adapt to one's customers	s'adapter à ses clients
to deregulate shopping hours / trading hours / business hours	libéraliser les heures d'ouverture des magasins
a day of rest / the Sabbath	un jour de repos / le Sabbat
a religious tradition	une tradition religieuse
to trade on Sunday	ouvrir le dimanche
to ban Sunday shopping	interdire l'ouverture le dimanche
(to lift) trading hours restrictions	(lever) les restrictions d'ouverture
a retailer / retail trading, trade	un détaillant / le commerce de détail
(bargain) sales / sales are on	les soldes / c'est la saison des soldes
to sell off / to clear off / to sell at a discount	solder
a shopping center / a mart / a mall	un centre commercial
a shopping arcade	une galerie marchande
a department store	un grand magasin
a corner store	une boutique de quartier
a mom-and-pop store	un commerce familial
a convenience store	un magasin de proximité
food products / grocery	l'alimentation
a food store	une supérette
a bakery / a petrol (UK), gas (US) station	une boulangerie / une station service
a pharmacy / a newsagent	une pharmacie / un kiosque à journaux
a store manager / a store owner	un propriétaire de magasin
the salespeople	la force de vente
a storekeeper / a shopkeeper	un commerçant
a salesclerk / a sales person / a shopworker	un vendeur / une vendeuse
convenience goods / wares	les produits de grande consommation
an article / an item	un article
to generate sales	générer des ventes
the peak / off-peak season	la saison haute / morte

for

- **to be opposed to Sunday trading :** être opposé à l'ouverture des magasins le dimanche • **strong resistance to Sunday shopping :** une forte résistance aux courses le dimanche • **a day of worship :** un jour saint • **to go to / to attend church :** aller à l'église • **a threat to church attendance / family life :** une menace pour la fréquentation des églises / la vie de famille • **impact on family time :** l'impact sur le temps consacré à la famille
- **an asymetrical competition between shopping centers who push for complete liberalisation, and small family-run shops, who cannot afford extra staff to open on Sundays :** une concurrence inégale entre les centres commerciaux qui militent pour une libéralisation totale et les boutiques de quartier gérées par la famille qui ne peuvent s'offrir le personnel pour ouvrir le dimanche
- **labor / employment law :** la législation du travail • **to violate workers' rights :** violer les droits des travailleurs • **a trade / labor union :** un syndicat • **to be allowed a day off :** avoir droit à un jour de congé • **a health issue :** un problème de santé
- **to be made to work on Sundays :** être forcé de travailler le dimanche • **to be pressured to work on Sundays :** être fortement incité à travailler le dimanche • **to claim unfair dismissal :** prétendre avoir été licencié abusivement • **to volunteer for duty :** être volontaire pour travailler

against

- **some shops are exempted :** certains magasins sont exemptés • **to grant some exemptions :** accorder des exemptions • **a tourist area :** une zone touristique • **a shopping season :** une période commerciale • **to do one's Christmas shopping :** faire ses courses de Noël • **religious beliefs :** les croyances religieuses • **to prohibit some people to go shopping (on) :** interdire à certains de faire les courses (le) • **working parents :** des parents qui travaillent
- **freedom to work :** la liberté de travailler • **shops should have the freedom to open on Sundays :** les magasins devraient être libres d'ouvrir le dimanche • **to create / to generate jobs :** créer des emplois • **the engine of the economy :** le moteur de l'économie • **to provide students with an income :** permettre aux étudiants d'avoir un revenu
- **to service customers :** être au service des clients • **to provide service (to) :** offrir un service (à) • **the customer is king :** le client-roi • **to / build / to develop a (long-term) relationship (with) :** forger une relation durable (avec) • **to have a customer-driven approach :** être au service de la clientèle • **a service-intensive approach :** le service au client • **to be receptive to the customer's needs :** être à l'écoute des besoins de la clientèle • **to lure customers into a store :** attirer les clients dans un magasin • **to retain customers :** fidéliser la clientèle
- **a consumer society :** une société de consommation • **consumer spending :** les dépenses des consommateurs • **to be paid overtime :** être payé en heures supplémentaires • **to be paid at premium rates / double normal rates :** être grassement payé / être payé le double du tarif normal

6 Being an only child

to have a child / children	avoir un enfant / des enfants
an only child	un enfant unique
the single / only child situation	le syndrome de l'enfant unique
a one-child policy	une politique de l'enfant unique
a single-child family	une famille avec un seul enfant
to raise a family	élever une famille
a family unit	une cellule familiale
a closely-knit family	une famille unie
family life	la vie de famille
to be brought up / educated / reared	être élevé
a large family	une famille nombreuse
siblings	des frères et sœurs
a parental choice	un choix parental
to grow up as an only child	grandir en tant qu'enfant unique
an enviable position	une position enviable
to lavish attention (on) / to dote (on)	consacrer toute son attention (à)
childhood experiences	des expériences de l'enfance
to be well-balanced	être équilibré
to be high-achieving / successful	réussir
social interaction	les liens avec autrui
to strike [struck] up a friendship (with)	se lier d'amitié (avec)
to make friends (with)	se faire des amis
to empathize (with others)	sympathiser (avec les autres)
to be the center of attention	être le centre d'intérêt
to vie for parental attention	lutter pour obtenir l'attention parentale
to pamper / to indulge / to spoil	gâter
to overindulge	satisfaire à tous les caprices
to be mollycoddled	être chouchouté
a spoiled / rotten brat	un gamin gâté / pourri
to be harsh (on) / lenient (towards)	être sévère (avec) / indulgent (envers)
permissive (with)	être laxiste (avec)
to be introverted / withdrawn / outgoing	être introverti / renfermé / extraverti
to be overprotective (of)	avoir une attitude trop protectrice
to be shielded (from)	être à l'abri (de)
to divide one's attention (between / among)	partager son attention (entre)
to be showered with gifts	être inondé de cadeaux
to be around other children	fréquenter d'autres enfants
to blossom	s'épanouir
demography / demographic	la démographie / démographique
the birth rate	le taux de natalité

for

- **to give one's child individual attention** : consacrer son attention à son enfant • **to have one's parents' full attention / undivided love** : monopoliser toute l'attention / tout l'amour de ses parents
- **a financial argument** : un argument financier • **to maintain a comfortable standard of living** : conserver un niveau de vie confortable • **to make it possible to sustain an uninterrupted career path** : avoir la possibilité de mener sa carrière sans s'interrompre
- **to have to win friends / playmates** : devoir se faire des amis / des camarades de jeu • **to learn how to build relationships** : apprendre à construire des relations
- **to provide a good education (to)** : offrir une bonne éducation (à) • **to afford a private education** : se payer / s'offrir une école privée
- **to learn how to cope for oneself** : apprendre à se débrouiller tout seul • **to develop a sense of responsibility** : développer un sens des responsabilités • **to take on responsibilities** : assumer des responsabilités
- **the demographic argument** : l'argument démographique • **a population control policy** : une politique de régulation de la natalité • **to keep the population stable** : maintenir une population stable • **zero growth population** : la croissance zéro de la population • **to alleviate social / economic / environmental problems** : atténuer les problèmes sociaux / économiques / environnementaux

against

- **to be alone at home** : être seul à la maison • **to have no one to talk to / to play with** : n'avoir personne à qui parler / avec qui jouer • **to feel lonely** : se sentir seul
- **to be spoilt rotten** : être gâté pourri • **to feel smothered by parental care** : se sentir étouffé par l'amour des parents • **to throw a tantrum** : faire un caprice
- **to have trouble socializing** : avoir du mal à se sociabiliser • **to lack inter-personal skills** : ne pas savoir se comporter avec les autres • **to learn how to share** : apprendre à partager • **to demand / to crave attention** : exiger qu'on fasse attention (à qn) • **to internalize problems** : garder ses problèmes pour soi • **to have trouble handling competition (from)** : avoir du mal à faire face à la concurrence (de)
- **to be stereotyped / labeled / stigmatized (as)** : avoir des étiquettes qui collent à la peau (telles que) • **selfish** : égoïste • **to be self-absorbed / self-centered / narcissistic** : être tourné sur soi-même • **bossy** : autoritaire • **maladjusted** : mal intégré • **to have no sense of autonomy** : avoir aucune autonomie • **to be heavily dependent (on one's parents)** : dépendre grandement (de ses parents)
- **to have pressure to succeed / to do well at school** : être tenu de réussir dans les études • **to expect too much of an only child** : attendre trop d'un enfant unique • **to live up to one's parents' expectations** : répondre aux attentes de ses parents • **to be weighed by a sense of responsbility towards aging parents** : ployer sous le poids des responsabilités à assumer envers des parents âgés • **to be the sole care-giver (to one's aging parents)** : être seul à s'occuper (de ses parents âgés)

7 Big government

the power of the state	le pouvoir de l'État
the rise of the state	la montée des pouvoirs publics
the era of big governement	l'ère du tout-État
the size / the scope of government	la taille du gouvernement
the effectiveness of government	l'efficacité du gouvernement
corrupt / inefficient (a)	corrompu / inefficace
from cradle-to-grave health coverage	la couverture santé à vie
federal rules / regulations	les lois et règlements
public spending	les dépenses publiques
a regulatory body	un organisme de contrôle
the spread of regulation	l'accroissement des réglementations
to draw [drew / drawn] up new rules (on)	écrire de nouvelles lois (sur)
to impose additional taxes	imposer de nouvelles taxes (sur)
a policymaker	un décideur, un responsable politique
to develop / to formulate / to frame / to shape a policy	formuler une politique
to expand government control (over)	étendre le contrôle public (sur)
a demand for public services	une exigence de services publics
a hands-off / hands-on government	un gouvernement passif / actif
a state-owned company	une entreprise d'État
to reverse a trend	renverser une tendance
to reject governement	rejeter le gouvernement
to reform the state	réformer l'État
to reivent government	réinventer l'État
to withdraw [withdrew / withdrawn] (from)	se retirer (de)
a quick fix	une solution facile
to privatise / to nationalise	privatiser / nationaliser
to make the state smaller	faire une cure d'amaigrissement
to slim down services	limiter les services
lean services	des services moins gourmands
to slim down the workforce (by)	réduire le nombre des fonctionnaires (de)
a bloated payroll	un effectif pléthorique
to inflate the state	accroître la taille de l'État
public-sector workers / employees	les fonctionnaires
public-sector pensions	les retraites de la fonction publique
to raise pensionable ages	relever l'âge de départ à la retraite
effective public services	des services publics efficaces
to cut public sector pay	réduire le salaire des fonctionnaires
to cut public spending	couper dans les dépenses publiques
to roll back government regulations	diminuer le nombre de réglementations

for

- **the hidden hand (behind)** : la main invisible (derrière) • **to rely on the state to stave off / to withstand / to weather a crisis** : compter sur l'État pour éviter / résister à / surmonter une crise • **to push up spending** : augmenter les dépenses • **to fight against job insecurity** : combattre l'insécurité dans l'emploi • **to provide a safety net (to)** : offrir un filet de sécurité (à) • **the fragility of the world economy** : la fragilité de l'économie mondiale • **a government stimulus package / bill** : un projet / une loi de relance publique • **to ward off a slump** : éviter une récession • **to bail out car-makers** : sauver les entreprises automobiles • **to step in / to intervene (to save)** : intervenir (pour sauver) • **to take over banks** : prendre le contrôle des banques • **to inject liquidity (into)** : injecter des liquidités (dans) • **to get the economy back on the right track** : remettre l'économie sur de bons rails
- **interventionism** : l'interventionnisme • **to look after the weak** : s'occuper des faibles • **an ageing population** : une population vieillissante • **to deal with climate change / rising crime** : faire face au changement climatique / à la hausse de la criminalité • **to wage war on terror** : faire la guerre au terrorisme • **to lead to new regulations** : conduire à de nouveaux règlements • **to counter the influence of big business** : contrecarrer l'influence des grandes entreprises • **to fight against monopolies** : lutter contre les monopoles

against

- **hostility (to)** : l'hostilité (envers) • **to roll back a policy** : revenir sur une politique • **to advocate limited / lean government** : prôner un État allégé • **the rise in government spending** : l'augmentation des dépenses publiques • **a spending splurge / binge** : une orgie de dépenses • **to go on a splurge / to splurge out (on)** : faire une folie (de dépenses) (en achetant) • **to embark on a spending frenzy** : être pris d' / se lancer dans une frénésie de dépenses • **a surging deficit** : un déficit en hausse • **out-of-control spending** : des dépenses incontrôlables • **to send the deficit soaring** : faire grimper les déficits • **to push state spending up further** : augmenter les dépenses • **to axe (entitlements)** : couper dans (les dépenses obligatoires) • **to prune / to slash spending** : tailler / couper dans les dépenses • **a crushing tax burden** : un fardeau fiscal écrasant • **strangling businesses** : des entreprises asphyxiées • **pork barrel legislation** : la législation du tonneau de porc • **a white elephant** : une réalisation somptuaire et inutile
- **schools that don't educate** : des écoles qui ne remplissent pas leur mission • **growing restrictions on property rights / civil liberties** : des restrictions croissantes aux droits de la propriété / aux libertés civiques • **to impose one set of values (on)** : imposer un ensemble de valeurs (à) • **to be removed from the people** : être détaché des citoyens • **to be wary (of)** : être méfiant (à l'égard de) • **to take over** : envahir • **a takeover (of)** : une prise de contrôle (de) • **to lead to a diminished sense of freedom and personal responsibility** : conduire à un sentiment moindre de liberté et de responsabilité personnelle • **a tradition of self-reliance** : une tradition d'autonomie • **a dependent society** : une société d'assistés

8 Bosses are paid too much

a hefty pay check / a pay package	un gros salaire / un salaire
corporate pay	le salaire des grands patrons
executive compensation	la rémunération des cadres
the top executives	les cadres supérieurs
the chief executive officer (CEO)	le PD-G
the chair(wo)man of the board of directors	le président du conseil d'administration
a shareholders' meeting	une assemblée des acdtionnaires
to manage a firm	diriger une entreprise
a successful / failed boss	un patron qui réussit / qui a échoué
share options (UK) / stock options (US)	des stock options / options sur titres
a stock grant	une dotation en actions
to exercise share options	lever ses stock options
an eight-figure pay package	un gros salaire
to be paid in cash and stock	être payé en salaire et en actions
to be at the top of the pay heap	être en tête du palmarès des gros salaires
to dominate the well-paid list	être parmi les mieux payés
to earn several billion dollars of profit	faire plusieurs milliards de dollars de profits
to be awarded millions in stock	être grassement rétribué en actions
to reward one's top executives handsomely	récompenser royalement ses cadres dirigeants
to line one's pockets	s'en mettre plein les poches
to collect an exit package	recevoir une prime de départ
a golden parachute / handshake / goodbye	une (grosse) prime de départ
to be overpaid	être surpayé
a padded expense account	une note de frais gonflée
to regulate pay policies	réglementer la politique des salaires
a perk	un avantage
to flaunt one's wealth	étaler sa richesse
a bonus / an incentive	une prime / une incitation
payment by results	une prime de résultat
to pocket a tax-free bonus	empocher une prime non imposable
a company flat, apartment / car	un logement / un véhicule de fonction
entertainment expenses	des frais de réception
travelling expenses	des frais de déplacement
the median pay	le salaire moyen
to take a pay cut	accepter une réduction de salaire
a salary cap	un salaire plafonné
to deserve a raise	mériter une augmentation
to reward performance	récompenser pour les résultats

for

- **the pay is often unrelated to a company's performances :** le salaire est souvent sans rapport avec les performances d'une entreprise • **to face little risk :** courir peu de risques • **the pay is often set by directors of other companies, and so have an incentive to bid up the going rate for the job :** le salaire est souvent fixé par des membres du CA d'autres entreprises et qui sont incités à surenchérir sur les tarifs en vigueur
- **to require disclosure / transparency :** exiger la transparence • **the need to seek shareholders' approval :** la nécessité d'avoir l'accord des actionnaires • **to restore the link between pay and performance :** recréer le lien entre le salaire et les résultats • **to make bosses more accountable :** rendre les patrons plus responsables
- **the abuse of golden parachutes :** les abus des parachutes dorés • **to fire / to remove a boss :** licencier un patron • **to reward bad leadership :** récompenser la mauvaise gestion • **to pay handsomely for failure :** récompenser généreusement l'échec • **to receive severance pay :** recevoir une prime de départ • **to walk away (with) :** partir (avec) • **a multi-million dollar golden parachute :** une prime de départ faramineuse • **to throw money at a failed / dud boss :** couvrir d'or un patron qui a échoué
- **to penalise failure :** sanctionner l'échec • **to risk creating bureaucrats :** risquer de créer des bureaucrates • **to abolish golden parachutes :** supprimer les parachutes dorés • **to usher in corporate-governance reforms :** introduire des réformes dans la gestion des entreprises • **to make it harder for bad bosses to walk away with a fortune :** ne pas permettre systématiquement aux mauvais patrons de partir avec une fortune • **a clawback clause :** une clause de rappel sur le salaire • **to require shareholders to vote on executive pay :** exiger que le salaire soit voté par les actionnaires

against

- **to assume responsbilities :** assumer des responsabilités • **to steer a course :** maintenir un cap • **to make decisions :** prendre les décisions • **to mark out a course :** tracer une voie • **to shape a course :** influencer la marche • **to plot / to chart / to develop / to frame corporate strategy :** imaginer / tracer / élaborer la stratégie de l'entreprise • **to set production / profit targets :** fixer des objectifs de production / de rentabilité
- **to display managerial skill :** montrer des qualités de gestionnaire • **marketing skills :** des qualités de marketing • **imaginative management :** une gestion originale • **the fate of workers hangs / rests / lies on a boss's shoulders :** le sort des employés repose sur les épaules du patron • **to be responsible to shareholders :** être responsable devant les actionnaires
- **to be on hand 24/24 :** être sur le pont 24h/24 • **to clock ... hours of work :** faire ... heures de travail • **a strenuous / grueling schedule :** un horaire épuisant
- **few people bat their eyelids when a rock singer / supermodel / sporting star signs a multi-million-dollar deal :** personne ne bronche quand un chanteur de rock / un top modèle / une vedette du sport signe un contrat de plusieurs millions

9 Building a mosque at Ground Zero

9/11	le 11 septembre (2001)
the World Trade Center (WTC)	le World Trade Center
the Twin Towers	les tours jumelles
a historic landmark	un lieu historique
to carry out a terror attack	commettre un attentat
to plant / to set off a bomb	poser / faire exploser une bombe
a bombing / a bomb attack	un attentat à la bombe
a suicide attack	un attentat suicide
religious freedom	la liberté de conscience
freedom of worship	la liberté de culte
religious toleration / tolerance	la tolérance religieuse
religious pluralism	le pluralisme religieux
to permit religious practices	autoriser les pratiques religieuses
acceptance towards other people's religions	l'acceptation d'autres religions
to persecute / religious persecution	persécuter / la persécution religieuse
religious discrimination	la discrimination religieuse
a secular state / secularization, secularism	un État laïc / la laïcité
intolerance / intolerant (a)	l'intolérance / intolérant
tolerance / tolerant (a)	tolérant
anti-Islam frenzy / hysteria	la frénésie / l'hystérie anti-islamique
interfaith harmony	l'harmonie entre les religions
to be founded (on) / to rest (on)	être fondé (sur) / reposer (sur)
bigotry (n)	l'intolérance, le sectarisme
bigoted (a)	intolérant / sectaire
Islam / to islamize / islamization	l'Islam / islamiser / l'islamisation
the Muslim community	la communauté islamique
Islamic militancy	le militantisme islamique
a place of worship	un lieu de culte
to build a mosque	construire une mosquée
religious extremism	l'extrémisme religieux
a theocracy / theocratic	une théocratie / théocratique
to issue a fatwa (against)	déclarer une fatwa (contre)
Shariah / sharia (law)	la (loi de la) charia
to apply Shariah	appliquer la charia
to display fanatic tendencies	afficher des tendances au fanatisme
a war of religion / a jihad	une guerre de religion
to wage a holy war (on / against)	mener une guerre sainte (contre)
religious fundamentalism	le fondamentalisme religieux
an Islamic state / fanaticism (n)	un État islamique / le fanatisme
a religious fanatic	un fanatique religieux
an ideology of hate	une idéologie de la haine

for

- **to welcome a mosque** : accueillir une mosquée • **to show one's tolerance** : faire preuve de tolérance • **to span the divide between Muslims and non-Muslims, not widen it** : combler le fossé entre les musulmans et les non-musulmans, non pas l'élargir • **to build bridges between faiths** : construire des ponts entre les religions • **to promote interethnic / interfaith dialogue** : promouvoir le dialogue inter-ethnique / inter religieux • **to represent a step towards improved relations with the Muslim world** : représenter un pas vers une amélioration des relations avec le monde musulman • **to give in to fear-mongerers / doom mongers** : céder aux Cassandre / prophètes de malheur
- **to defend the project on the grounds of religious freedom** : défendre le projet pour des raisons de liberté religieuse • **to stand for diversity** : représenter la diversité
- **a mosque is not an incubator of militancy but a bulwark against radicalization** : une mosquée n'est pas un terreau pour le militantisme mais un rempart contre l'extrémisme • **Muslims too lost their lives at the World Trade Center** : des musulmans aussi ont perdu la vie dans l'attentat contre le World Trade Center • **to whip up fear** : attiser la peur
- **political attempts to stop the construction would be "un-American"** : les tentatives politiques pour stopper la construction seraient non-américaines • **a deterrent to the spread of militant Islam** : un moyen de dissuasion contre l'expansion d'un Islam militant

against

- **to reject the mosque** : rejeter la mosquée • **an unnecessary provocation** : une provocation inutile • **an aggressive act** : une agression • **to be offensive to / an affront to the families of victims** : représenter un affront pour les familles des victimes • **a slap in the face (of)** : un camouflet (pour) • **an insult to the Americans who were murdered there** : une insulte pour les Américains qui y ont été assassinés • **a manifestation of a radically intolerant belief system that is incompatible with the freedoms guaranteed by the U.S. Constitution** : la manifestation d'un système de croyance radicalement intolérant, incompatible avec les libertés garanties par la Constitution américaine • **a contempt for those who died** : un mépris envers ceux qui sont morts
- **a hallowed battlefield that must be shielded / memorialized** : un champ de bataille sacré qui doit être protégé / immortalisé • **to desecrate what amounts to a graveyard** : profaner ce qui est l'équivalent d'un cimetière • **a piece of American history** : un morceau d'histoire américaine • **to have historical value** : avoir une valeur historique
- **to symbolise the rise of radical islamism / Islam extremism** : symboliser la montée de l'Islam radical • **a place for jihadists to gather** : un lieu de rassemblement pour les jihadistes • **ideologies which stand in contradiction to America's shared values** : des idéologies qui sont en contradiction avec les valeurs communes de l'Amérique • **to tolerate intolerant people** : tolérer des gens intolérants • **more than 100 mosques already exist in New York City. Meanwhile, there are no churches or synagogues in all of Saudi Arabia** : il existe plus de 100 mosquées à NY. Cependant il n'y a aucune église ou synagogue dans toute l'Arabie saoudite • **to show America as a soft country / with no backbone** : montrer l'Amérique comme un pays mou / sans tripes

10 Camping is the best way to vacation

to camp	camper
to camp out	bivouaquer / dormir sous la tente
to go camping	partir en camping
camping / caravaning	le camping / le caravaning
wilderness camping / wild camping	le camping sauvage
to go backpacking / hiking	faire de la randonnée
a camper	un campeur / une campeuse
to pitch camp	installer sa tente
to make / to pitch / to set up a camp	installer un camp
to break [broke / broken] / to strike [struck] camp	lever le camp
to strike / to take down one's tent	démonter sa tente
to build [built] a campfire	faire un feu de camp
a camping ground, site, pitch / a campsite / a campground (US)	un camping
a space	un emplacement
to sleep under the stars / out in the open	dormir à la belle étoile
to rough it	vivre à la dure
the toilet block / the showers	les sanitaires / les douches
a tent / a pup tent	une tente / une tente individuelle
camping gear	le matériel de camping
a knapsack / a backpack	un sac à dos
a shovel / a hammer / a tent stake	une pelle / un marteau / un piquet
a flashlight	une lampe torche
a compass	une boussole
a fly sheet	une moustiquaire
a ground sheet / a hammock	un tapis de sol / un hamac
a fly killer / an insect repellent	un insecticide
a sleeping bag / a pad	un sac de couchage / un matelas
an inflatable bed / a lilo / an air bed	un matelas pneumatique
a first aid kit	une trousse de première urgence
a cooler / a portable water filter	une glacière / un filtre à eau portable
a camping stove / a cook stove	un réchaud de camping
a gas canister	une recharge
a billy (can)	une gamelle
a canteen	une gourde
a penknife	un canif
a collapsible table / chair	une table / une chaise pliante
a caravan / a trailer	une caravane
a Dormobile (UK)	un camping car

for

- **to be hard up (for money) / penniless :** être fauché • **low-cost holidays :** des vacances à petit budget • **a shoestring budget :** un petit budget • **a cheap form of accommodation :** une façon de se loger à bon marché • **an economical way of vacationing :** un moyen économique de passer des vacances
- **to enjoy freedom :** profiter de la liberté • **to be free to go wherever you want :** être libre d'aller à sa guise • **to be the slave of timetables / train schedules :** être l'esclave des horaires / de chemin de fer • **to make reservations :** faire des réservations • **advance hotel booking :** une réservation préalable dans un hôtel
- **to be well equipped (with) :** être bien équipé (avec) • **to have all modern conveniences / amenities :** avoir tout le confort moderne • **laundry facilities :** une laverie automatique • **a utility hookup :** une prise électrique
- **to be close to nature :** être proche de la nature • **to reconnect / to bond with nature :** reprendre contact avec la nature • **to be at one with nature :** être en harmonie avec la nature • **an outdoor / a recreational activity :** une activité de plein air / de loisir • **to get to know the countryside :** apprendre à connaître la campagne • **a change from humdrum life :** une alternative à la routine quotidienne • **to get away from the everyday routine :** changer de la routine quotidienne • **to meet people from all walks of life :** rencontrer des gens de tous horizons • **to socialize :** faire des rencontres • **to travel off the beaten track :** voyager hors des sentiers battus • **to go in search of adventure :** partir en quête d'aventure

against

- **to be the prey of mosquitoes / spiders / snakes :** être la proie des moustiques / araignées / serpents • **a bug :** un insecte • **to be stung by a wasp / bee / bumblebee :** être piqué par une guêpe / une abeille / un frelon • **a bee sting :** une piqûre d'abeille • **to be bitten by a mosquito :** être piqué par un moustique • **a bear attack :** une attaque d'ours • **to sneak up on a bear :** surprendre un ours
- **to live on canned food :** vivre de conserves • **the lack of fresh produce :** l'absence de produits frais • **to eat uncooked food :** manger de la nourriture non cuite • **to treat water :** traiter l'eau • **to live in a state of dirtiness :** vivre dans un état de saleté • **to be at the mercy of the elements :** être à la merci des éléments • **floodings :** les inondations • **a flash flood :** une crue subite • **forest fires :** les incendies de forêts
- **the lack of intimacy / of consideration for others :** le manque d'intimité / d'égards envers autrui • **rude campsite neighbors :** des voisins campeurs grossiers • **inconsiderate people who play their boom boxes :** les malpolis qui mettent leur radio à fond
- **the lack of comfort :** le manque de confort • **to sleep on hard ground :** dormir à la dure • **an outhouse :** des toilettes extérieures • **showers with no water pressure :** les douches sans pression • **to live like Neanderthal man :** vivre comme au temps de la Préhistoire

11 Cellphones

a cellphone / cell phone	un téléphone cellulaire
a smartphone	un téléphone intelligent
a fixed line / a landline	une ligne fixe
the mobile-phone revolution	la révolution du mobile
to usher in a revolution (in)	opérer une révolution (dans)
a mobile (phone) operator / carrier	un opérateur de téléphonie mobile
a wireless subscriber	un abonné du sans fil
a mobile / wireless phone / a handy	un mobile
a (prepaid) calling card	une télécarte (prépayée)
a 3G phone	un téléphone 3G
an earpiece / a headset	une oreillette / un casque
to go mobile	adopter le mobile
to use a mobile (phone)	se servir d'un mobile
to phone / to ring up / to call (up)	téléphoner
to make a phone call	passer un coup de téléphone
to have / to get / to return a call	recevoir / répondre à un appel
to talk on a mobile phone	utiliser un mobile
to turn on / off one's mobile	allumer / éteindre son mobile
to gain access to the Internet	avoir accès à Internet
to download mobile applications	télécharger des applications mobiles
good reception	une bonne réception
poor coverage	une piètre couverture
roaming (ni)	l'itinérance
a fast connection	une connexion rapide
a roaming subscriber	un abonné itinérant
a dead spot / a black hole	une zone blanche
a service plan	un abonnement
a monthly fee	un abonnement mensuel
sound quality	la qualité du son
cellphone safety	la sécurité des mobiles
to pose a health risk / hazard	présenter un danger pour la santé
to be safe	être sans danger
to emit radiation	émettre des radiations
to text / texting	envoyer des SMS / les SMS, les textos
text messaging / short messaging service	le service de SMS
an instant message	un SMS
a moblog	un weblog mobile
the thumb generation	la génération pouce
a phone bill	une facture du téléphone
to foot the bill / to charge	payer la facture / faire payer
an expensive way of communication	un moyen de communication coûteux

for

- **to communicate wherever you are** : communiquer où que l'on se trouve • **to be accessible / reached almost everywhere** : être accessible presque partout • **to get in touch (with)** : contacter • **to keep base (with)** : rester en contact (avec)
- **to speed up transmission of information** : accélérer la transmission d'informations • **to access** : avoir accès à • **to retrieve / to send out emails** : récupérer / envoyer des mails
- **to have multiple applications** : avoir des applications multiples • **to pay for one's bread / parking** : payer son pain / son parcmètre • **to take pictures / to film** : prendre des photos / filmer • **instant news** : des nouvelles instantanées • **to be witness (to)** : être témoin (de) • **to listen to music / podcasts / the radio** : écouter de la musique / des baladodiffusions / la radio • **to play games** : faire des jeux • **to read one's paper** : lire son journal
- **to be handy in case of emergency** : être pratique en cas d'urgence • **to sound / to raise the alarm** : donner l'alerte • **to track a victim (of)** : repérer une victime (de)

against

- **electromagnetic radiation hazard** : le danger des radiations électromagnétiques • **radiation from cellphones** : les radiations des mobiles • **to increase the risks (of)** : accroître les risques (de) • **to hold at the ear / glued to one's ear** : tenir collé à l'oreille • **a correlation (between)** : un lien (entre) • **heavy cellphone use** : un usage intensif du mobile • **to cause brain cancer / tumors** : provoquer des tumeurs au cerveau • **to limit exposure to cellphone radiation** : limiter l'exposition aux radiations provoquées par le téléphone portable • **a lack of scientific consensus** : une absence de consensus chez les scientifiques • **to put warnings on packaging** : afficher des mises en garde sur les emballages • **radiation standards** : les normes de radiation
- **to cause a road traffic accident** : provoquer un accident de la circulation • **to use a cellular phone while at the wheel** : se servir d'un portable au volant • **to leave both hands available for the steering wheel** : garder les mains libres pour la conduite • **to impair judgment** : diminuer les facultés de jugement • **to require the undivided attention of the driver's brain** : exiger l'attention pleine et entière du conducteur • **to be distracted while driving** : être distrait en conduisant • **to take one's mind off the road** : quitter la route des yeux • **a distracted driver** : un conducteur distrait • **a reaction time** : un temps de réaction • **to hit the brakes** : freiner • **a hands-free system** : un système mains libres • **a car kit** : un équipement pour voitures • **to outlaw cell phone use while driving** : interdire l'usage du téléphone portable au volant • **to compromise an aircraft's safety equipment** : compromettre les équipements de sécurité dans un avion • **electrical equipment** : le circuit électrique
- **to get injured while texting / reading one's mail** : se blesser en envoyant des textos / en lisant ses courriels • **to trip** : trébucher • **to walk into a telephone pole / a window** : rentrer dans un poteau téléphonique / une vitrine • **to be run over** : se faire renverser • **to misstep** : rater une marche • **distracted walking** : la marche distraite

12 Censoring the Internet

to censor / censorship / uncensored	censurer / la censure / non censuré
political / Internet censorship	la censure politique / d'Internet
to grant / to deny access (to)	accorder / refuser l'accès (à)
to censor the Internet	censurer Internet
to censor search results	censurer les résultats de recherche
to screen messages	passer les messages au crible
to be subject to censorship	être soumis à la censure
to practise / to advocate censorship	pratiquer / prôner la censure
to impose / to tighten censorship	imposer / renforcer la censure
a filtering system	un système de filtre
to filter the Net	filtrer le Net
to filter out topics banned by censors	exclure les sujets interdits par les censeurs
to install filters	installer des filtres
filtering software (ni)	des logiciels de filtre
to block material / a service	bloquer des contenus / un service
to disable a function	paralyser une fonction
to monitor	surveiller
a news blackout	un black-out de l'information
to suppress freedom	supprimer la liberté
to relax / to lift censorship	relâcher / lever la censure
subversive content	le contenu subversif
to suppress information	interdire la diffusion d'informations
suppression of dissent	l'élimination de la dissidence
to hold [held] a tight rein (on)	tenir la bride serrée (sur)
to doctor information	truquer les informations
freedom of the press	la liberté de la presse
to stifle reform / to smother debate (on)	étouffer la réforme / le débat (sur)
the free flow of information	la libre circulation de l'information
cyberdissidence / a cyberdissident	la cyberdissidence / un cyberdissident
to silence one's opponents	réduire ses adversaires au silence
to gag the press	museler la presse
to brainwash / to condition people	conditionner les gens
misuse of the Internet	l'abus d'Internet
phishing / identity theft	le vol d'identité
a privacy policy	une politique de confidentialité
invasion of privacy	les atteintes à la vie privée
to intercept communications	intercepter les communications
to peer into people's private lives	scruter la vie privée des gens
Personally Identifiable Information (PII)	les données personnelles
to regulate the Internet	réglementer Internet

for

- **to gather / to spread [spread] / to leak sensitive / classified / secret information :** recueillir / diffuser / divulguer des informations confidentielles • **to protect the national interest :** protéger l'intérêt national • **cyberespionage :** le cyberespionage
- **online privacy :** la vie privée en ligne • **to protect / to safeguard privacy (against / from) :** protéger la vie privée (de / contre) • **to shield people from government interference :** protéger les gens des intrusions du gouvernement
- **to be used for criminal / harmful purposes :** être utilisé à des fins criminelles / nuisibles • **online gaming / gambling :** les jeux en ligne • **pornographic content :** le contenu pornographique • **a pornographic site :** un site pornographique • **to post sexually explicit material online :** afficher des contenus à caractère explicitement sexuel • **to be harmful to minors :** être nuisible pour les mineurs • **to be exposed to inappropriate material :** être en contact avec des contenus inappropriés • **to curb the innumerable illegal activities :** freiner les nombreuses activités illicites • **child trafficking :** le trafic d'enfants • **money laundering :** le blanchiment d'argent
- **online bullying (of one's classmates) :** l'intimidation en ligne (de ses camarades de classe) • **a cyberbully :** un cybertyran • **sexting :** l'envoi de photos sexuelles • **to monitor one's children's online activities :** surveiller l'activité en ligne de ses enfants
- **hate speech :** le discours raciste • **abusive speech :** le discours injurieux • **libel / slander :** la calomnie • **the Neonazis :** les Néonazis • **the skinheads :** les skinheads • **bomb-making instructions :** un manuel pour fabriquer une bombe • **to build a nuclear device :** construire une arme nucléaire • **a suicide manual :** un manuel de suicide

against

- **to manipulate the news :** manipuler les informations • **to sanitize the news :** expurger les informations • **censorship of information on the Internet :** la censure d'informations sur Internet • **to restrict access to content on the Internet :** restreindre l'accès aux contenus sur Internet • **to freely access information on the Internet :** accéder librement à l'information sur Internet • **to ban Internet access :** interdire l'accès à Internet • **to restrict what citizens can read online :** limiter ce que les internautes peuvent lire en ligne • **to be subject to freedom of information legislation :** être soumis aux lois sur la liberté de l'information
- **freedom of speech :** la liberté de parole • **to ensure a free society :** garantir une société libre • **to limit free speech on the web :** limiter la liberté de parole sur Internet • **to express critical views / one's opinions (about) :** exprimer des opinions critiques / ses opinions (au sujet de) • **to prevent people from seeking the truth :** empêcher les gens de découvrir la vérité • **to expose government corruption / scandals :** révéler la corruption / des scandales dans le gouvernement
- **Internet users know best :** les utilisateurs d'Internet savent ce qui est bon pour eux • **parents are responsible for the activities of their children :** les parents sont responsables des activités de leurs enfants

13 Children should help with household chores

a household chore / duty / task	une tâche ménagère
to assign household tasks (among)	répartir les tâches ménagères (parmi)
to help out with the chores	aider aux corvées domestiques
to carry out / to do chores	faire des corvées
to put up a duty roster / chore chart	établir une liste des corvées
to participate in household duties	participer aux corvées ménagères
to contribute to the running of the home	contribuer à la gestion ménagère
housework / housecleaning	le ménage
to skivvy	faire les corvées domestiques
to do the dishes / to wash up	faire la vaisselle
to dry / to put away the dishes	essuyer / ranger la vaisselle
to empy the dishwasher	vider le lave-vaisselle
to tidy up one's room	ranger sa chambre
to make one's bed	faire son lit
to take the trash out / to go to the dump	sortir les poubelles / aller à la décharge
to sweep steps / to bag leaves	balayer l'escalier / ramasser les feuilles
to do the vaccuum	passer l'aspirateur
to wash windows / to mop the floor	faire les vitres / laver le sol
to iron one's shirts	repasser ses chemises
to do the laundry / a wash	faire la / une lessive
to sort / to fold / to put away laundry	trier / plier / ranger le linge
to peel potatoes	éplucher les pommes de terre
to mix a salad	mélanger une salade
to lay [laid] / to set the table	mettre la table
to clear the table	débarrasser la table
to run errands	faire des courses
to go buy the bread	aller acheter le pain
to wash daddy's car	laver la voiture de papa
to clean the pool	nettoyer la piscine
to cut the grass / to mow the lawn	tondre le gazon
to rake leaves	ratisser les feuilles
to remove / to shovel the snow	balayer la neige
to power wash the driveway	passer l'allée au Karcher
to look after one's siblings	surveiller ses frères / sœurs
to walk the dog / to feed the pet dog	promener le chien / nourrir Médor
to mature / maturity	grandir / la maturité
to help out / to give a helping hand	donner un coup de main
an allowance (US) / pocket money (UK) / pin money / spending money	l'argent de poche
to earn pocket money / allowance	gagner de l'argent de poche

for

- **to teach basic life skills** : enseigner les outils fondamentaux de la vie • **to pull one's own weight / to pitch in** : contribuer • **to gain practical experience** : acquérir une expérience pratique • **to develop a sense of achievement** : avoir le sentiment du devoir accompli • **to be reliable / trustworthy** : être digne de confiance • **to acquire a sense of responsibility** : acquérir un sens des responsabilités • **to strengthen / to boost self-confidence** : renforcer la confiance en soi • **to enhance one's self-esteem** : améliorer son estime de soi • **to instill a sense of pride** : instiller un sentiment de fierté • **to develop independence** : apprendre à devenir indépendant • **to feel useful** : se sentir utile
- **to be part of the socialization process** : faire partie du processus de socialisation • **to learn to be part of society** : apprendre à faire partie de la société • **to help build / to prepare for the responsibilities / obligations of communal living** : contribuer à acquérir / à se préparer aux responsabilités / aux obligations de la vie en société • **to be part of family life** : faire partie de la vie familiale • **to strengthen the family bonds** : renforcer les liens familiaux • **to develop teamwork responsibility** : développer la responsabilité du travail en équipe
- **to understand the connection between effort and reward** : comprendre le lien entre l'effort et la récompense • **to link pocket money to the performance of household duties** : faire dépendre l'argent de poche des tâches domestiques • **to get one's allowance withheld** : se voir privé d'argent de poche • **there's no such thing as a free lunch** : rien n'est gratis en ce bas monde

against

- **a child is not brought into the world to cook / to clean for itself / its parents** : un enfant ne naît pas pour faire la cuisine / le ménage pour lui / ses parents • **a child is not a slave / servant about the house** : un enfant n'est pas l'esclave / le domestique de la maison • **to fulfill an adult's responsibility** : assumer la responsabilité de l'adulte
- **time away from school** : du temps qui n'est pas consacré aux études • **to mess up one's homework** : bâcler ses devoirs • **a form of child abuse** : une forme d'abus des enfants • **a form of bribery** : une forme de corruption
- **childhood is a time for playing** : l'enfance, c'est le temps du jeu • **playtime** : le temps de s'amuser • **you're only young once** : on est jeune qu'une seule fois dans la vie • **to be entitled to a life free from hard work or responsibility** : avoir droit à une vie sans travaux durs ou responsabilité
- **almost whatever you ask a kid to do, you will have to do over** : presque tout ce que vous demandez à un enfant, il faudra le refaire • **an invitation to conflict** : la porte ouverte au conflit • **to get mad at one's parents** : se fâcher contre ses parents • **kids will have plenty of time to do household work when it is their turn to be parents** : il sera bien assez tôt pour faire les tâches domestiques quand les enfants seront parents • **some tasks are better done by adults** : certaines tâches sont mieux faites par les adultes • **a way for adults to shirk their responsibilities** : un moyen pour les adultes de fuir leurs responsabilités

14 China: the next superpower?

the People's Republic of China (PRC)	la République populaire de Chine
mainland China / Beijing	la Chine communiste / Pékin
Chinese / a Chinese / the Chinese	chinois / un Chinois / les Chinois
the Confucian tradition	la tradition confucéenne
the ruling Communist Party	le Parti communiste dirigeant
the Great Leap Forward	le Grand bond en avant
Chairman Mao / the Great Helmsman	le Président Mao / le Grand Timonier
a rising power	une puissance émergente
economic hegemony / ascent	l'hégémonie / l'ascension économique
China's economic miracle	le miracle économique chinois
breakneck / high-octane growth	une croissance folle / soutenue
the modernization of the Chinese economy	la modernisation de l'économie chinoise
the workshop of the world	l'atelier du monde
the world's largest manufacturing workforce	la première main-d'œuvre industrielle au monde
to be burdened with a 5th of the world's population	le fardeau d'un milliard de bouches à nourrir
an emerging market	un marché émergent
growing financial muscle	une puissance financière croissante
a hoard of foreign exchange reserves	une réserve de devises étrangères
the renminbi	le renminbi
a socialist market economy	une économie de marché socialiste
a state-run / state-controlled company	une entreprise étatique
to pump public money (into)	injecter de l'argent public (dans)
manufacturing growth	la croissance industrielle
the growth of labor productivity	la croissance de la productivité du travail
market-oriented reforms	des réformes libérales
a trade surplus	une balance des échanges excédentaire
a system of internal passports	un système de sauf-conduits internes
a household registration system / hukou	un système d'inscription des ménages
a labor dispute	un conflit du travail
collectivisation of agriculture	la collectivisation de l'agriculture
rapid urbanization	l'urbanisation rapide
a workaholic ethos / cultural influence	un èthos du travail / l'influence culturelle
military might	la puissance militaire
intellectual drawing power	la puissance d'attraction intellectuelle
a one-child policy	une politique de l'enfant unique
a low rate of consumption	un taux de consommation bas
insufficient resources	des ressources insuffisantes
per capita income	le revenu par tête d'habitant

for

- **the world's fastest-growing economy** : l'économie qui croît le plus vite au monde • **economic clout / output** : la puissance / la production économique • **a major world power** : une grande puissance mondiale • **the growth rate** : le taux de croissance • **cheap labor** : une main-d'œuvre bon marché • **to overtake the US in per capita wealth** : dépasser les États-Unis en terme de richesse par tête d'habitant • **to displace American power in Asia** : supplanter la puissance américaine en Asie • **to dwarf / to eclipse (a country) on the world stage** : éclipser (un pays) sur la scène internationale • **increasing domestic consumption** : une consommation intérieure en augmentation
- **labor competitiveness** : la compétitivité du travail • **the competitiveness of China's manufacturing** : la compétitivité des usines chinoises • **to undercut rivals** : couper l'herbe sous le pied des rivaux • **to have a lot of room to grow** : avoir de la place pour grandir
- **a sanctuary from strife** : un havre de paix sociale • **cheap land / labor** : de la terre / main-d'œuvre bon marché • **the rise of inland provinces** : l'essor des terres de l'intérieur • **a coastal / city / a seaboard port** : une ville côtière / un port côtier • **state-backed / foreign investment** : de l'investissement public / étranger

against

- **an agrarian society** : une société agraire • **wealth disparity** : la disparité des richesses • **the number of workers is finite** : le nombre de travailleurs est limité • **dwindling reserves of labor** : des réserves de main-d'œuvre en diminution • **the need to increase one's supply of skilled workers** : le besoin d'accroître sa réserve de main-d'œuvre qualifiée • **an ageing population** : une population vieillissante • **to rely too little on consumer spending** : compter insuffisamment sur les dépenses des consommateurs • **labor costs** : le coût du travail
- **a labor dispute** : un conflit du travail • **an economic grievance** : une revendication économique • **to enjoy the fruits of one's labor** : profiter des fruits de son travail • **to suffer strikes** : subir des grèves • **to aspire to urban standards of living** : aspirer à un niveau de vie urbain
- **a dictatorship** : une dictature • **a one-party rule** : la règle du parti unique • **the Communist ideology** : l'idéologie communiste • **an authoritarian power / regime** : un pouvoir / régime autoritaire • **to quash bouts of labor unrest** : réprimer les manifestations de travailleurs • **to lock up activists** : enfermer les militants • **to jail political opponents** : emprisonner les opposants politiques • **capital punishment** : la peine de mort • **censorship** : la censure • **suppression of secessionist movements** : la répression de mouvements sécessionnistes • **a human rights record** : un bilan en matière de droits de l'homme • **human rights violations** : les violations des droits de l'homme • **corruption** : la corruption
- **academic fraud / misconduct** : la fraude à l'université • **an education system that stresses memorization over independent thinking / creativity** : un système éducatif qui met l'accent sur le par cœur et non la réflexion indépendante / la créativité

15 Climate change is a hoax

global warming	le réchauffement planétaire
climate change	le changement climatique
a buzzword / a catch phrase	un mot / une expression à la mode
to be skeptical (of)	être sceptique (quant à)
to perpetrate / to play a hoax (on)	monter / perpétrer un canular (envers)
to tackle global warming	s'attaquer au réchauffement planétaire
climate science	la science du climat / la climatologie
to be man-made	être provoqué par l'homme
climate extremes	les dérèglements climatiques
a climate model	un modèle climatique
climate sensitivity	la sensibilité du climat / climatique
human activity / history	l'activité / l'histoire de l'homme
to be attributable to natural causes	mettre sur le compte de causes naturelles
a threat to the planet / future generations	une menace pour la planète / les générations à venir
to alter weather patterns	modifier les modèles météo
to drive up the temperature	élever la température
to heat up the earth	réchauffer la terre
to retain / to trap [trapped] heat	retenir la chaleur (prisonnière)
to exaggerate / to under-report	exagérer / minimiser
a climate change summit	un sommet sur le changement climatique
greenhouse gases (GHG) / emissions	les gaz à effet de serre (GES)
(a rise in) carbon dioxide (CO_2)	une hausse du dioxyde de carbone (CO_2)
the build-up of carbon dioxide	l'accumulation de dioxyde de carbone
chlorofluorocarbons (CFCs)	les chlorofluorocarbures (CFC)
to release greenhouse gases (into)	rejeter du gaz à effet de serre (dans)
a climate treaty / climate legislation	un traité / la législation sur le climat
the global warming controversy	la polémique sur le réchauffement planétaire
a warming trend	une tendance au réchauffement
the precautionary principle	le principe de précaution
an emitter of carbon dioxide	un émetteur de dioxyde de carbone
a carbon offset / a carbon credit	une compensation carbone
to avert a rise in temperatures	éviter une hausse des températures
to cut emissions	réduire les émissions
the sea level rise	la montée du niveau des océans
glacier retreat	la retraite des glaciers
the ice floe / the ice shelf	la banquise
an ice sheet	un inlandsis / une calotte polaire
to melt [melted]	fondre
Arctic shrinkage	la diminution de l'Arctique

for

- **climate doubters** : les sceptiques du réchauffement • **to refuse to acknowledge the climate change** : refuser de reconnaître le changement climatique • **a hoax** : un coup monté • **to express doubts (about)** : exprimer des doutes (sur) • **we have had reliable data only since the '70s** : on ne possède de données fiables que depuis les années 1970 • **the Intergovernmental Panel on Climate Change (IPCC)** : le Groupe d'experts intergouvernemental sur l'évolution du climat (GIEC) • **to manipulate public opinion** : manipuler l'opinion publique • **to bar scientists from accessing data about global warming** : empêcher les scientifiques d'avoir accès à des données sur le réchauffement climatique • **to be unable to make accurate predictions** : être incapable de faire des prédictions précises • **adjustments made to the raw data introduce a warming bias** : les ajustements aux données brutes sont biaisées en faveur du réchauffement • **the effects of urbanisation have confused the data because towns, which are sources of heat, have grown up near weather stations** : les conséquences de l'urbanisation ont brouillé les données parce que les villes, sources de chaleur, ont été construites près des stations météo • **the urban heat-island effect** : l'effet îlot de chaleur urbain • **man is responsible for a part of global warming; most of it is still natural** : l'homme est en partie responsable du réchauffement ; la majeure partie est cependant due à des causes naturelles
- **a lack of credibility / serious investigation (into)** : un manque de crédibilité / d'enquête sérieuse (sur) • **to leave in doubt the validity (of a theory)** : mettre en doute la validité (d'une théorie) • **scientists are fallible / are human too / make mistakes** : les scientifiques sont faillibles / sont des hommes / font des erreurs • **to mitigate the risks posed by climate change** : minimiser les risques posés par le changement climatique
- **to conceal data** : dissimuler des données • **a distorted model** : un modèle déformé • **incoherent / invalid data** : des données incohérentes / invalides • **a conspiracy theory** : une théorie du complot • **worries about the Panel's partiality / transparency / leadership** : des inquiétudes concernant la partialité / la transparence / la direction du GIEC

against

- **unanimous agreement in the scientific community in support of human-caused global warming** : un accord unanime dans la communauté scientifique selon laquelle le réchauffement climatique est dû à l'homme • **to be endorsed by every national science academy** : être partagé par toutes les académies des sciences • **to make measurements** : prendre des mesures • **to fit with human history** : correspondre à l'histoire de l'homme • **analysis of carbon isotopes** : l'analyse d'isotopes de carbone • **the carbon dioxide from industry accounts for most of the build-up in the atmosphere** : le CO_2 d'origine industrielle représente la majeure partie de l'accumulation dans l'atmosphère • **water vapour** : la vapeur d'eau • **to provide further warming** : réchauffer davantage
- **in any complex scientific picture of the world there will be gaps / misperceptions / mistakes** : dans n'importe quelle description scientifique du monde, il y a des lacunes / de fausses perceptions / des erreurs • **data are vexatious** : les données sont vexantes • **theory is straightforward** : la théorie est limpide

16 Cons/ex-cons should have the vote

to try / a trial	juger / un procès
to be indicted (on a charge of)	être accusé (de)
the accused	l'inculpé / le prévenu / l'accusé
a defendant	un prévenu / un plaideur / un accusé
to convict sb (of)	reconnaître qn coupable (de)
a felony conviction	une condamnation (pour crime)
to be found / declared guilty	être reconnu coupable
to sentence (sb) (to)	condamner (qn) (à)
to mete out a sanction / sentence	infliger une punition / sentence
a light / heavy sentence	une peine légère / lourde
to pass / to pronounce a sentence	prononcer une condamnation
to hand out a sentence	infliger une condamnation
to release (from) / to let off	relâcher (de)
to pardon / to grant a pardon (to)	gracier
to amnesty	amnistier
a correctional facility	une prison
to go / to send to prison / to send down	aller / envoyer en prison
to put into prison / behind bars	incarcérer
to be incarcerated / incarceration	être incarcéré / l'incarcération
to imprison / imprisonment	emprisonner / l'emprisonnement
a prison term	une peine de prison
to do / to serve time	faire de la prison / de la taule
life imprisonment	la prison à perpétuité
a prisoner, a detainee / an inmate, a convict	un prisonnier / un détenu
an ex-con(vict) / an ex-felon / an ex-offender	un ancien taulard
a recidivist / a repeat, habitual offender	un récidiviste
a sexual delinquent / offender	un délinquant sexuel
a hardened / petty criminal	un criminel endurci / un petit délinquant
to have a (long) record	avoir un casier judiciaire (chargé)
a lifer	un condamné à perpétuité
to complete one's sentence	purger sa peine
a parolee	un condamné en liberté conditionnelle
voter eligibility	les règles du droit de vote
the right to vote / the franchise / voting right	le droit de vote
revocation of franchise	la perte du droit de vote
to be disenfranchised	être déchu du droit de vote
to be ineligible to vote	ne pas avoir le droit de vote
to vote (in an election) / to cast a ballot	voter (lors d'une élection)
to restrict the right of felons to vote	limiter le droit de vote des condamnés
to disenfranchise felons for life	priver les criminels du droit de vote à vie
to deny sb the right to vote	refuser à qn le droit de vote
to restore / to reinstate sb their rights	restaurer les droits de qn

for

- **to prohibit / to bar (sb) from voting** : empêcher (qn) de voter • **to be deprived of the franchise** : être privé du droit de vote • **to be stripped of one's rights** : être déchu de ses droits • **to forfeit one's rights** : perdre ses droits • **to let sb vote** : permettre à qn de voter • **rights are inalienable** : les droits sont inaliénables • **to be considered as a second-class citizen** : être considéré comme un citoyen de seconde classe • **to give / to grant ex-offenders the right to vote** : donner / accorder aux anciens criminels le droit de vote • **state, local / federal, national elections** : les élections locales / fédérales
- **to enjoy one's rights** : jouir de ses droits • **to pay one's dues / debt to society** : payer sa dette à la société • **to be back in the community** : réintégrer la communauté • **to pay one's taxes** : payer ses impôts • **to have a job** : avoir un emploi • **to raise a family** : avoir une famille • **to have the same concerns as other voters** : avoir les mêmes préoccupations que les autres électeurs • **to have a say in who represents sb** : avoir son mot à dire sur qui représente qn • **no taxation without representation** : pas d'imposition sans représentation • **to turn one's life around** : refaire sa vie • **to start from scratch** : repartir à zéro • **to undercut efforts** : saper les efforts • **to continue to be branded as criminals** : continuer à être traité de criminel • **to set sb apart from society** : écarter qn de la société • **to reintegrate into mainstream society** : (se) réinsérer dans la société • **to rejoin society** : rejoindre les rangs de la société
- **to go against the grain of democracy / the democracy principle** : aller à l'encontre de la démocratie / du principe de démocratie • **to rule with the consent of the governed** : diriger avec le consentement des gouvernés • **rights are the barrier to tyranny** : les droits sont le rempart contre la tyrannie • **voting as an expression of free speech** : le droit de vote comme expression de la liberté d'expression
- **laws which hark back to the pre-Civil war period** : des lois qui remontent à la période précédant la Guerre de Sécession • **to prevent freed slaves from voting** : empêcher les esclaves libérés de voter

against

- **prisoners are outlaws** : les prisonniers sont des hors-la-loi • **to be outlawed** : être hors la loi • **to have contempt for others' rights** : mépriser les droits d'autrui • **to forfeit one's right to participate in civil society** : s'exclure du droit de participer à la société civile • **to transgress the laws of society** : transgresser les lois de la société • **to be untrustworthy** : ne pas être digne de confiance • **to surrender one's right to belong to society** : se priver du droit d'appartenir à la société • **to break the social contract** : briser le contrat social
- **to be done on a case-by-case basis** : faire du cas par cas • **the seriousness of the crime** : la gravité du crime • **to commit a grisly / heinous crime** : commettre un crime horrible • **we also forbid felons from other activities—like holding certain jobs / possessing firearms** : d'autres activités sont également interdites aux criminels - par ex. occuper certains emplois / posséder une arme à feu

17 Credit card limits for youth

to apply for / to get a credit card	demander / obtenir une carte de crédit
a credit-card offer	une offre de carte de crédit
a credit card holder	un détenteur de carte de crédit
credit card use	l'utilisation de cartes de crédit
a credit line	une ligne de crédit
to set up a bank account	créer un compte bancaire
to open a checking account	ouvrir un compte chèques
to qualify for a credit card	être autorisé à avoir une carte de crédit
to learn how to budget	apprendre à faire un budget
to have access to money	avoir accès à des fonds
to manage a financial / bank account	gérer un compte bancaire
to be fiscally responsible	être fiscalement responsable
to be financially savvy	être futé en matière de finance
a credit limit	un plafond de crédit
to pay bills / daily expenses	payer des factures / les dépenses courantes
to have an independent source of funds	avoir une source d'argent indépendante
to have written permission (from)	avoir une autorisation écrite (de)
to carry cash about oneself	avoir de l'argent liquide sur soi
to take out a loan	faire un emprunt
parental oversight	la surveillance parentale
an interest rate	un taux d'intérêt
to cap the spending (on)	limiter les dépenses (sur)
the credit card trap	le piège de la carte de crédit
to live beyond one's means	vivre au-dessus de ses moyens
profligacy / profligate, extavagant	la prodigalité / dépensier
to run out of money	être à court d'argent
to slip into high credit card debt	s'endetter avec une carte de crédit
to overdraw (one's account)	être en découvert (sur son compte)
an overdraft	un découvert
to go broke	être fauché
to be straddled with debts / debt-ridden	être grevé de dettes
over-extension	le surendettement
to fall behind (on one's monthly payments) / to miss payments	avoir des impayés
to default on one's debt payments	manquer à ses engagements financiers
to be late on one's payments	avoir des retards d'impayés
to fall into the debt trap	tomber dans le piège de la dette
to max out (on a card)	atteindre le plafond autorisé
to pay off a debt	rembourser une dette
to file for bankruptcy	se mettre en faillite

for

- **to establish ground rules** : établir des règles de base • **to start one's children on credit / to teach one's children about credit as early as possible** : initier ses enfants au crédit dès que possible • **to be conservative in one's use of credit cards** : être prudent dans l'utilisation de ses cartes de crédit • **to make one's payments on time** : faire ses versements à temps • **to pay one's bills on time** : payer ses factures à temps
- **to teach one's children how to set up a checking account** : apprendre à ses enfants à établir un compte chèques • **to learn some basic finance skills** : apprendre à maîtriser ses dépenses • **to raise financially responsible children** : élever des enfants financièrement responsables • **to spend what one has in one's account** : dépenser ce que l'on a sur son compte • **to transfer an allowance into a joint checking account each month** : verser une allocation mensuelle sur un compte joint • **to keep an eye on one's child's spending / online banking** : avoir l'œil sur les dépenses / en ligne de son enfant • **to keep the credit card limit (to)** : ne pas dépasser la limite (de) sur sa carte de crédit
- **to make children authorized users on the parents' credit card** : autoriser les enfants à utiliser la carte de crédit des parents • **to have a card for emergencies** : disposer d'une carte en cas d'urgence

against

- **to spend oneself deep into debt on a credit card** : se retrouver dans les dettes jusqu'au cou à cause d'une carte de crédit • **to accrue large amounts of credit card debt** : accumuler de lourdes dettes sur des cartes de crédit • **high overdraft fees** : d'importants frais de découvert
- **to be jointly liable for any debts** : être co-responsable des dettes • **to get one's credit dinged** : voir son crédit entamer • **to incur substantial interest charges** : contracter de lourdes charges financières • **to take on more paid work (at the expense of)** : travailler davantage pour gagner un salaire (au détriment de) • **to reduce one's academic load** : réduire sa charge de travail à l'école / l'université • **to drop out of school for lack of time** : abandonner ses études par manque de temps
- **credit is for long term expenses** : le crédit est réservé aux dépenses à long terme • **cash is a good way to introduce kids to money** : l'argent liquide est une bonne façon d'initier les enfants à l'argent • **cash is finite / tangible** : l'argent liquide est limité / tangible
- **credit card companies / issuers prey on the ignorance of youth** : les sociétés de cartes de crédit exploitent l'ignorance des jeunes • **to be an easy prey (to)** : être une proie facile (pour) • **to take advantage (of)** : profiter (de) / exploiter • **to be wary (of)** : se méfier (de) • **to be ripped off** : se faire avoir • **to cancel one's card** : annuler sa carte
- **to resist the temptation to buy** : résister à la tentation d'acheter • **to crave (luxuries)** : avoir envie (d'objets de luxe) • **to learn frugality** : apprendre à être économe • **to feel inclined to go on a spending spree / binge** : être enclin à dépenser sans compter

18 Democracy is the least worst option

democracy / democratic (a)	la démocratie / démocratique
a democrat	un démocrate
an undemocratic regime	un régime non démocratique
to promote democracy	promouvoir la démocratie
a form of government	une forme de gouvernement
a system of government	un régime
parliamentary democracy	la démocratie parlementaire
direct democracy	la démocratie directe
participatory democracy	la démocratie participative
communism / communist (a)	le communisme / communiste
tyranny / a tyrant / tyrannical (a)	la tyrannie / un tyran / tyrannique
dictatorship / a dictator	la dictature / un dictature
a dictatorial regime	un régime dictatorial
totalitarianism	le totalitarisme
a totalitarian regime	un régime totalitaire
absolutism / absolute (power)	l'absolutisme / le pouvoir absolu
monarchy / monarchist (a)	la monarchie / monarchiste
autocracy / an autocrat	l'autocratie / un autocrate
fascism / fascist (a)	le fascisme / fasciste
the will of the people	la volonté du peuple
public opinion	l'opinion publique
a pressure group / a special interest group	un groupe de pression
a ruling class	une classe dirigeante
to run / to rule / to lead a country / a ruler	diriger un pays / un dirigeant
a people's democracy	une démocratie populaire
a referendum [pl. referenda]	un referendum
a ballot initiative	une initiative (populaire)
popular consent	le consentement populaire
a written constitution	une constitution écrite
a bill of rights	une déclaration des droits
freedom of speech / religion	la liberté d'expression / de conscience
the right to vote / the franchise	le droit de vote
the voting age	l'âge de voter
a voting system	un système électoral
to give, to grant / to deny the right to vote	accorder / refuser le droit de vote
legitimacy (ni) / legitimate (a)	la légitimité / légitime
a citizen / citizenship	un citoyen / la citoyenneté
sovereignty / sovereign (a)	la souveraineté / souverain
equality / equal (to)	l'égalité / égal (à)
to roll back democracy	abolir la démocratie

for

- **"It has been said that democracy is the worst form of government, except for all those other forms that have been tried from time to time."** Winston Churchill, 1947 • **government by the people** : le gouvernement par le peuple • **to be based on open / free / fair elections** : s'appuyer sur des élections ouvertes / libres / justes • **to require the consent of the governed** : exiger le consentement des gouvernés
- **a peaceful / fair form of government** : une forme pacifique / équitable de gouvernement • **anyone may run for election to public office** : tout le monde peut se présenter aux élections • **political parties compete for / vie for power by advocating alternative visions of society** : les partis politiques luttent pour le pouvoir en présentant des visions alternées de la société • **everyone is permitted to have a say in the political process** : tout le monde peut avoir son mot à dire dans le processus politique
- **to promote economic / personal development** : promouvoir le développement économique / personnel • **to create the greatest happiness of the greatest number** : créer le bonheur maximum pour le plus grand nombre • **to enhance equality** : améliorer l'égalité • **to institutionalize a means of nonviolent conflict resolution** : institutionnaliser un moyen pacifique de résolution des conflits • **the ballot rather than the bullet is the very democratic ideal to resolve differences / to choose leaders** : le bulletin de vote plutôt que les armes représente l'idéal démocratique même pour résoudre les différences / choisir les dirigeants • **democracies do not make war on each other** : les démocraties ne se font pas la guerre • **democratic leaders do not kill their own people through genocide / massacres / extra-judicial executions / other forms of mass murder** : les dirigeants démocrates ne liquident pas leur propre peuple par le génocide / les massacres / les exécutions extra-judiciaires / d'autres formes d'extermination

against

- **to be elected by a minority of votes** : être élu avec une minorité de voix • **the oppression of a minority** : l'oppression d'une minorité • **to allow a democratic majority to impose its will on a minority** : permettre à une majorité démocratique d'imposer sa volonté à une minorité • **to pander to private interests** : céder aux exigences des intérêts privés • **the clout of lobbies** : l'influence des lobbies
- **some groups are openly excluded from the usual democratic rights (illegal immigrants / ex-cons)** : certains groupes sont ouvertement exclus du processus démocratique (les immigrants en situation irrégulière / les anciens taulards)
- **to be all things to all men** : faire plaisir à tout le monde • **to be dependent on fundraising** : dépendre de la levée de fonds • **to finance a campaign** : financer une campagne • **not all the people are equipped to make sensible decisions** : tout le monde n'est pas en mesure de prendre des décisions sensées • **democracy has failed to eliminate social inequality / inequality in wealth / income** : la démocratie n'a pas fait disparaître les inégalités sociales / de richesses / de revenus • **the turnover of politicians in a democracy** : le renouvellement des dirigeants en démocratie

19 E-books are a bane for book publishers

electronic publishing / ePublishing	la publication numérique
online publishing / web publishing	la publication en ligne
a book publisher	une maison d'édition
a printed book	un livre imprimé
a text novel / a hard copy	un roman papier / une copie papier
to keep the print business alive	maintenir l'édition papier en vie
an electronic book	un livre électronique
an e-book / ebook / eBook	un e-book
an e-reader / an e-book device	une liseuse
the e-reader market	le marché des liseuses
an e-book publisher	un éditeur de livres électroniques
a vook / a blook	un vidéo-livre / un blouquin, blook
a digital / virtual library	une bibliothèque numérique / virtuelle
a bricks-and-mortar bookseller	une librairie traditionnelle
a digital edition / format	une édition / un format numérique
a digi-novel / to think digitally	un roman numérique / penser numérique
portability	la transportabilité
to be easy to carry around	être facilement transportable
readability	la facilité de lecture
to digitize / born-digital (a)	numériser / accessible en numérique
optical character recognition (OCR)	la reconnaissance optique de caractères (ROC)
OCR software	des logiciels de ROC
intelligent character recognition (ICR)	la reconnaissance intelligente de caractères
digital image processing	le traitement numérique de l'image
to scan pages	scanner des pages
a hybrid library	une bibliothèque hybride
physical archives	des archives physiques
digital / online archives	des archives numériques
digital rights management (DRM)	la gestion des droits numériques
to be in the public domain	être dans le domaine public
to keep readers interested (in)	maintenir l'intérêt des lecteurs (pour)
to contain / to integrate videos	contenir / intégrer des vidéos
to augment books with video segments	agrémenter les livres de bandes vidéo
a video-enhanced format	un format enrichi par la vidéo
to be accessible by computer	être accessible par ordinateur
open access (OA)	en accès ouvert
toll access / subscription access	l'accès payant
to change reading habits	modifier les habitudes de lecture
the loss of sustained reading	la fin de la lecture soutenue
to violate copyrights	violer les droits d'auteur

for

- **the digital revolution** : la révolution numérique • **brave new digital world** : le meilleur des mondes numériques • **to sell a book in an electronic form** : vendre un livre sous forme électronique • **to be available in virtual / eletronic form** : être disponible sous forme virtuelle / électronique • **to bypass publishers** : contourner les maisons d'édition
- **to be in danger of becoming extinct** : être menacé de disparition • **the book as we know it** : le livre dans son format actuel • **to be likely to go the way of the horse** : risquer de disparaître • **to be the ruin of publishers** : ruiner les éditeurs • **to undermine the sale of old-fashioned books** : saper la vente de livres traditionnels • **to alienate a core market** : perdre un marché essentiel • **to like the way books feel / smell** : aimer toucher / sentir les livres • **to copy / to distribute over the Internet** : copier / distribuer sur Internet • **book piracy** : la piraterie des livres • **a bootleg copy** : un exemplaire piraté
- **a copyrights holder** : un détenteur de droits d'auteur • **unauthorized copying** : le copillage • **to seek permission (from publishers / authors)** : demander la permission (aux éditeurs / auteurs) • **violation of copyright standards** : la violation des normes de reproduction • **to fail to comply with copyright protection regulations** : ne pas se plier aux lois sur la protection du droit d'auteur
- **the proliferation of self-proclaimed 'published authors'** : la prolifération d'auteurs auto-proclamés • **the decline of quality books** : le déclin de livres de qualité • **the advent of a cultural dark age** : l'avènement d'un âge de pierre culturel • **publishers' role as the gatekeepers of quality** : le rôle des éditeurs comme garants de qualité

against

- **to usher in a golden age of reading** : inaugurer un âge d'or de la lecture • **to replace old-fashioned books** : remplacer les livres traditionnels • **to be reshaped by the growth of the Internet** : être refaçonné par le développement d'Internet • **the equalising potential of digitization** : le potentiel de démocratisation par la numérisation
- **round-the-clock mobile availability / access** : la disponibilité / l'accès permanent(e) • **unlimited storage space** : un espace de stockage illimité • **enhanced legibility** : l'amélioration de la lecture • **digital preservation** : l'archivage numérique • **to require / to fill little space / room** : nécessiter / occuper peu d'espace • **an encyclopedia / textbooks on CD / DVD** : une encyclopédie / des manuels sur CD / DVD
- **to save on printing / paper costs / shipping (to retailers) / warehousing** : économiser sur l'impression / les coûts de papier / le transport (aux détaillants) / l'entreposage • **retailers' rent / storage / salary costs** : les coûts de location / stockage / salariaux des détaillants • **compensation cost for unsold books** : les retours • **to have zero returns** : ne pas avoir de retour • **print on demand** : l'impression à la demande • **to search text automatically** : rechercher automatiquement dans le texte
- **physical deterioration** : la détérioration physique • **to go out of print** : être épuisé • **to be offered indefinitely** : ne jamais être épuisé • **to self-publish an e-book** : publier un e-book à compte d'auteur

20 Education is the only way of cutting crime

education / upbringing	l'éducation
schooling	la scolarité
to attend school / school attendance	fréquenter l'école / l'assiduité en classe
a lack of education	un manque d'éducation
low education	une éducation précaire
a school leaver	un élève qui a arrêté ses études
the school-leaving age	l'âge de la fin de scolarité
to drop out of school / to quit school	abandonner ses études
to skip school / to play truant	sécher les cours
a school dropout	qui a abandonné ses études
to finish / to complete high school	terminer ses études secondaires
to hang out / to run with the wrong crowd	avoir de mauvaises fréquentations
juvenile crime / youth crime	la criminalité juvénile
to engage in crime / criminal behavior	se livrer à des activités criminelles
a juvenile delinquent	un délinquant juvénile
to commit an offence	commettre un délit
an offender	un délinquant
to reduce crime	faire baisser la criminalité
to be a cause of crime	être une cause de la criminalité
to break [broke / broken] the law / to have a run-in with the law	violer la loi
a lawbreaker / (a) scofflaw	un délinquant / qui bafoue la loi
to have a brush with the law	avoir maille à partir avec la justice
to have scrapes with the law	avoir des démêlés avec la police
to be on the wrong side of the law	être en infraction avec la loi
to run afoul of the law	se mettre en infraction avec la loi
to do wrong / wrongdoing	mal agir / des méfaits
to stay out of trouble	éviter les ennuis
the low-lifes / low-life (a)	des individus peu recommandables
to have a criminal record	avoir un casier judiciaire
criminal behavior	une attitude criminelle
a life of crime	une vie de larcin
anti-social behaviour (UK), behavior (US) / incivilities	les incivilités
a hoodlum	un voyou
to join a gang / to belong to a gang	adhérer à / appartenir à un gang
to abide by the law / law abiding (a)	respecter les lois / soucieux des lois
to crack down on crime / a crackdown (on)	réprimer la criminalité / la répression (de)
to spend money on education	dépenser pour l'éducation
to deter crime	dissuader les crimes

for

- **education as an antidote to juvenile crime** : l'éducation comme antidote à la délinquance juvénile • **to prevent people from becoming criminals** : empêcher les gens de devenir des criminels • **to raise future people's earning power from legitimate work** : accroître le pouvoir d'achat à venir en ayant un emploi légitime • **to make a criminal career less attractive** : rendre une carrière de criminel moins attractive • **to enhance one's career path** : améliorer son parcours professionnel • **to be taught to be productive / to be honest, upright, law abiding / loyal to their country** : apprendre à être productif / honnête / loyal envers son pays • **the way out of the gutter is with a book** : le meilleur salut est un livre • **barring an education** : à moins d'avoir fait des études • **a way out** : un moyen de s'en sortir • **to have difficulty getting into college** : avoir du mal à être admis à l'université
- **parental education** : l'éducation parentale • **to be instilled a set of values** : apprendre un ensemble de valeurs • **to take an active role in a child's education** : prendre une part active dans l'éducation d'un enfant • **to look over the report card** : vérifier les bulletins scolaires • **an at-risk child** : un jeune à risque • **to fail to be a role model** : échouer à servir de modèle • **lack of parental guidance** : l'absence de conseil parental • **to fail to support a family** : être incapable de subvenir aux besoins d'une famille

against

- **to take into account** : prendre en compte • **a biological / genetic factor** : un facteur biologique / génétique • **a hereditary trait** : un trait héréditaire • **to be inherent in man** : être inhérent à l'homme • **a violent temper** : un caractère violent • **to be violence-prone** : être enclin à la violence • **to resort to violence** : avoir recours à la violence • **to use violence** : recourir à la violence
- **a troubled / rough neighborhood** : un quartier difficile • **a housing estate / a project** : une cité • **an inner district** : un ghetto • **an economically-challenged district** : un quartier défavorisé • **unemployment / unemployed, jobless (a)** : le chômage / sans emploi • **domestic abuse** : la violence domestique • **a gang-infested neighborhood** : un quartier gangrené par les bandes • **a social ill** : un fléau social
- **a permissive society** : une société permissive • **to be soft / tough on crime** : être mou / dur envers les criminels • **the leniency of judges** : la clémence des juges
- **to send to a special school / boot camp** : envoyer dans un établissement spécialisé / en camp disciplinaire • **to have learning disabilities** : souffrir de troubles de l'apprentissage
- **living conditions** : les conditions de vie • **to live below the poverty level** : vivre au-dessous du seuil de pauvreté • **family breakdown** : l'éclatement de la cellule familiale • **a single-parent / a lone parent / a one-parent family** : une famille monoparentale • **bad parenting** : une mauvaise éducation parentale • **to lose control of one's kids** : perdre toute autorité sur ses gamins • **absentee parents** : des parents absents • **to desert one's home** : abandonner le foyer • **desertion** : l'abandon • **marital violence** : la violence conjugale • **a battered woman / child** : une femme / en enfant battu(e) • **a deadbeat father** : un père qui ne paie pas la pension • **parental rejection** : l'abandon parental

21 Election expenses should be limited

an electoral campaign	une campagne électorale
to run a campaign	diriger une campagne
to be a candidate (for office)	être candidat (à une fonction élective)
campaign financing / funding	le financement des campagnes
public / private financing	le financement public / privé
to be subject to spending limits / caps	être sujet à des limites de dépenses
to finance a campaign	financer une campagne
to hold the purse strings	tenir les cordons de la bourse
a fund-raising campaign	une campagne de levée de fonds
to raise money, cash / to collect money / to fundraise	lever / collecter des fonds
a fund-raising dinner	un dîner destiné à recueillir des fonds
direct mail soliciting	le démarchage postal
a backer / a financial contributor	un soutien financier / un bailleur de fonds
a fat cat	un bailleur de fonds
to fry the fat	obtenir des fonds par pression
a slush fund / a war chest	une caisse noire / un trésor de guerre
to donate money / a donation	faire un don / un don (en argent)
party donors	les donateurs d'un parti
an appeal for funds / to pass the hat	un appel de fonds / faire la manche
to contribute (money) to a campaign	donner de l'argent à une campagne
a political ad	une publicité
to run a commercial	diffuser une publicité
a Political Action Committee (PAC) (US)	un comité d'action politique (PAC)
to help elect politicians	contribuer à élire des hommes politiques
a well-funded organization	une organisation bien financée
a poorly-funded candidate	un candidat sans ressources
to build up a financial network	bâtir un réseau financier
to be underfunded	manquer de crédits
to run short of / out of campaign funds	être à court d'argent / être à sec
to run on a shoestring budget	faire campagne avec de petits moyens
unlimited campaign contributions	des contributions de campagne illimitées
to regulate contributions	réglementer les contributions
to cap / to place a cap on contributions (to)	limiter les contributions (à)
spending limits / to spend money (on)	des limites aux dépenses / dépenser (en)
an unregulated system	un système non réglementé
to buy an election	se payer une élection
illegal campaign contributions	des contributions électorales illégales
the Federal Election Commission (FEC) (US)	la Commission électorale fédérale
campaign finance regulation	la loi de financement des campagnes

for

- **the proponents of expense limits :** les partisans d'une limite des dépenses • **the risk of corruption :** le risque de corruption • **to lay [laid] oneself open to corruption :** prêter le flanc à la corruption • **the corrupting influence of big money :** l'influence corruptrice des grosses fortunes
- **to lobby (for / against) :** faire pression (pour / contre) • **pressure groups / special interests / lobby groups / advocacy groups :** les lobbies • **to influence public opinion / policy :** influencer l'opinion / les politiques publiques • **to manipulate the democratic system :** manipuler le système démocratique • **to exert considerable influence on the political process :** exercer une influence considérable sur le processus politique • **clean / fair / voter-owned elections :** des élections propres • **to expect favors (from) in return :** attendre des faveurs (de) en retour
- **equality between / among candidates :** l'égalité entre les candidats • **to enhance fairness :** améliorer l'égalité • **to have an equal opportunity to express one's ideas :** avoir les mêmes chances d'exposer ses idées • **to level the playing field :** mettre tous les participants à égalité • **to outspend an opponent :** dépenser davantage qu'un adversaire
- **to erode the ability of many citizens to run for office :** diminuer la possibilité de nombreux citoyens de se présenter à une élection • **to be unable to participate in an election :** être incapable de participer à une élection
- **to encourage candidates to pursue traditional grassroots approaches :** encourager les candidats à faire campagne au plus proche des électeurs • **door-to-door canvassing :** le porte-à-porte • **a get-out-the-vote campaign :** une campagne de mobilisation

against

- **(to limit) free speech / freedom of speech :** (restreindre) la liberté d'expression • **to restrict the ability to communicate ideas :** restreindre la possibilité de communiquer des idées • **to limit the number / the depth of issues to be discussed / debated / the reach of the audience :** limiter le nombre / l'ampleur des problèmes à débattre / le public atteint • **to reduce turnout rates :** réduire les taux de participation
- **to encourage getting around the rules :** encourager à contourner les règles • **to circumvent a limit :** contourner une limite • **to achieve transparency :** parvenir à la transparence • **to impact communities differently :** avoir un impact différent sur les communautés • **to be hard reaching out remote areas / communities :** avoir du mal à atteindre les zones / populations reculées
- **to meet rising campaign costs :** faire face à des coûts de campagne croissants • **voter registration :** l'inscription des électeurs sur les listes électorales • **a get-out-the-vote (GOTV) drive :** une campagne d'inscription • **bumper stickers :** des autocollants pour voitures • **a negative campaign :** une campagne négative • **a mudslinging campaign :** une campagne de dénigrement • **to disparage a candidate :** dénigrer un candidat • **printing / distribution of leaflets :** l'impression / la distribution de tracts • **to incur expenses :** entraîner des dépenses • **to purchase air time :** acheter du temps d'antenne

22 English: the new lingua franca?

the English language	la langue anglaise
the lingua franca of the world	la langue véhiculaire dans le monde
an English-speaking country	un pays anglophone
an official language	une langue officielle
a world language / a universal language	une langue internationale
a dominant language	une langue dominante
the spread of English (over the world)	l'invasion de l'anglais (dans le monde)
to communicate in English	communiquer en anglais
to do business in English	faire des affaires en anglais
the language of Shakespeare	la langue de Shakespeare
the use of English	l'usage de l'anglais
British / American English	l'anglais britannique / américain
the Queen's / the King's English	l'anglais de la Reine / du Roi
a variety of English	un variété d'anglais
Received Pronunciation (RP)	la prononciation standard
standard English (SE)	l'anglais standard
a mother tongue / a first, native language	une langue maternelle
to speak English well / to speak good English	bien parler l'anglais
to be proficient at / good at English	être bon en anglais
fluency / to be fluent in English / to speak English fluently	l'aisance / parler anglais couramment
to be bilingual	être bilingue
a native speaker	un autochtone
a second language speaker	qui pratique une deuxième langue
to have a sound command (of a language)	bien maîtriser (une langue)
to have a smattering of English	avoir quelques notions d'anglais
to get by (in English)	se débrouiller en anglais
to be hopeless / a basketcase in English	être nul en anglais
pidgin English	du mauvais anglais
to overcome the language barrier	surmonter la barrière de la langue
to speak with an accent	parler avec un accent
a mid-Atlantic accent	un accent mi-anglais mi-américain
a broad Irish / Scottish accent	un fort accent irlandais / écossais
to take a crash course in English	prendre un cours accéléré en anglais
the preservation of tongues	la préservation des langues
an endangered language	une langue en danger
a dying language	une langue en voie de disparition
an extinct language	une langue disparue
linguistic diversity	la diversité linguistique
to keep a language alive	maintenir une langue en vie

for

- **a (vital) medium / means of communication** : un moyen de communication vital • **a dominant language** : une langue dominante • **the language that is used most is English** : la langue la plus fréquemment utilisée est l'anglais • **to make oneself understood** : se faire comprendre • **to understand one another** : se comprendre • **to learn out of necessity** : apprendre par nécessité
- **a working language** : une langue de travail • **the leading language of international discourse** : la langue internationale principale • **cross-border communication worldwide** : la communication entre tous les pays • **the use of English in diplomatic relations** : l'usage de l'anglais dans les relations diplomatiques • **the language of business / the Internet / motion pictures / sciences / sports** : la langue des affaires / d'Internet / du cinéma / des sciences / des sports • **to keep pace with technological / economic / social advances** : suivre le rythme des progrès technologiques / économiques / sociaux • **to be spoken in the corridors of power** : être parlé dans les lieux de pouvoir • **to be necessary to function in today's world** : être indispensable pour se débrouiller dans le monde actuel • **to survive in a fast-moving globalised world** : survivre dans un monde qui se globalise rapidement • **to do without English** : se passer de l'anglais • **to enhance career opportunities** : faciliter l'avancement professionnel
- **the influence of western culture / economics / politics** : l'influence de la culture / de l'économie / de la politique occidentale • **to dominate the IT industry** : dominer le monde de l'informatique • **the rise of the British Empire** : la montée de l'Empire britannique • **the dominance of the United States** : la domination des États-Unis
- **a common / unifying language** : une langue commune / qui rassemble • **a tool for assimilation** : un outil d'assimilation • **loan words / borrowings** : les emprunts • **to welcome foreign words** : accepter des mots d'origine étrangère • **the potential to bring people together** : la capacité à rassembler les gens

against

- **today, only Chinese and Hindi are spoken by more people as their native tongue** : de nos jours, seuls le Chinois et l'Hindou sont les langues maternelles parlées par davantage de gens • **to dispute a language's dominance** : contester la suprématie d'une langue
- **to threaten a country's national identity** : menacer l'identité nationale d'un pays • **to preserve one's identity** : conserver son identité • **to create / to dilute one's cultural identity** : créer / diluer son identité culturelle • **to lose one's distinctive culture** : perdre sa culture spécifique • **a national language carries with it the history of the nation** : une langue nationale véhicule l'histoire de la nation • **to unite a nation** : unir un pays • **to forge a national identity** : forger une identité nationale • **to die out** : s'éteindre
- **Globish (global + English)** : le globish • **stunted business-speak** : le langage étriqué des hommes d'affaires • **bland insignificance** : la pâle insignifiance • **access-for-all availability** : l'accès universel • **culturelessness** : l'absence de culture • **cultural imperialism** : l'impérialisme culturel • **English for dummies** : l'anglais pour les têtes de nœud

23 Equal pay for women

a battle for recognition	une lutte pour être reconnue
to be considered as a second class citizen	être considérée comme une citoyenne de seconde zone
to sneer at women	se moquer des femmes
a gender pay / salary gap	un écart entre les salaires h/f
an income gap	un écart des revenus
to widen / to narrow	s'intensifier / se rétrécir
to close a gap	combler un fossé
equal pay / opportunity	l'égalité des salaires / des chances
to reach / to achieve parity with men	parvenir à la parité avec les hommes
an equal-rights act	une loi sur l'égalité des salaires
the gender gap	l'écart entre les sexes
gender inequality	l'inégalité entre les sexes
gender imbalance	le déséquilibre entre les sexes
to be over-represented (in)	être sur-représentée (dans)
to be under-represented (in)	être sous-représentée (dans)
a less-prestigious job	un emploi moins prestigieux
a lower-ranked job	un emploi subalterne
discrimination in pay / pay discrimination	la discrimination salariale
to stall a career	freiner une carrière
to impede the career advancement (of)	entraver le plan de carrière (de)
to climb the ranks	grimper les échelons
a top executive	un haut dirigeant / poste
a top professional	un haut cadre
a senior position	un poste à responsabilité
to promote / promotion	promouvoir / la promotion
to be promoted	être promu(e)
to advance in one's career	progresser dans la carrière
career advancement	l'avancement
a career break	une interruption de carrière
a career path	une carrière toute tracée
to climb up the corporate ladder	gravir les échelons dans l'entreprise
to compete / to vie with men (for)	rivaliser avec les hommes (pour)
to run / to head a company	diriger une entreprise
to be judged on merit	être jugée sur le mérite
to earn a university degree	obtenir un diplôme universitaire
to earn the respect (of)	gagner le respect (de)
to be paid less than men	être moins bien payée que les hommes
to earn less than men	gagner moins que les hommes
to raise a family	élever des enfants
to shatter the glass ceiling	briser le plafond de verre

for

- **to receive the same education as men / to enjoy the same education opportunities as men** : faire les mêmes études que les hommes • **girls do better at school than boys** : les filles réussissent mieux à l'école que les garçons • **to succeed brilliantly at school** : être brillante à l'école • **to pass with flying colors** : réussir haut la main • **more women are getting university degrees than men are** : les femmes se voient décerner davantage de diplômes que les hommes • **university-educated women** : des femmes diplômées de l'enseignement supérieur • **to serve in some of the highest political offices in the nation** : occuper certaines des plus hautes fonctions en politique • **to breach the glass ceiling** : briser le plafond de verre
- **the two sexes are evenly matched** : les deux sexes sont à égalité • **the feminisation of the workforce** : la féminisation de la main-d'œuvre • **the rise of the service sector (where women can compete as well as men)** : la montée du secteur tertiaire (où les femmes sont aussi performantes que les hommes) • **the relentless decline of manufacturing** : le déclin inéluctable du travail ouvrier • **to live in a post-industrial society** : vivre dans une société post-industrielle • **women are increasingly willing / able to work outside the home** : les femmes sont de plus en plus désireuses / capables de se mettre sur le marché du travail
- **the determination of men to maintain their supremacy** : la détermination des hommes à préserver leur suprématie • **to cling [clung] to supremacy** : s'accrocher à la suprématie • **to refuse to acknowledge proven abilities** : refuser de reconnaître des capacités avérées • **to be afraid of competing with women** : avoir peur de rivaliser avec les femmes • **to shun competition** : éviter la concurrence • **to be likely to lose / be beaten** : être susceptible de perdre / de se faire battre

against

- **women take time off to have / to raise children** : les femmes prennent du temps pour avoir / élever les enfants • **lengthy periods of paid maternity leave** : de longues périodes de congés de maternité payées • **parental leave** : le congé parental • **to leave work to have children** : s'arrêter de travailler pour avoir des enfants • **to combine / to juggle work and motherhood** : combiner / jongler entre le travail et le rôle de mère • **a female-friendly company** : une entreprise favorable aux femmes
- **promoting people on the basis of their sex is illiberal and unfair** : promouvoir les gens en raison de leur sexe est une forme d'intolérance et d'injustice • **to stigmatize** : stigmatiser • **a form of affirmative action** : une forme de discrimination positive • **prejudice** : les préjugés • **to be judged by the same standards as men** : être jugée sur les mêmes critères que les hommes • **either you deserve a salary or you don't** : soit on mérite un salaire, soit on ne le mérite pas • **to be paid according to one's own merits** : être payée selon ses propres mérites
- **to take into account the years spent raising children** : prendre en compte les années consacrées à l'éducation des enfants • **unpaid years / time off work** : des années non payées • **to count towards retirement** : compter pour la retraite

24 Europeans are lazy

a holiday / a vacation (US)	les vacances
holiday time	le temps de vacances
to vacation / to holiday	passer / prendre des vacances
to spend [spent] one's holidays (abroad)	passer ses vacances (à l'étranger)
to go (away) on holiday (UK) / to get away	partir en vacances
to take a holiday / a vacation (US)	prendre des vacances
to be on vacation / to be on holiday	être en vacances
a vacationer / a holiday maker	un vacancier, un estivant
a July / an August holiday maker	un juilletiste / un aoûtien
to summer / Summer(time)	passer l'été / l'été
to take a few days off	prendre quelques jours de vacances
to make / to take a break	faire une pause
the holiday season	la saison des vacances
the Summer holidays / break	les grandes vacances
summer holiday time	la saison estivale
the Christmas / Easter break	les vacances de Noël / Pâques
paid vacation, holiday / holiday with pay	les congés payés
a bank / legal holiday	un jour chômé
a national holiday	une fête nationale
to take a (well deserved) rest	prendre un repos (bien mérité)
free time / spare time / leisure time	le temps libre
to engage in leisure activities	se livrer à des activités de loisir
to enjoy one's leisure time	profiter des loisirs
a recreational activity	une activité de loisir / une distraction
to take one's mind (off)	se détendre (loin des soucis)
to relax / to take time out / to cool it / to chill out (fam.) / to ease off / to loosen up / to knock it off	se détendre
rest and recuperation (R & R)	le calme et le repos
idleness (ni) / idle (a)	l'oisiveté / oisif
carefree / relaxed (a)	détendu, sans souci
a hobby [pl. hobbies] / a pastime	un passe-temps
to enjoy / to follow / to indulge in / to pursue a hobby	cultiver un passe temps
the 35-hour week	la semaine des 35 heures
recuperation / recup	les RTT
an extended / a long week end	un pont
to forgo vacations	se passer de vacances
a workaholic	un bourreau de travail
productivity per hour / per worker	la productivité à l'heure / par ouvrier

for

- **European vacations are too long** : les vacances en Europe sont trop longues • **to devote time to leisure activities** : consacrer du temps aux loisirs • **to have a cushy time** : se la couler douce • **a threat to productivity** : une menace pour la productivité
- **long holidays are inefficient / boring** : les grandes vacances sont inefficaces / ennuyeuses • **roads are congested** : les routes sont encombrées • **to hurt the consumers** : faire du tort au consommateur • **multiple one-week vacations are more efficient** : répartir ses vacances est plus efficace • **to break up the holiday into several chunks** : répartir les vacances en plusieurs périodes
- **the Protestant / Puritan work ethic** : l'éthique protestante du travail • **the achievement ideology** : l'idéologie de la réussite • **to get ahead** : avancer dans sa carrière • **the sink-or-swim mentality** : la mentalité du réussir à tout prix • **the pursuit of the American Dream** : la poursuite du rêve américain • **idleness / sloth is a sin** : l'oisiveté / la paresse est un péché • **laziness is morally wrong** : la paresse est moralement condamnable

against

- **there is more to life than work and money** : la vie ce n'est pas seulement le travail et l'argent • **to put great store on leisure** : accorder beaucoup d'importance au loisir • **to enjoy the fruits of one's labor as leisure time** : jouir des fruits de son travail sous forme de loisir • **many of the joys in life cannot be measured by the crude index of GDP** : bien des joies de l'existence ne peuvent se mesurer par l'indice brut du PNB
- **it is essential for man to break from work for good periods of time to reflect on the meaning of it all / to unwind our imaginations / to get away from it all / to take one's mind off things** : il est crucial de s'arrêter pendant de longues périodes pour réfléchir au sens de la vie / faire marcher son imagination / tout oublier • **vacations make people more productive, if not in terms of material, then at least in terms of generating new ideas** : les vacances rendent les gens plus productifs non pas d'un point de vue matériel mais par la capacité à trouver de nouvelles idées • **a hedge against coronary disease / depression / burnout** : une protection contre la maladie coronarienne / la dépression / l'épuisement • **performance increases after a long vacation** : on est plus performant après de longues vacances • **to recharge one's batteries** : recharger ses batteries
- **to prize quality of life** : privilégier la qualité de la vie • **the benefits of regular holidays in improved health / greater happiness / family togetherness** : les avantages à prendre des vacances régulières en termes de meilleure santé / de plus grand bonheur / de cohésion familiale • **to allow for more tourism / to help increase international understanding** : permettre de faire davantage de tourisme / contribuer à améliorer la compréhension à l'international • **to improve family life / the welfare of children / academic performance** : améliorer la vie de famille / le bien-être des enfants / les résultats scolaires • **to help bond families** : renforcer les liens familiaux

25 Euthanasia should be made legal

mercy killing / voluntary euthanasia / compassionate killing	l'euthanasie
the right to die	le droit de mourir
the right to a dignified death	le droit à mourir dignement
a doctor-assisted suicide	un suicide médicalisé
to practise / to carry out euthanasia	pratiquer l'euthanasie
to have one's life terminated	mettre fin à ses jours
to shorten a patient's life	abréger la vie d'un malade
to hasten death	hâter la mort
a DNR (do not resuscitate) order	un ordre de ne pas ranimer
a patient's consent	le consentement d'un malade
a living will / an advance directive	un testament du choix de mourir
to linger in a vegetative state	se maintenir dans un état végétatif
a lingering death / a vegetable	une mort lente / un légume
to keep (sb) artificially alive	maintenir artificiellement (qn) en vie
to be bed-bound / bed-ridden	être grabataire
to be wheelchair-bound	être cloué sur un fauteuil roulant
to fall into an irreversible coma	sombrer dans un coma irréversible
to be clinically dead / brain dead	être mort cliniquement
to suffer intolerable / unbearable pain	souffrir de douleurs insupportables
to alleviate sb's suffering	soulager les douleurs de qn
to be terminally ill	être atteint d'une maladie incurable
to have no hope of recovery	n'avoir aucun espoir de guérison
to have a few months left to live	avoir quelques mois à vivre
end-of-life care / palliative care / hospice care (US)	les soins palliatifs
heroic measures	l'acharnement thérapeutique
to turn off a respirator / to remove sb from a respirator / to remove, to end life support / to unplug the life support system	débrancher un respirateur
to prolong life at all costs	prolonger la vie à tout prix
to be force-fed through a tube	être alimenté de force
to withhold medical treatment	arrêter le traitement médical
to inject lethal drugs	injecter des médicaments mortels
to let death proceed	laisser la mort faire son œuvre
to die a painless death	mourir paisiblement
to condone euthanasia	fermer les yeux sur l'euthanasie
the criminalization of euthanasia	la décriminalisation de l'euthanasie
to raise ethical questions	soulever des questions de déontologie

for

- **a terminal care ward** : un service de soins palliatifs • **to shield a physician from prosecution** : protéger un médecin contre les poursuites judiciaires • **a show of compassion (for)** : une marque de compassion (à l'égard de)
- **to be in unbearable / intractable pain** : souffrir de douleurs insupportables • **to put sb out of misery** : abréger les souffrances de qn • **to combat pain** : lutter contre la douleur • **to be relieved of suffering** : être soulagé de ses souffrances • **a degenerative disease** : une maladie dégénérative • **to treat a serious illness** : soigner une maladie grave
- **to be up to the individual to decide of his/her fate** : décider de son destin regarde chaque individu • **choice is a fundamental principle in a democracy** : choisir est un principe fondamental de la démocratie • **the inviolable right to human dignity / to maintain dignity** : le droit inviolable à la dignité humaine / à préserver la dignité • **a right to be guaranteed under the Constitution** : un droit qui doit être protégé par la Constitution • **to be able to retain control of what happens** : être capable de garder le contrôle sur les événements • **to have choice and control over where and when death occurs** : avoir le choix et la maîtrise de l'endroit et de l'heure de sa mort
- **to be a burden on society** : être un poids pour la société • **to relieve pressure on scarce medical resources** : économiser de maigres ressources médicales • **to feel worthless** : se sentir inutile • **to control existing practices and ensure that there are no abuses** : vérifier les pratiques existantes et s'assurer qu'il n'y a pas d'abus

against

- **mercy-killing foes** : les adversaires de l'euthanasie • **to be ethically permissible / morally unacceptable** : être moralement acceptable / inacceptable • **the Hippocratic oath** : le serment d'Hippocrate • **a barbaric procedure that goes against the grain (of)** : une procédure barbare qui va à l'encontre (de) • **a violation of the sanctity of human life** : une violation du caractère sacré de la vie • **a crime against life** : un crime contre la vie • **to devalue life** : dévaloriser la vie • **human life ultimately belongs to God** : la vie humaine en définitive appartient à Dieu • **a gift from God** : un don de Dieu • **to liken euthanasia to murder** : comparer l'euthanasie au meurtre • **suffering provides an opportunity to grow in wisdom / character** : les souffrances offrent une occasion de grandir en sagesse / de forger le caractère
- **to be mentally incompetent / too confused, vulnerable to make a decision** : être mentalement incompétent / trop désorienté, vulnérable pour prendre une décision • **the slippery slope argument** : la porte ouverte aux abus • **to put pressure on the vulnerable (the elderly / the lonely / the sick / the distressed)** : exercer une pression sur les personnes vulnérables • **to kill patients to save money / to free up beds** : tuer les patients pour économiser de l'argent / libérer des lits
- **where there is life there is hope** : là où il y a de la vie, il y a de l'espoir • **a mistaken / wrong diagnosis / prognosis** : une erreur de diagnostic / pronostic • **to find a new cure for a disease** : découvrir un nouveau traitement pour une maladie • **doctors should not be allowed to play God** : les médecins ne devraient pas se prendre pour Dieu

26 Extreme sports

extreme sports / lifestyle sports / action sports / adventurous sports	les sports extrêmes
to indulge in extreme sports	se livrer à des sports extrêmes
a team / solitary sport	un sport d'équipe / individuel
a daring / death defying feat	un exploit audacieux / qui défie la mort
a mainstream / traditional sport	un sport traditionnel
to attract / to appeal (to)	attirer / plaire à
attractive / appealing	attirant
bungee jumping	le saut à l'élastique
BASE jumping / cliff jumping	le saut libre / le saut d'une falaise
land sailing / paragliding, parapenting	le char à voile / le parapente
hand / hang gliding	l'aile volante
kitesurfing / street luging	le kitesurf / la luge des rues
sky diving / a sky diver	le saut en parachute / un parachutiste
free-diving	la plongée en apnée
whitewater kayaking	la descente des rapides en kayak
off-piste snowboarding	le surf des neiges hors piste
BMX (bicycle motocross)	le BMX / le bicross
FMX (freestyle motocross)	le freestyle
storm chasing	la chasse aux ouragans
to induce an adrenaline rush	provoquer une montée d'adrénaline
an adrenaline-inducing sport	un sport qui provoque des poussées d'adrénaline
to perform stunts	exécuter des cascades / acrobaties
to take / to undertake (calculated) risks	prendre / courir des risques (calculés)
to risk one's life / one's neck	risquer sa vie
to put one's life at risk	mettre sa vie en danger
risk taking	la prise de risques
a risk taker	qui prend des risques
a thrill seeker	un amateur de sensations fortes
a daredevil	un risque tout
to court danger / death	braver le danger / la mort
to live life on the edge	jouer sa vie à quitte ou double
to know one's limits	connaître ses limites
to push back one's limits	repousser ses limites
to put oneself to the test	se mettre à l'épreuve
to overtake oneself	se dépasser
to be character developing	développer le caractère
to enable (sb) to confront fears	permettre (à qn) de confronter ses peurs
to be free to invent one's own moves	être libre d'inventer ses mouvements
safety equipment	le matériel de sécurité

for

- **an antidote to our safety-first world** : un antidote à notre monde sécuritaire • **to offer the opportunity to carve one's own path / to find out where one's limits lie** : offrir l'occasion de tracer son propre chemin / de découvrir ses limites • **to offer a personal challenge** : offrir un défi personnel
- **to replace the declining interests in collective / team sports** : remplacer les sports collectifs en déclin • **to be tied up in regulations** : être prisonnier de règlements • **not an elite sport** : pas un sport d'élite • **extreme sports provide more individualised ways of pushing oneself** : les sports extrêmes offrent une façon plus individualisée de repousser ses limites • **there is no winning and losing as such** : il n'y a ni vainqueurs, ni vaincus en tant que tels • **to compete against oneself** : se battre contre soi
- **to be safe** : être sans danger • **improvements in equipment** : des améliorations dans le matériel • **extreme sports goods** : les équipements pour les sports extrêmes • **to pale in comparison beside the exploits of the early climbers and explorers, for whom the risks were great and the outcomes unknown** : être dérisoire en comparaison des exploits accomplis par les premiers alpinistes et explorateurs pour qui les risques étaient grands et l'issue incertaine

against

- **to strengthen the individualisation of society / the isolation of the individual** : renforcer l'individualisation de la société / l'isolement de l'individu • **to work outside leagues / sporting bodies** : opérer en dehors des ligues / instances sportives • **we develop ourselves by working with / against others** : on se développe en travaillant avec / contre autrui • **traditional sports provide a way for individuals to push themselves through the challenge of competition / by working together as a team** : les sports traditionnels offrent un moyen pour l'individu de se surpasser par le biais de la compétition / en travaillant ensemble en tant qu'équipe • **to encourage a narcissistic focus on individual performance, rather than push the limits of human achievement** : encourager le narcissisme de la performance individuelle plutôt que de repousser les limites de l'accomplissement de soi
- **the absence of social sanction** : l'absence de sanctions sociales • **to look like the more ridiculous parts of the Guinness Book of Records** : ressembler aux parties les plus ridicules du Livre des Records • **to endanger other people's lives** : mettre en danger la vie d'autrui
- **to be encouraged to break the rules looks childish** : être encouragé à contourner les règles a qch de puéril • **paradoxically, an obsession with breaking rules actually leaves you beholden to them** : de façon paradoxale, l'obsession de la transgression a pour résultat que l'on devient l'esclave des règles
- **living on the edge has become a consumer product** : vivre dangereusement est devenu un produit de consommation • **to give the appearance of living on edge** : donner l'apparence de vivre dangereusement • **to be hyped up** : être exagéré démesurément • **to be the in-thing** : être la chose à la mode

27 Face-veils

freedom of religion / of worship	la liberté de culte
to practise one's religion / faith	pratiquer sa religion / foi
to worship a god	adorer un Dieu
to believe in God / a believer	croire en Dieu / un croyant
Islamism / the Islamic religion	l'Islamisme / la religion islamique
to islamicize	islamiser
a Moslem, a Muslim / a Muslim woman	un musulman / une musulmane
to have an official status	avoir pignon sur rue
fundamentalism / fundamentalist (a)	l'intégrisme / intégriste
secularism / secular (a)	la laïcité / laïc
Allah / Muhammad / Mohammed	Allah / Mahomet
the Koran, the Quran, Qur'an / Koranic (a)	le Coran / coranique
to maintain one's own cultural identity	préserver son identité culturelle
a mosque, a masjid / a prayer center	une mosquée / une salle de prière
theocracy / Shariah law	la théocratie / la charia
to do jihad	faire la guerre sainte
attire / garb (ni)	les habits, les accoutrements
a conspicuous religious symbol	un symbole religieux ostentatoire
to cover the face / to veil	recouvrir le visage / porter un voile
a face / facial / face-covering veil	un voile recouvrant le visage
the Islamic veil / a slit	le voile islamique / une fente
a full veil	un voile intégral
a veil-wearing woman	une femme voilée
a niqab / a burqa / a chador	un niq(u)ab / une burqua / un tchador
a headscarf [pl. headscarves]	un foulard
to wear / to be clad in / to remove the burqa	porter / être vêtue de / retirer la burqua
the wearing of the burqa	le port de la burqua
to ban / to crack down on the burqa	interdire / réprimer le port de la burqua
a niqab-wearing Muslim woman	une musulmane portant le niqab
to leave the eyes uncovered	ne révéler que les yeux
to target the niqab	prendre le niqab pour cible
an uncovered face	un visage découvert
to radicalize	se radicaliser
a radical religious practice	une pratique religieuse radicale
to stigmatise Islam	stigmatiser l'Islam
Islamophobia	l'islamophobie
(to threaten) the dignity of woman	(menacer) la dignité de la femme
to stare at / to frown upon	dévisager / regarder d'un œil critique
an Arab country	un pays arabe
the Persian Gulf / Saudi Arabia	le Golf Persique / l'Arabie saoudite

for

- **women's dress code** : le code vestimentaire chez les femmes • **to don a veil** : porter un voile • **to wear the burqa in public** : porter la burqua en public • **to uncover one's face** : découvrir son visage
- **to conform to the Quran** : se conformer au Coran • **a religious obligation** : une obligation dictée par la religion • **to conceal one's looks** : dissimuler son apparence • **to prevent the arousal / awakening of natural instincts in man** : empêcher l'éveil d'instincts naturels chez l'homme • **to attract opprobrium (from)** : s'attirer les foudres (de)
- **freedom to live the way one wants** : la liberté de vivre sa vie comme chacun l'entend • **to oppose a ban** : être contre une interdiction • **religion is a private business** : la religion ne regarde que soi • **to encroach upon personal freedom** : empiéter sur la liberté personnelle • **to be discriminated against** : être l'objet de discrimination • **a prejudice (against)** : un préjugé (contre) • **to be perceived for what one wears** : être jugé par ses vêtements • **to pinpoint nuns** : montrer les religieuses du doigt

against

- **debasement of woman** : le rabaissement de la femme • **female subservience** : la soumission de la femme • **a symbol of woman's oppression** : un symbole de l'oppression de la femme • **a restraint on female freedom** : un frein à la liberté de la femme • **to wear the burqa against one's will** : porter la burqua contre son gré
- **to face further isolation in the home** : être davantage isolée chez soi • **to adjust to society** : s'intégrer • **to adapt to the norms and mores of the host country** : s'adapter aux normes et coutumes du pays d'accueil • **to abide by the laws a country lives by** : respecter les règles d'un pays • **"having a face" / "being an individual", is a tenet of our social / political philosophy** : « avoir un visage » / « être un individu » est une doctrine de notre philosophie sociale / politique • **to be socially divisive** : diviser la société
- **sexual equality** : l'égalité entre les sexes • **a denial of equality between men and women / the sexes** : un déni de l'égalité entre hommes et femmes • **to be contrary to the dignity of woman** : être contraire à la dignité de la femme • **an infringement on women's / individual rights** : une violation des droits de la femme / individuels
- **to have nothing to do with the Islamic faith** : n'avoir rien à voir avec la foi islamique • **to be enforced by the Taliban regime** : être appliqué par le régime des Talibans • **to be against the core republican principles of secularism / equality** : aller à l'encontre des principes républicains essentiels de laïcité / d'égalité • **to be contrary to the values of the republic** : être contraire aux valeurs de la république • **the separation of state and religion / disestablishment** : la séparation entre l'Église et l'État • **a threat to a culture and lifestyle** : une menace pour une culture et un style de vie
- **public safety** : la sécurité publique • **a matter of security** : une question de sécurité • **security at airports** : la sécurité dans les aéroports • **the need to be identifiable** : le besoin d'être identifiable • **a disguise** : un déguisement

28 Football needs video referees

the International Federation of Association Football	la FIFA (Fédération internationale de football association)
the Premier League (UK)	la première division
to play soccer	jouer au football
to play sb (against)	sélectionner qn (contre)
the pitch	la pelouse
a touchline / a sideline	une ligne de touche
the penalty area	la surface de réparation
to be offside	être hors jeu
the centre circle / the goal line	le rond central / la ligne de but
a soccer player / a footballer (UK) / a football player (US)	un joueur de football
to play on the wing / at centre	jouer ailier / au centre
a referee / a linesman / an assistant referee	un arbitre / un juge de touche
to referee a match	arbitrer un match
a refereeing decision	une décision d'arbitrage
to introduce / to embrace a technology	introduire / adopter une technologie
a video referee / video umpire / instant replay official / video refereeing / television match official / third umpire	l'arbitrage vidéo
slow motion	le ralenti
the replay footage	le revisionnage de la séquence
to make / to avoid a mistake	faire / éviter une erreur
to blow one's whistle	siffler
to grant a penalty	accorder un penalty / un coup de pied de réparation
to compete (in) / to take part (in)	participer (à)
to win [won] the championship	gagner le championnat
to score a goal	marquer un but
an action video replay	une rediffusion vidéo
the outcome of a game	l'issue d'un match
to commit a foul / to foul (against)	commettre une faute (contre)
a penalty kick	un tir de penalty
a free kick (direct / indirect)	un coup franc (direct / indirect)
a warning / a yellow card	un avertissement / un carton jaune
booked / a booking	un carton jaune / un avertissement
a red card / an expulsion	un carton rouge / l'expulsion
to pull out a red card	sortir un carton rouge
to be red-carded / to be ejected	recevoir un carton rouge / être expulsé
to send off / sent off	expulser / carton rouge
overtime / time-out	les prolongations / arrêts de jeu

for

- **referees are only human** : les arbitres sont humains • **to be expected to make the right decision in a matter of seconds** : s'attendre à prendre la bonne décision en quelques secondes • **to keep an eye on everything** : avoir l'œil sur tout • **to make an honest mistake** : faire une erreur en toute bonne foi • **to help cut down on referees' mistakes** : contribuer à réduire le nombre d'erreurs commises par les arbitres • **a key decision** : une décision cruciale • **to avoid a contested decision** : éviter une contestation • **to adjudicate on a decision** : prendre une décision • **to cost a team a game** : coûter un match à une équipe • **a high stakes game** : un match capital
- **to improve the quality of the game** : améliorer la qualité du jeu • **a game where there are few goals scored** : un sport dans lequel on marque peu de buts • **to be used in other sports (rugby / ice hockey / basketball / tennis)** : être utilisé dans d'autres sports (rugby / hockey sur glace / basket-ball / tennis) • **to have a second look at an event** : revoir un événement • **to verify / to challenge a call** : vérifier / contester une décision
- **sportsmanship** : la sportivité, le franc jeu • **to catch the cheats** : attraper les tricheurs • **to curb odious behavior on the field** : limiter les attitudes odieuses sur le terrain • **to prevent erosion of faith in football's standards of fairness** : empêcher la perte de confiance dans les critères d'équité du football • **to tarnish a sport** : nuire à la réputation d'un sport • **to result in a cleaner, fairer game where the better team wins** : obtenir un jeu plus propre et juste dans lequel la meilleure équipe gagne
- **to avoid the power of the camera-equipped people / TV replays** : éviter le pouvoir des gens équipés d'appareils photo / des ralentis TV • **to take the pressure off the referee** : ôter la pression qui pèse sur l'arbitre

against

- **to spoil the drama of a match** : gâcher le côté dramatique d'un match • **to spoil the flow** : nuire au déroulement du jeu • **to introduce video may slow the game** : introduire la vidéo ralentira le jeu • **to require multiple viewing of replay to get the correct decision** : nécessiter plusieurs visionnages avant de prendre la bonne décision • **a stoppage of play** : un arrêt de jeu • **to hold up a match** : ralentir un match
- **human error is part of sport** : l'erreur humaine fait partie du sport • **removing referee mistakes will cause football to lose some of its spectacle / the game will become less human** : supprimer les erreurs d'arbitrage nuira au spectacle / le jeu deviendra moins humain • **to cheapen the spectacle** : rendre le spectacle moins intéressant • **to give sb the benefit of the doubt** : accorder à qn le bénéfice du doute
- **football is a reflection of life and society** : le foot est le reflet de la vie / de la société • **life isn't fair and neither is football** : la vie n'est pas juste, le football non plus
- **to undermine the referee's position** : saper la position de l'arbitre • **to push through the idea of an extra official behind both goals** : militer pour un officiel supplémentaire derrière les buts • **some countries don't have the technology to implement video referees** : certains pays ne disposent pas de la technologie pour mettre en œuvre la vidéo

29 Free speech means all speech is free

free speech / freedom of expression	la liberté d'expression
political speech	le discours politique
obscene speech	le discours obscène
provocative speech	le discours provoquant
abusive speech	le langage injurieux
hate speech	le discours raciste
commercial speech	le discours publicitaire
the First Amendment (to) (US)	le premier Amendement (de)
to exercise a right	user d'un droit
speech limitation	les entraves à la liberté d'expression
to protect (freedom of) speech	protéger la liberté d'expression
to restrict free speech	restreindre la liberté d'expression
to curtail freedom	réduire les libertés
to infringe on liberties	empiéter sur les libertés
the right to privacy	le droit à la vie privée
to burn the flag	brûler le drapeau
to defame / defamation	diffamer / la diffamation
to besmirch / to taint / to tarnish / to sully / to vilify / to soil / to smear (a reputation)	salir (une réputation)
to harm sb's reputation	nuire à la réputation (de qn)
character assassination / defamation of character	la diffamation
to impugn a character	attaquer la moralité
a smear campaign	une campagne de calomnie
libel / slander	la calomnie
to sue for libel	poursuivre en diffamation
a libel suit	un procès en diffamation
to censor / censorship (ni)	censurer / la censure
censorship violations	les infractions à la censure
to relax censorship	relâcher la censure
to lift censorship	lever la censure
to gag the press	bâillonner la presse
to muzzle the press	museler la presse
to suppress press freedom	supprimer la liberté de la presse
to suppress a paper	interdire un journal
to suppress information	interdire la diffusion d'informations
to seize a paper	saisir un journal
to curtail freedom	réduire les libertés
the right to a fair trial	le droit à un procès équitable
to infringe on liberties	empiéter sur les libertés

for

- **a basic human right :** un droit de l'homme fondamental • **the right to seek / to receive / to impart information and ideas :** le droit à rechercher / recevoir / partager des informations et des idées
- **"Human freedom is good and without it there can be no progress in science, law or politics."** (J. S. Mill) : « La liberté humaine est positive et, sans elle, il ne peut y avoir de progrès en science / en droit / en politique » • **truth drives out falsity :** la vérité chasse le mensonge • **the free expression of ideas, true or false, should not be feared :** il ne faut pas redouter la libre expression des idées, qu'elles soient vraies ou fausses • **"I disapprove of what you say, but I will defend to the death your right to say it."** (Voltaire) : « Je ne suis pas d'accord avec ce que vous dites, mais je défendrai jusqu'à la mort votre droit de le dire. »
- **a safety valve :** une soupape de sécurité • **to let off steam :** se défouler • **to go hand in hand with democracy :** aller de pair avec la démocratie • **a means of participation / the vehicle through which individuals debate the issues of the day / cast their votes / actively join in the processes of decision-making that shape the polity :** un moyen de participation / le moyen par lequel les individus débattent des problèmes / votent / prennent activement part aux décisions qui définissent le mode de gouvernement • **a restraint on tyranny / corruption / ineptitude :** un frein à la tyrannie / la corruption / l'ineptie
- **freedom of speech is required to push arguments to their logical limits :** la liberté d'expression est nécessaire pour repousser les arguments à leurs limites logiques • **how do we know arguments are wrong if we don't have the chance to rebut them? :** comment savoir si des arguments sont faux si l'on n'a pas la chance de les réfuter ?

against

- **to put limitations on freedom of speech :** mettre des limites à la liberté d'expression • **to conflict with other values / rights :** être en contradiction avec d'autres valeurs / droits • **the harm / offense principle :** le principe de non-nuisance / du tort • **to prevent harm to others :** empêcher de nuire à autrui • **protection against the wrongful behaviors of others :** la protection contre l'attitude injuste d'autrui • **to burn a cross as an expression of racial bigotry / hatred :** brûler une croix pour manifester sa haine raciale
- **governmental regulation of Internet content :** le contrôle gouvernemental des contenus sur Internet • **speech on the Internet / Internet speech :** le discours sur Internet • **to be unfiltered / unconventional / sexually explicit / vulgar :** être non censuré / non conventionnel / sexuellement explicite / vulgaire • **to protect children from the dangers of Internet communication :** protéger les enfants contre les dangers de la communication par Internet • **to protect children from pornography on the Internet (through) :** protéger les enfants de la pornographie sur Internet (par le biais de) • **pornographic / immoral content :** le contenu à caractère pornographique / immoral • **to spread violent / hateful propaganda :** répandre une propagande violente / haineuse • **to foment crime / terrorism :** fomenter le crime / le terrorisme • **the need to shield one's personal reputation / privacy :** le besoin de protéger sa réputation personnelle / sa vie privée

30 French culture is doomed to disappear

a cultural heritage	un héritage culturel
French / the French language	le Français / la langue française
the language of Molière / Racine	la langue de Molière / Racine
the lingua franca of the world	la langue véhiculaire du monde
a French-speaking country	un pays francophone
a mother tongue / a native language	une langue maternelle
French pronunciation / grammar	la prononciation / la grammaire française
spoken / written French	le français parlé / écrit
French vocabulary	le vocabulaire français
to speak good French / to speak French well	bien parler le français
to teach [taught] / to learn French	enseigner / apprendre le français
to speak (a language) fluently	parler couramment (une langue)
the French model	le modèle français
to write in French / to be good at French	écrire en français / être bon en français
to have a good command (of a language)	bien maîtriser (une langue)
to take a French course	prendre un cours en français
a crash course (in)	un cours accéléré (en)
to have a smattering of French	avoir quelques notions de français
to get by in French	se débrouiller en français
a French native speaker	un francophone
French culture / a cultural product	la culture française / un produit culturel
cultural vitality	la vitalité culturelle
a threat to French identity	une menace pour l'identité française
to be in decline / on the wane	être en déclin
a wilting power	une puissance en déclin
the French cultural exception	l'exception culturelle française
the global cultural marketplace	le marché global de la culture
to be translated (into) / a translation	être traduit (en) / une traduction
to lack for an audience	ne pas avoir de public
a Nobel literature laureate	un prix Nobel de littérature
to win the Nobel Prize in literature	obtenir le prix Nobel de littérature
the movie industry	l'industrie cinématographique
French fashion / cuisine	la mode / la cuisine française
the Paris art scene	la capitale de l'art
a top artist / performer / star	un artiste / une vedette en vue
French popular music	la musique pop française
to be heard the world over	être écouté dans le monde entier
to lose [lost] ground (to)	perdre du terrain (au profit de)
to be supplanted (by)	être supplanté (par)
to restore French standing (in the world)	rétablir le rang de la France (dans le monde)

for

- **a language under siege** : une langue menacée • **a working language** : une langue de travail • **the expansion / the widespread use of English** : le développement de / l'usage généralisé de l'anglais • **the world's 12th most widely spoken language** : la 12e langue parlée dans le monde • **to overcome the language barrier** : vaincre la barrière linguistique • **to preserve the integrity of the language** : préserver l'intégrité de la langue • **to curb the use of English words** : limiter l'usage de mots anglais • **francophone culture** : la culture francophone
- **cultural decline** : le déclin culturel • **to be under the sway (of)** : être sous la domination (de) • **to undermine** : saper • **France's fading fortunes** : le destin déclinant de la France • **erosion of traditions** : l'érosion des traditions • **to be replaced by a ready-to-wear culture** : être remplacé par une culture toute faite • **the loss of French mojo** : la fin de l'état de grâce français • **the French touch** : la magie française • **to dumb down** : abaisser (le niveau intellectuel) • **the dumbing down (of)** : le nivellement par le bas
- **the lack of history classes** : le manque de cours d'histoire • **to pursue the literature baccalaureate program** : préparer un bac littéraire • **to distrust commercial success** : se méfier du succès commercial • **a French artist of international repute** : un artiste français de renommée mondiale • **a performer famous outside the country** : un artiste connu à l'étranger • **to dominate the pop scene** : dominer la scène pop
- **the loss of a cohesive culture** : la perte d'une culture qui permet la cohésion • **to become a multiethnic bazaar of art, music and writing from the *banlieues*** : se transformer en un bazar multiéthnique d'art de musique et d'écriture des banlieues • **to absorb outside influences** : absorber des influences étrangères • **to reclaim one's reputation as a cultural power** : retrouver sa place de puissance culturelle

against

- **to take culture seriously** : prendre la culture au sérieux • **to subsidize culture** : subventionner la culture • **cultural subsidies** : des subventions culturelles • **to cosset culture with quotas / tax breaks** : dorloter / choyer la culture à coup de quotas / de niches fiscales • **to promote cultural influence** : promouvoir l'influence culturelle • **to keep out foreign entertainment products** : interdire les divertissements étrangers • **to save cultural diversity from the Hollywood juggernaut** : préserver la diversité culturelle de la machine hollywoodienne • **to support a wide array of cultural and recreational activities** : soutenir un large ensemble d'activités culturelles et de loisir • **to lavish money on culture** : consacrer de larges sommes à la culture • **the Culture Ministry** : le ministère de la Culture
- **a civilising mission** : une mission civilisatrice • **not to be shy about one's values** : ne pas avoir honte de ses valeurs • **the birthplace of human rights** : la patrie des droits de l'homme • **Enlightenment** : les Lumières • **the City of Light** : la Ville Lumière • **to excel in a domain** : exceller dans un domaine • **to be able to stand up (to)** : être capable de résister (à) • **to enjoy one of the highest rates of productivity in Europe** : jouir d'un des plus forts taux de productivité en Europe

31 Gays should be allowed to serve in the army

to serve in the army / the Navy / the Air force	servir son pays / la Marine / l'aviation
the Marines / the ground forces	les Marines / les forces terrestres
a soldier, a serviceman / a recruit	un militaire / un soldat / une recrue
to join / to enrol in the army / to enlist	s'enrôler
to do one's military service / duty	faire son service militaire
to serve one's country	servir son pays
to discharge (from the army)	rendre à la vie civile
to get a discharge	être libéré
to be thrown out	être mis à la porte
LGBT-related policies	les politiques concernant les homosexuels
to conceal one's sexual orientation	dissimuler son orientation sexuelle
to disclose one's sexual orientation	révéler son identité sexuelle
a sexual / gender identity	une identité sexuelle
a lesbian / lesbian (a)	une lesbienne
a gay lifestyle / stereotype	un style de vie / stéréotype homosexuel
a homosexual tendency	une tendance homosexuelle
overt homosexuality	l'homosexualité déclarée
a closet homosexual	un homosexuel non déclaré
to be gay, queer ÷ heterosexual, straight	être homosexuel ÷ hétérosexuel
gay bashing / lavender baiting	la chasse aux homosexuels
to resign from the military	démissionner de l'armée
to victimize	prendre pour victime, s'en prendre à
to come out of the closet / to out	révéler son homosexualité
to be outed	être dénoncé comme homosexuel
to deny being gay	nier être homosexuel
to gain acceptance / to be ostracized	se faire accepter / être ostracisé
homophobia (ni)	l'homophobie
homophobic (a) / homophobe (n)	homophobe
antigay discrimination	la discrimination envers les homosexuels
fag-bashing	la chasse aux homos
gay rights	les droits des homosexuels
homosexual activism	le militantisme homosexuel
to be sissified in one's dress	être féminin dans sa façon de s'habiller
to be a sissy, effeminate / sassiness	être efféminé / le caractère efféminé
to have a limp wrist	avoir des manières efféminées
consenting adults / adults engaged in consensual sex	des adultes consentants
the age of consent	l'âge du consentement
to practice one's sexuality	pratiquer sa sexualité
homosexual practices	les pratiques homosexuelles
to engage in homosexual sex	se livrer à des activités homosexuelles

for

- **to exclude sexual minorities' members** : exclure des membres des minorités sexuelles • **to harass / to persecute service members** : harceler / persécuter les militaires • **to serve regardless of one's orientation (in war time / during peacetime)** : servir, quelle que soit son identité (en temps de paix / de guerre) • **homosexuality is not a choice** : l'homosexualité n'est pas un choix • **a gay soldier is first and foremost a soldier** : un soldat homo est d'abord un soldat • **homosexuals are not crazy horny people** : les homosexuels ne sont pas des fous du sexe • **to be on the prowl (for)** : être à l'affût (de) • **to deserve full equality** : mériter la pleine et entière égalité
- **a don't ask, don't tell (DADT) policy** : (« ni question, ni mention ») une politique de discrétion • **to lift a ban to serve** : lever une interdiction de servir • **to be unconstitutional** : être contraire à la constitution • **sexual orientation is irrelevant to task cohesion / mission effectiveness** : l'orientation sexuelle n'a rien à voir avec la cohésion des tâches / l'efficacité d'une mission • **the fear of being exposed as gay / lesbian is likely to increase anxiety / to disrupt optimal performance** : la peur d'être dénoncé(e) comme homosexuel(le) est susceptible d'accroître l'anxiété / de troubler les opérations
- **to face recruitment shortages** : faire face à des pénuries de recrues • **sexual preference has nothing to do with patriotism** : la préférence sexuelle n'a aucun rapport avec le patriotisme • **to deny the gays the freedoms that we are supposed to protect** : refuser aux homos les libertés que nous sommes censés protéger

against

- **to live in close quarters** : vivre confiné • **life in barracks is communal** : la vie de caserne est commune • **limited privacy** : une intimité réduite • **to room / to be billeted / to shower / to bunk together** : partager la même chambre / être logé / prendre des douches / dormir ensemble • **separate facilities for gay troops** : des bâtiments séparés pour les soldats homosexuels • **to be detrimental (to morale / teamwork)** : être nuisible (pour le moral / le travail en équipe)
- **to undermine the efficacy / the morale of the armed forces** : saper l'efficacité / le moral des forces armées • **to create an unacceptable risk to the standards of morale / discipline / unit cohesion** : créer un risque inacceptable pour les critères moraux / la discipline / la cohésion • **to impair morale** : affaiblir le moral • **to create discomfort** : créer un malaise • **to be disruptive to the discipline of a military unit** : troubler la discipline d'une unité militaire • **to threaten military readiness** : menacer la préparation militaire • **to protect the services' fighting edge** : protéger l'avantage au combat des troupes • **to weaken national security** : affaiblir la sécurité nationale
- **there are other ways to serve one's country** : il existe d'autres façons de servir son pays • **serving in the military is not a right** : servir dans l'armée n'est pas un droit • **should homosexuality be normalized?** : faut-il banaliser l'homosexualité ? • **to create an inappropriate sexual outlet that corrupts the natural relations (between)** : ouvrir la voie à l'expression d'une sexualité qui corrompt les relations naturelles (entre)

32 Giving money to the poor won't eradicate poverty

destitution	le dénuement, l'indigence, la misère
the poor / the destitute / the indigent	les sans ressources
the underprivileged / the underclass	les défavorisés
to fall into the poverty trap	tomber dans le piège de la pauvreté
to be poverty stricken / poverty ridden (a)	être pauvre
to live below the poverty line	vivre au-dessous du seuil de pauvreté
the dispossessed / the have-nots	les démunis
precariousness / precarious (a)	la précarité / précaire
the working poor	les travailleurs pauvres
to live a hand-to-mouth existence	mener une vie d'expédients
to eke out a living	gagner une maigre pitance
to live on a meager income	avoir de maigres revenus
to barely get by	s'en sortir à peine
to be badly off / in need / poorly off	être dans la gêne, dans le besoin
to be hard up for / short of money / pressed for money / strapped for cash	être à court d'argent
to be penniless / broke / busted / skint	être sans le sou, fauché
to be on the breadline	fréquenter les restos du cœur
to make both ends meet	joindre les deux bouts
to live from hand to mouth	vivre d'expédients
gross wealth disparities	les disparités de fortune criantes
a depressed area / a pocket of poverty	une région en difficulté
to assist the poor	aider les pauvres
to be on income support	toucher le RMI
the guaranteed minimum income	le RMI / le RSA
a welfare state / social welfare	un État providence / la protection sociale
a Nanny state	une société d'assistés
a welfare check / a relief check	un chèque d'assistance
welfare responsibility / solidarity	la solidarité
a caring society	une société solidaire
to be on welfare	toucher l'assistance
welfare dependency	la sujétion à l'aide sociale
to depend / to rely on handouts	dépendre d'aumônes
a welfare recipient / a welfarite	un assisté
a welfare scrounger	un parasite, un profiteur
to eradicate / to alleviate poverty	éradiquer / soulager la misère
a conditional cash-transfer program (CCT)	un programme de paiement conditionnel
to give stipends / food (to)	donner de l'argent / de la nourriture (à)
to meet certain conditions	satisfaire certaines conditions
a job incentive	une incitation / une aide à l'emploi
to be forced off welfare	être poussé à renoncer à l'aide sociale

for

- **to get people into the workplace :** mettre les gens au travail • **to push welfare recipients into jobs :** inciter les assistés à retrouver un emploi • **to enroll in job training programs :** s'inscrire dans des stages de formation professionnelle • **to get off the welfare rolls :** mettre un terme à sa condition d'assisté • **a workfare program / a community job / a public service job (US) :** un contrat d'insertion • **an active search for work :** la recherche active d'un emploi • **to reward work / to make work pay :** récompenser le travail
- **"Give a man a fish, feed him for a day; teach a man to fish, feed him for a lifetime." :** « Donner un poisson à un homme le nourrira un jour ; lui apprendre à pêcher le nourrira toujours. » • **to learn to become self-reliant :** apprendre l'indépendance • **to have access to loans / microfinancing :** avoir accès à des prêts / au microfinancement
- **welfare / benefit fraud :** la fraude aux allocations • **failure to report income :** la non-déclaration de revenus • **to freeload :** profiter • **to provide false information about the "inability" to work :** apporter de fausses informations sur l'incapacité de travailler • **to claim nonexistent children :** déclarer des enfants qui n'existent pas • **a welfare cheat / Queen / Cadillac :** un fraudeur aux allocations • **to live off the government :** vivre sur le dos de l'État • **to break the vicious cycle of dependency :** briser le cercle vicieux de la dépendance • **the deserving / undeserving poor :** les pauvres méritants / non méritants

against

- **to help the poor help themselves :** aider les pauvres à s'en sortir • **to lift oneself out of poverty :** se sortir de la pauvreté • **to pull oneself up by the bootstraps :** s'en sortir à la force du poignet • **to strengthen self-reliance :** renforcer l'indépendance • **a social safety net :** un filet social • **to subsidize childcare / housing programs :** subventionner des programmes de crèches / de logement • **to vaccinate children :** vacciner les enfants
- **to enforce child-support payments :** faire respecter le versement de pensions alimentaires • **to eliminate the tax burden on the working poor :** supprimer le poids de la fiscalité sur les travailleurs pauvres • **to raise the minimum wage :** relever le SMIC • **to lessen the impact of globalization by putting labor standards in trade pacts :** amortir l'impact de la mondialisation en introduisant des critères d'emploi dans les pactes commerciaux • **to toughen immigration standards to reduce the flood of workers :** renforcer les critères d'immigration pour réduire le flot des travailleurs
- **to encourage poor teenagers to stay in school :** encourager les jeunes pauvres à poursuivre leurs études • **to increase the skills (of) :** améliorer les compétences (de) • **to concentrate scarce resources on schools that serve poor children :** concentrer les maigres ressources sur les écoles situées en ZEP • **to step up efforts to teach teenagers the negative consequences of early motherhood :** accroître les efforts pour enseigner aux jeunes filles les conséquences négatives d'une maternité précoce • **to drop out of high school :** abandonner ses études • **to provide remedial education / job training / job placement programs :** offrir des cours de rattrapage / des programmes de formation / d'insertion professionnelle

33 Globalization is doing more harm than good

globalization	la mondialisation
a global civilization	une civilisation mondiale
the global village	le village planétaire
the world trade / worldwide trade / cross border commerce	le commerce mondial
to go global / to globalize	se mondialiser
a global firm	une entreprise mondiale
neo-liberalism	le néo-libéralisme
a multinational corporation (MNC)	une multinationale
a transnational corporation (TNC)	une entreprise transnationale
the World Trade Organization (WTO)	l'Organisation mondiale du commerce
the International Monetary Fund (IMF)	le Fonds monétaire international
the World Bank	la Banque mondiale
to sell all around the world	vendre dans le monde entier
to expand a global reach	s'étendre dans le monde entier
to outgrow one's home market	se trouver à l'étroit sur le marché national
to do away with boundaries / frontiers	abolir les frontières
to remove / to dismantle / to scrap / to break down / to lift trade barriers	supprimer les barrières commerciales
to liberalise / to free trade	libéraliser les échanges
to deregulate / deregulation	déréglementer / la déréglementation
the deregulation of trade	la déréglementation des échanges
globalizing operations	les opérations de mondialisation
trade liberalization	la libéralisation du commerce
to take advantage (of)	exploiter / profiter (de)
unfettered / runaway globalization	la mondialisation débridée / incontrôlée
to spread across frontiers	s'étendre au-delà des frontières
a pro-globalizer	un mondialiste
to relocate / to delocalise	délocaliser
relocation / delocalisation	la délocalisation
to outsource / outsourcing	externaliser / l'externalisation
to offshore (to)	délocaliser (à / en)
to shift production (to)	transférer l'outil de production (à / en)
overseas offices / the head office	des bureaux à l'étranger / le siège social
homogeneization / standardization (of)	l'homogénéisation (de)
to erect tariff barriers	ériger des barrières douanières
deglobalization	la déglobalisation
the anti-globalization movement	le mouvement anti-mondialisation
alter-globalization / altermondialism	l'alter-mondialisme
anti-globalization activists / antiglobalists	des militants altermondialistes

for

- **the positive face of globalization :** les aspects positifs de la mondialisation • **to be under way for many centuries :** être en cours depuis de nombreux siècles • **international treaties / agreements (regarding environmental degradation / refugees and mass migration / organised crime / the proliferation of weapons of mass destruction) :** des traités / accords internationaux (concernant la détérioration de l'environnement / les réfugiés et les migrations massives / le grand banditisme / la prolifération des armes de destruction massive) • **a forum to resolve issues peacefully :** un forum pour résoudre les problèmes pacifiquement • **to restrain governments intent on persecution of their own / other peoples :** restreindre les gouvernements décidés à persécuter leur peuple / les autres peuples • **respect for human rights :** le respect des droits de l'homme
- **the benefits of free trade :** les avantages du libre-échange • **the bane of protectionism / managed trade :** le fléau du protectionnisme • **to promote economic growth :** promouvoir la croissance économique • **to ultimately bring wealth to the world's poor :** finir par apporter la prospérité aux pauvres • **to spread prosperity :** répandre la prospérité • **to promote economic well-being throughout the world :** promouvoir le bien-être dans le monde • **to encourage job generation :** encourager la création d'emplois • **to lower prices for consumers :** faire baisser les prix pour les consommateurs • **to make companies competitive :** rendre les entreprises compétitives
- **cultural globalization :** la mondialisation culturelle • **exchange of cultural practices (between) :** l'échange de pratiques culturelles (entre) • **to encourage debate :** encourager les débats • **to spread information :** diffuser l'information • **to overcome the human tendency to suspicion of difference :** surmonter la tendance de l'homme à se méfier de la différence

against

- **a key cause of rises in poverty and inequality :** une raison clé de l'augmentation de la pauvreté et de l'inégalité • **to expose fledgling industries (to) :** exposer des industries chancelantes (à) • **to weaken employment regulations :** affaiblir le droit du travail • **to remove the social safety nets designed to help those who face unemployment / who have low-paid jobs :** supprimer le filet social destiné à aider ceux qui font face au chômage / qui ont des emplois sous-payés
- **to erode the national cultures :** saper les cultures nationales • **to consume identical cultural products :** consommer les mêmes produits culturels • **to deliver entertainment :** procurer des distractions • **the spread of junk food :** la propagation de la malbouffe
- **to undermine the principles of national sovereignty :** saper les principes de la souveraineté nationale • **to weaken one's national heritage :** affaiblir l'héritage national • **to infringe on sovereignty :** empiéter sur la souveraineté
- **to protect / to shelter a market (from) :** protéger / abriter un marché (de) • **to featherbed an infant industry :** protéger une industrie naissante • **economic nationalism :** le nationalisme économique

34 Gun control must be imposed

to own a gun / a gunman	posséder une arme / un homme armé
a gun owner	un détenteur d'une arme à feu
gun ownership	la détention d'une arme
to carry / to pack a weapon	porter une arme
gun violence	la violence par arme à feu
a gun shop / a gun seller / a firearms store / a gunsmith	un armurier
a gun dealer / dealership / an arms dealer	un marchand d'armes
a gun maker	un fabricant d'armes
a gun show / fair	une foire aux armes
gun control	la limitation des armes
a constitutional right	un droit constitutionnel
a gun lobby	un lobby des armes à feu
gun regulation / gun laws	la réglementation sur les armes à feu
to be easily available / accessible	être facilement disponible
(to issue) a licence / license (US) / a permit	(délivrer) un port d'arme
a waiting period / a minimum age	un délai / un âge légal
to carry out / to conduct a background check	vérifier les antécédents
to have a record	avoir un casier judiciaire
to have no record / a clean record	ne pas avoir de casier judiciaire
to procure weapons	se procurer des armes
a firearm fatality	une victime par arme à feu
a gun-related death, crime / a gun death	un mort / un crime par arme à feu
to be trigger-happy	avoir la gâchette facile
a child-proof lock	une sécurité enfant
ammunition (ni) / a bullet, a slug	les munitions / une balle (de revolver)
a shell / a cartridge	une cartouche
to load / to reload	charger / recharger
to pull the trigger	appuyer sur la gâchette
to shoot [shot] / a shot	tirer / un coup
to shoot down / to gun down (sb)	descendre (qn)
to open fire (on sb)	ouvrir le feu (sur)
gunfire / shooting (ni)	des coups de feu / une fusillade
a mass shooting	une tuerie
to go on a shooting spree / rampage	être pris de folie meurtrière
to hold a gun (on sb)	braquer une arme (sur qn)
a school shooting / killing / massacre	une tuerie dans une école / fac
gang warfare	la guerre des gangs
to kill sb in cold blood	tuer qn de sang froid
to slaughter, to massacre / a slaughter	massacrer / un massacre

for

- **a gun control proponent** : un partisan du contrôle des armes à feu • **to call for tighter gun control** : réclamer une législation plus stricte sur les armes à feu • **to pass gun regulations / legislation / to enact a gun control law** : voter des lois contre les armes à feu • **to outlaw / to ban guns** : interdire les armes à feu • **to impose gun controls** : imposer une réglementation sur les armes à feu • **to be denied the right to purchase a gun** : se voir privé du droit d'acheter une arme • **too many guns in circulation** : trop d'armes en circulation
- **to fall into the wrong hands** : tomber dans de mauvaises mains • **a repeat offender** : un récidiviste • **to be mentally defective** : être déficient mental • **to be ruled mentally incapacitated** : être déclaré mentalement irresponsable • **to be outgunned by criminals** : être moins bien armé que les criminels • **to raise the legal age limit for gun ownership** : relever l'âge légal pour posséder une arme à feu
- **to keep a loaded gun at home** : conserver une arme chargée à domicile • **a crime of passion** : un crime passionnel • **domestic violence** : la violence conjugale • **a firearm injury** : une blessure par arme à feu • **citizens' interest in maintaining public safety** : l'intérêt des citoyens à maintenir l'ordre public

against

- **an inalienable right** : un droit inaliénable • **the right to keep and bear arms** : le droit à garder et porter une arme • **to be enshrined in the Constitution** : être inscrit dans la Constitution • **the Second Amendment (to the US Constitution)** : le deuxième Amendement (de la Constitution américaine) • **the National Rifle Association (NRA)** : l'Association de défense des détenteurs d'armes à feu • **a gun-rights activist** : un partisan du droit à porter une arme • **to oppose gun controls** : être opposé à toute réglementation sur les armes à feu • **to infringe on a right** : empiéter sur un droit • **to exercise a right** : user d'un droit • **to cause / to prevent crime** : être cause de / empêcher la criminalité
- **an American tradition** : une tradition américaine • **to be part and parcel of American history / psyche** : faire partie intégrante de l'histoire américaine / du psychisme américain • **the frontier society** : une société de la frontière • **the wilderness** : la nature sauvage • **staunch / rugged American individualism** : l'individualisme farouche des Américains • **to hunt to eat** : chasser pour manger • **to use for self-protection (against Indians)** : utiliser pour se protéger (contre les Indiens)
- **to defend oneself / self-defense** : se défendre / l'auto-défense • **the right to self-defense** : le droit à l'auto-défense • **to defend one's home (against)** : défendre son chez-soi (contre) • **a deterrent against criminals / crime** : un moyen de dissuasion contre les criminels / la criminalité • **to use guns defensively** : utiliser une arme de façon défensive • **gun ownership as a resistance / check against tyranny** : la détention d'une arme est une forme de résistance contre la tyrannie • **security / a deterrent against foreign invasion** : la sécurité / un moyen de dissuasion contre une invasion étrangère • **to disarm the population** : désarmer la population

35 Health has no price

the National Health Service (NHS) (UK)	le Service de santé britannique
Medicare (the elderly) / Medicaid (US)	Medicare / Medicaid
the (major) health insurance fund	la Caisse (primaire) d'assurance maladie
to benefit from Medicare / Medicaid	profiter de Medicare / Medicaid
an insurance company	une compagnie d'assurances
to be insured / uninsured	être couvert / non couvert
affordable health insurance	une assurance abordable
to afford insurance	se payer une assurance
access to health care	l'accès aux soins
the health care system	le système de santé
health care services	les services de santé
a health care policy	une politique de la santé
a health care provider	un prestataire de soins
primary health care insurance (US)	la sécurité sociale (de base)
secondary health care insurance	la mutuelle
medical coverage	la couverture maladie
universal health coverage	la couverture maladie universelle
health expenditures / spending	les dépenses de santé
the high cost of health care	le prix de la santé
the skyrocketing price of health care	le prix faramineux de la santé
rocketing medical costs	les coûts astronomiques de la santé
runaway / ballooning, mind-boggling costs	les coûts incontrôlables / faramineux
to charge high premiums	exiger des primes élevées
to get free medical care	être soigné gratuitement
to bear [bore / borne] the costs	supporter les coûts
to lower the cost of health care	diminuer les coûts de la santé
inflation in health-care costs	l'inflation des coûts de la santé
to bring the costs down	faire baisser les coûts
to spend (on)	dépenser (pour)
household expenditures on health care	les dépenses des ménages pour la santé
disease / a disease, an illness	la maladie / une maladie
to be in good / poor health	être en bonne / en mauvaise santé
to enjoy good health	jouir d'une bonne santé
to cure a disease / to find a cure	guérir une maladie / trouver un remède
to recover / recovery	guérir / la guérison
to see a GP / a specialist	voir un généraliste / un spécialiste
a doctor's fees	les honoraires de médecin
a medical / hospital bill	une facture de médecin / d'hôpital
catastrophic health	les maladies graves
to ration health care / rationing	rationner les soins / le rationnement
to keep the NHS solvent	assurer la solvabilité de la caisse maladie

for

- **the moral argument** : l'argument moral • **to place a dollar value on a human life** : donner un prix à la vie • **to set a limit on how much one is willing to pay to save one human life is not moral** : mettre un prix à la vie humaine n'est pas moral • **to save a human life is worth the expense** : sauver une vie humaine vaut qu'on y mette le prix • **is the death of a teenager a greater tragedy than the death of an 85-year-old?** : la mort d'un jeune est-elle une plus grande tragédie que celle d'un vieillard de 85 ans ?
- **the materialistic argument** : l'argument matérialiste • **a physician's duty is to save human lives** : le devoir d'un médecin est de sauver des vies humaines • **to spare no expenses / effort** : n'épargner aucune dépense / aucun effort • **health care is not a luxury good** : la santé n'est pas un article de luxe
- **the research argument** : l'argument de la recherche • **to try to understand the causes of a disease is priceless** : essayer de comprendre les causes d'une maladie n'a pas de prix
- **the welfare argument** : l'argument du bien-être • **to expand health coverage (to)** : étendre la couverture santé (à) • **to invest (in)** : investir (dans) • **to experience lower infant mortality rates** : connaître des taux de mortalité infantile moindres • **a decline in death rates** : une chute de la mortalité • **an increase in life expectancy** : une hausse de la durée de vie • **to produce health gains** : améliorer la santé • **to be well worth the cost** : valoir le prix • **the health of the nation is improved by the prevention of epidemics** : la santé d'un pays s'améliore par la prévention des épidémies

against

- **a financial burden** : un fardeau financier • **to damage the global competitiveness of businesses** : nuire à la compétitivité globale des entreprises • **to bankrupt millions of families** : mettre sur la paille des millions de familles • **to gobble up millions of dollars** : engloutir des millions de dollars • **to trim costs** : réduire les coûts
- **to change one's behavior / habits** : changer de comportement / ses habitudes • **to become a spendthrift** : devenir économe • **to exercise** : faire de l'exercice • **to keep fit** : garder la forme • **to eat well** : bien manger • **to fight obesity** : lutter contre l'obésité
- **a leaner / more cost efficient system** : un système plus économe / moins dispendieux • **to contain costs** : contenir les coûts • **health care cost containment / control** : la maîtrise des dépenses de santé • **to cap health-care costs** : limiter les dépenses de santé • **to rein in runaway health inflation** : limiter l'inflation galopante des soins • **to overhaul / to revamp the health care system** : remettre le système de santé à plat
- **to be riddled with / filled with inefficiencies** : être peu efficace • **medical error** : l'erreur médicale • **to reduce malpractice insurance rates** : faire baisser les tarifs de l'assurance responsabilité • **to be sued / to be taken to court (for)** : être poursuivi en justice (pour) • **a lawsuit** : un procès • **to order extra tests** : ordonner des tests supplémentaires • **wasteful** : dispendieux • **a treatment's effectiveness** : l'efficacité d'un traitement • **to perform unnecessary surgeries** : procéder à des opérations inutiles • **overmedication** : la surmédication

36 High-speed society is destroying culture

to be addicted to speed	être accro à la vitesse
an ASAP (As Soon As Possible) society	une société du tout tout-de-suite
fast food	l'alimentation rapide
speed dating / speed reading	les rendez-vous éclairs / la lecture-éclair
a high speed train / line	un train / une ligne à grande vitesse
to be anxious to get there	être impatient d'arriver
to cut travel time	réduire le temps de déplacement
high speed Internet / broadband Internet access	l'Internet haut débit
a transmission speed	une vitesse de transmission
a data transfer rate	un taux de transfert de données
to tweet / to text one another	twitter / s'envoyer des messages
to have instant access (to)	avoir un accès instantané (à)
the ubiquity of instant messaging	l'ubiquité de la messagerie instantanée
snail mail / smail / paper mail / land mail	le courrier escargot
to friend sb	prendre qn pour ami, devenir ami de qn
to surf the Internet	surfer sur Internet
the blogosphere	la blogosphère
cyberbalkanization	la cyberbalkanisation
social networking	le réseautage social
a serendipitous encounter	une rencontre due au hasard
a mash-up / a mashup	une application composite
event-driven /-based programming	la programmation événementielle
to be user-centric	être orienté utilisateur
the buzz	la rumeur, le bruit
to speed [sped] up	accélérer
fast-paced life / the rat race	la vie à toute vitesse / la course à l'argent
the frantic pace of modern life	le rythme frénétique de la vie moderne
to live a hectic life	mener une vie trépidante
a race against time / the clock	une course contre la montre
to race / to battle against time	engager une course contre la montre
to be pressed / hurried for time	manquer de temps
to be under pressure (of / to)	être sous pression (de / pour)
to have no time to lose / to waste	n'avoir pas de temps à perdre
to be on the run / in a hurry / rushing around	être pressé
to multitask	mener plusieurs tâches de front
immediacy / immediate (a)	l'immédiateté / immédiat
deficit attention disorder	le trouble de la concentration
information overload	la surcharge d'informations
to be drowning in data	crouler sous les données
the digerati / digiterati / the cyber elite	la cyberélite / la cyberintelligentsia

for

- **a fragmented society** : une société fragmentée • **a shallow / superficial society** : une société superficielle • **to send emails rather than hand-written letters** : envoyer des courriels plutôt que des lettres manuscrites • **the blurring of news and entertainment** : l'estompage des nouvelles et des distractions • **to jump for the summary / the video clip / the sound bite** : aller droit au résumé / au clip vidéo / à la petite phrase • **the constant bombardment of trivia / data** : le déluge constant de futilités / de données • **to receive a disproportionate amount of media coverage** : être couvert de façon disproportionnée par les médias • **loss of consensus / common ground** : la perte de consensus • **the amplification of subjectivity** : l'exagération de la subjectivité
- **to fail to check / to vet sources** : ne pas vérifier les sources • **the lack of thorough analysis** : l'absence d'analyse minutieuse • **to refine one's thinking** : affiner sa pensée
- **the value of artistic imagination** : la valeur de l'imagination artistique • **a copy and paste society** : une société du copier-coller • **to tailor one's work (to)** : adapter son œuvre (à) • **to use a bland / immediately accessible style** : utiliser un style terne, fade / immédiatement accessible • **appropriation art (parodies / variations / pastiches / collages)** : l'art de l'appropriation (les parodies / hommages / pastiches / collages)
- **instant society / coffee / news / cure** : la société / le café / les nouvelles / un remède instantané(es) • **a quickie marriage / divorce** : un mariage / divorce rapide • **instant gratification** : le plaisir immédiat • **to sacrifice quality for quantity** : sacrifier la qualité à la quantité • **to have connections / relationships rather than friends** : avoir des contacts / relations plus que des amis • **to be impatient** : être impatient • **to forgo patience / perseverance** : oublier la patience / la persévérance • **(not) to take time to discover people** : ne pas prendre le temps de découvrir les gens

against

- **time is money** : le temps c'est de l'argent • **to save time / to be time efficient** : gagner du temps • **(a) time-saving (device)** : qui permet de gagner du temps • **to be stressed out** : être stressé • **to meet a deadline** : respecter une date limite
- **to move large amounts of information** : transférer de vastes quantités d'informations • **to share information quickly** : partager rapidement l'information • **a vital means of communication** : un moyen de communication vital • **video-conferencing** : la visioconférence • **an e-library / an e-book** : une cyber bibliothèque / un e-book • **to bridge the cultural gap** : combler le fossé culturel • **to help people from different cultures to communicate with one another** : aider à la communication entre les gens de cultures différentes • **to exchange views / ideas** : échanger des points de vue / des idées • **to help coordinate humanitarian aid in a disaster-stricken country** : aider à coordonner l'aide humanitaire dans un pays frappé par une catastrophe • **to coordinate relief aid efficiently** : coordonner les secours avec efficacité
- **to foster a new economy** : promouvoir une nouvelle économie • **to be based (on)** : être fondé (sur) • **to increase productivity** : améliorer la productivité

37 Home-schooling is the best education

schooling (ni)	les études, l'instruction
compulsory / mandatory (US) schooling	l'école obligatoire
home schooling / in-home education / home education / home school	l'enseignement à la maison
to home school one's children	enseigner à ses enfants à domicile
to be home schooled / to be taught at home	suivre des cours à domicile
to educate one's children at home	élever / instruire ses enfants à la maison
a home schooler	un élève qui suit des cours à domicile
a correspondence school	une école par correspondance
alternative education / an alternative school	un enseignement alternatif / non traditionnel / un lycée expérimental
mainstream / traditional education	l'enseignement traditionnel
a traditional school	un établissement traditionnel
traditional school methods	des méthodes éducatives traditionnelles
an alternative school	un établissement non conformiste
unschooling	la déscolarisation
an unschooler	un enfant déscolarisé
a curriculum	un programme
a tutor	un tuteur
a teaching method	une méthode d'enseignement
individual tuition	les cours particuliers
remedial instruction	le soutien scolaire
to raise / to educate (children)	élever des enfants
to attend public / private school	aller à l'école publique / privée
school attendance	la scolarisation, la scolarité
compulsory school attendance	la scolarisation obligatoire
school life	la vie scolaire
a school day	une journée de cours
the school year	l'année scolaire
an academic year	une année scolaire
a school fellow / a school friend	un camarade de classe
a school mate / a classmate	un copain de classe
the learning pace	le rythme d'apprentissage
to socialize / socialization	se socialiser / la socialisation
to make friends	se faire des amis
to learn / to develop social skills (through)	apprendre à se socialiser (en)
to be exposed to different cultures	être en contact avec différentes cultures
to coerce children to learn	forcer les élèves à apprendre
to encourage the students' curiosity	encourager la curiosité des élèves
a stimulating environment	un environnement stimulant

for

- **to be a natural learner** : être un apprenant naturel • **to learn / to study at one's own pace** : apprendre / étudier à son propre rythme • **children do not all learn the same way** : les enfants n'apprennent pas tous de la même façon • **the ability to learn on one's own** : la capacité à apprendre seul • **a hands-on approach to education** : une approche engagée de l'éducation
- **parental involvement** : l'implication parentale • **to be involved in one's children's education** : être impliqué dans l'éducation de ses enfants • **one-on-one tutoring** : le tutorat individuel • **the most effective method of education** : la méthode d'éducation la plus efficace • **to give the individual attention necessary to help each student excel** : accorder l'attention individuelle nécessaire pour aider chaque élève à exceller • **to devote one's time to one's children** : consacrer son temps à ses enfants • **to know the students on a personal level** : connaître les élèves sur un plan personnel • **to tailor one's curriculum / teaching style (to)** : adapter son programme / style d'enseignement (à) • **individualized attention** : l'attention individuelle
- **to be more comfortable than in a classroom setting** : être plus à l'aise que dans un cadre scolaire • **to focus on non-academic subjects** : se concentrer sur des sujets non académiques • **to explore other subjects** : explorer d'autres sujets • **to strengthen family relations** : renforcer les liens familiaux • **to conform to family values** : se plier aux valeurs familiales

against

- **home-schooling is time consuming** : l'enseignement à domicile prend du temps • **to prepare / to teach lessons** : préparer les leçons / enseigner • **to plan / to organize outside activities / field trips** : prévoir / organiser les activités extérieures / les sorties • **a financial sacrifice / burden** : un sacrifice / poids financier
- **the non-development of social skills** : l'absence de développement des capacités de socialisation • **to be responsible for the social development of one's children** : être responsable du développement social de ses enfants • **everyday interactions** : des interactions de tous les jours • **to miss out on opportunities of forming friendships** : ne pas avoir l'occasion de se faire des amis • **to be involved in outside activities** : être impliqué dans des activités extérieures
- **a teacher is a source of knowledge** : un enseignant est une source de connaissances • **to transmit an intellectual tradition / technical skills** : transmettre une tradition intellectuelle / des compétences techniques • **to motivate** : motiver • **academic training / formation** : la formation universitaire • **to be well trained** : être bien formé • **to learn from one's teachers** : apprendre de ses enseignants • **to test oneself (against)** : se mesurer (à) • **to assess one's level** : juger de son niveau • **to take standardized tests** : passer des tests nationaux
- **to steer / to counsel the students** : guider les élèves • **to provide guidance / advice** : apporter des conseils • **to enlighten** : éclairer • **to point to directions** : montrer des voies • **to help students make the right choices** : aider les élèves à faire les bons choix

38 Hunting does more good than harm

blood sports	les sports sanguinaires
to hunt / hunting	chasser / la chasse
game shooting (US) / hunting	la chasse
clay-pigeon shooting	le ball-trap
to go hunting	aller à la chasse
a hunting license / permit	un permis de chasse
a shooting party	une partie de chasse
a sportsman / a hunter	un chasseur
a hunt	une chasse
to shoot [shot]	tirer (sur)
to shoot for sport	tirer pour le plaisir
fox hunting	la chasse au renard
quail hunting	la chasse au perdreau
game bird	le gibier à plume
stag hunting	la chasse à courre
big game hunting	la chasse au gros gibier
small game hunting	la chasse au petit gibier
an elephant / a rhinoceros	un éléphant / un rhinocéros
a lion / a tiger	un lion / un tigre
a polar bear / a seal	un ours polaire / un phoque
a stag deer, a red deer / an elk	un cerf / un élan
a roe deer / a doe / a fallow deer	un chevreuil / une biche / un daim
whale hunting, whaling / buffalo hunting	la chasse à la baleine / au bison
a hare / a rabbit	un lièvre / un lapin
a pheasant / a grouse	un faisan / un tétras
a game reserve	une réserve naturelle
to go on a safari	faire un safari
a safari goer	un participant à un safari
a trophy	un trophée
a big game hunter	un chasseur de gros gibier
a game bag	une gibecière, une carnassière
a hunting dog / horn	un chien / un cor de chasse
a clay pigeon	un pigeon d'argile
a gun / a rifle	un fusil / une carabine
a gunshot	un coup de fusil
a bullet / a cartridge	une balle / une cartouche
animal rights	les droits des animaux
an animal activist	un défenseur des animaux
to cull (a herd)	éliminer un troupeau
animal cruelty	la cruauté envers les animaux
a barbaric practice	une pratique barbare

for

- **the hunting proponents** : les partisans de la chasse • **to kill for food / meat / oil** : tuer pour se nourrir / la viande / l'huile • **to provide for one's family** : subvenir aux besoins de sa famille • **a cost effective way to feed a family** : une façon économique de nourrir une famille • **to be part of traditional rural life** : faire partie de la tradition rurale • **to live off the land** : vivre du produit de la terre • **a food source** : une source de nourriture
- **a safe / clean sport** : un sport sûr / propre • **to minimize trauma to the animal** : être aussi peu douloureux que possible pour l'animal • **proper training** : un entraînement adéquat • **a quick death** : une mort rapide
- **a pastime** : un passe temps • **to reduce car collisions** : réduire les accidents de la circulation • **an incentive for the hunter to stay in shape / to maintain a healthy lifestyle** : une incitation pour le chasseur à rester en forme / à entretenir sa forme
- **a management tool for the animal population** : un outil de gestion de la population animale • **nature's balance** : l'équilibre naturel • **the lack of natural predators** : l'absence de prédateurs naturels • **a form of game management** : une façon de gérer le gibier • **to prevent a species from reproducing / flourishing** : empêcher une espèce de se reproduire • **to keep an animal population in check** : réguler une population animale • **overpopulation** : la surpopulation • **to benefit the ecosystem** : favoriser l'écosystème • **to pose a threat to livestock** : représenter une menace pour les troupeaux • **to slaughter sheep / lambs** : massacrer des moutons / brebis • **to run riot through villages** : causer des dégâts dans les villages • **to go on a killing rampage** : être pris de folie meurtrière • **a rogue elephant** : un éléphant fou
- **to be inexpensive to taxpayers** : ne rien coûter au contribuable • **to bring in money** : rapporter de l'argent • **the sales of hunting permits / licences** : les ventes de permis

against

- **hunting opponents** : les adversaires de la chasse • **to be morally objectionable** : être moralement critiquable • **cruel / inhumane** : cruel / inhumain • **to violate animal rights** : violer les droits des animaux • **killing is recreational** : tuer est une distraction • **to perpetuate human barbarism** : perpétrer la barbarie humaine • **there is no such thing as a clean kill** : une mort propre n'existe pas • **to run an animal ragged until it dies from exhaustion** : poursuivre un animal jusqu'à ce qu'il meure d'épuisement • **to be ripped to shreds by the dogs** : être déchiqueté par les chiens
- **safety issues** : des problèmes de sécurité • **hunting injuries** : les blessures à la chasse • **to die in a hunting accident** : mourir lors d'un accident de chasse • **to endanger the whole community** : mettre en danger toute la communauté • **to increase the number of collisions** : augmenter le nombre de collisions • **to frighten the game out of the woods and onto roads** : faire sortir le gibier des bois pour le précipiter sur les routes
- **to reduce a population** : réduire une population • **to result in less food (for)** : produire moins de nourriture (pour) • **to self-regulate** : s'auto-réguler • **to put a species in danger of extinction** : menacer une espèce d'extermination

39 Immigration is a boon to rich countries

to migrate (from)	émigrer (de)
to migrate / to immigrate (to / into)	immigrer (à, dans)
immigration policy	la politique de l'immigration
a wave of immigration	une vague d'immigration
to flood / a flow of immigrants	inonder / un flux d'immigrés
migrant labor	la main-d'œuvre immigrée
a casual / frontier worker	un travailleur occasionnel / frontalier
a guest worker	un travailleur immigré
a transient worker	un travailleur temporaire
an alien	un ressortissant étranger
a national	un ressortissant
a native	un autochtone, un indigène
a refugee / to seek shelter	un réfugié / chercher refuge
to bring in (from another country) / to bring in (from abroad)	faire venir (de l'étranger)
to be welcome / unwelcome	être bien / mal accueilli
a guest country / a host country	un pays d'accueil
to seek [sought] for / after	rechercher
to be sought after (by)	être très prisé (par)
a shortage / a lack (of)	une pénurie (de)
to be short of	manquer de
a willing manpower	une main-d'œuvre malléable
to constitute / to represent	former / représenter
to come by the millions	arriver par millions
the "Thirty Glorious Years"	les Trente Glorieuses
the lean years	les années de vache maigre
to help build a country	contribuer à la construction d'un pays
to fuel the growth (of)	alimenter la croissance (de)
the engine of growth	le moteur de la croissance
to fill a gap	combler une lacune
to fill / to occupy a job	occuper un emploi
to shun / to spurn a job	bouder / mépriser un emploi
an unwanted job	un emploi dont personne ne veut
a skills shortage	une pénurie de main-d'œuvre qualifiée
a marketable skill	un talent monnayable
to bring job experience	apporter une expérience professionnelle
to play a useful role (in)	jouer un rôle utile (dans)
to supply labor	fournir de la main-d'œuvre
a need for labor	un besoin de main-d'œuvre
a cheap labor force	une main-d'œuvre bon marché
seasonal work	le travail saisonnier

for

- **a benefit (for)** : un bienfait (pour) • **an asset** : un atout • **to enrich a country (by)** : enrichir un pays (par) • **to impoverish a country** : appauvrir un pays • **to keep business alive** : dynamiser les affaires • **to bring [brought] talent / fresh vigor** : apporter des talents / un sang neuf • **to play a dynamic / useful role** : jouer un rôle dynamique / utile
- **to pay more in taxes** : payer davantage en impôts • **to take in benefits** : coûter en allocations • **to place a burden (on)** : être à la charge (de) • **to contribute to the economy** : participer à l'économie • **to create an economic miracle** : créer un miracle économique • **to stand to gain (from)** : avoir tout à gagner (à) • **to fuel the boom** : contribuer à l'essor • **to put downward pressure on wages** : maintenir des salaires bas • **to lower wages** : faire baisser les salaires
- **to be upwardly mobile** : avancer dans sa carrière • **to pull oneself up by the bootstraps** : s'élever à la force du poignet • **to climb the ladder** : grimper l'échelle • **to leave one's print / mark** : laisser son empreinte

against

- **the brain drain** : la fuite des cerveaux • **to deprive a country of its live forces** : priver un pays de ses forces vives • **to hamper development** : entraver le développement • **to lag behind** : prendre du retard • **an emerging country** : un pays émergent • **to remit** : envoyer de l'argent • **a remittance** : un envoi de fonds
- **to take jobs away (from)** : prendre des emplois (à) • **to deprive sb (of a job)** : priver qn (d'un emploi) • **to rob the natives (of jobs)** : priver les autochtones (d'un emploi) • **to steal jobs** : voler les emplois • **to do native-born Americans out of a job** : occuper les emplois des Américains de souche
- **to be a welfare sponger / a benefit-scrounger** : profiter du système des aides • **family allowances** : les allocations familiales • **to live off the state** : vivre aux crochets de l'État • **to arouse suspicion** : susciter la méfiance • **to burden the welfare system** : grever le système social • **to be taken advantage of** : être exploité • **a sweatshop** : un atelier clandestin • **a sweated worker** : un travailleur exploité • **moonlighting** : le travail au noir • **to be paid off the books / under the table** : être payé au noir
- **to fuel prejudice / bias** : alimenter les préjugés • **to resent the presence of immigrants** : s'indigner de la présence des immigrés • **resentment (over)** : l'indignation (à propos de) • **to fuel resentment** : fournir matière à indignation • **restrictionist sentiment** : des sentiments protectionnistes • **nationalistic / jingoistic** : nationaliste / chauvin • **a scapegoat** : un bouc émissaire • **to scapegoat** : prendre pour tête de Turc • **a butt** : une cible • **to blame sb for sth / to blame sth on sb** : rendre qn responsable (de qch) • **to bear the brunt (of)** : subir le contrecoup (de) • **economic woes** : les difficultés économiques • **social ills** : les maux sociaux • **to strain the fabric of society** : mettre le tissu social à l'épreuve • **to jeopardize the national culture / traditions** : mettre en danger la culture / les traditions nationale(s) • **to fail to assimilate / to adjust (to)** : ne pas réussir à s'assimiler / à s'intégrer (dans / à)

40 Information technology (IT)

computer science	l'informatique (théorie)
information technology	l'informatique / la télématique
an advanced technology	une technologie évoluée
a state-of-the-art technology	une technologie ultra moderne
a leading / cutting edge technology	une technologie avancée
to be at the leading edge of technology	être à la pointe de la technologie
advances in technology	les progrès de la technologie
the impact of a technology	l'impact d'une technologie
high tech / low tech industries	les industries de haute / faible technologie
the computer / computing industry	l'industrie informatique
the computer field	le domaine des ordinateurs
computing equipment	le matériel informatique
a computer scientist	un informaticien
a computer engineer	un ingénieur informaticien
a computer addict / buff	un mordu d'informatique
a nerd / a geek	un neuneu
hardware / software	le matériel / les logiciels
a piece of software / a software product	un logiciel
a desktop computer	un ordinateur de bureau
a laptop / a portable	un portable
an operating system (OS)	un système d'exploitation
a central processing unit (CPU)	une unité centrale
a word processor / a text processor	un traitement de texte
a monitor / a screen	un moniteur, un écran
to text messages	envoyer des textos
a keyboard	un clavier
a flash drive / a USB key / stick	une clé USB
a wireless network	un réseau sans fil
video conferencing	la visio-conférence
a bug / a virus / a worm	un bug / un virus / un ver
to infect a computer	infecter un ordinateur
a Trojan Horse / a logic bomb	un cheval de Troie / une bombe logique
a glitch	un problème technique
troubleshooting	la réparation des pannes
data processing	le traitement des données
cybercrime	la cybercriminalité
to hack into a system	pénétrer un système
computer hacking / piracy / pirating	le piratage
phishing / identity theft	le vol d'identité

for

- **to bring the world closer together** : rapprocher les peuples • **to bring down barriers of geographic boundaries** : abolir la barrières des frontières géographiques • **to share ideas / information** : partager des idées / des renseignements
- **to have more efficient ways of communication** : avoir de meilleurs moyens de communication • **to have an almost instantaneous response** : avoir une réponse quasi instantanée • **to save on travel time** : économiser en transport • **to bring instant news (into the living room / the home computer / the PC)** : faire vivre l'actualité en direct
- **cost effectiveness** : l'efficacité économique • **to computerize / to streamline the business process** : informatiser / rationaliser la gestion des affaires • **to increase productivity** : améliorer la productivité • **less strenuous work conditions** : des conditions de travail moins pénibles
- **to bridge the cultural gap** : combler le fossé culturel • **to make available encyclopedias / dictionaries** : rendre disponibles des encyclopédies / des dictionnaires • **a museum virtual tour** : une cybervisite de musée • **a virtual library** : une cyberbibliothèque • **to foster debates (between)**: encourager le débat (entre) • **to curb prejudices** : réduire les préjugés • **culture at a keystroke** : la culture au bout des doigts
- **time efficient** : qui fait gagner du temps • **to make it possible for businesses to be open 24/7** : permettre aux entreprises d'être ouvertes en continu • **to make purchases from different countries easier** : faciliter les achats d'un pays à l'autre • **to have one's goods delivered right to one's doorstep** : se faire livrer les marchandises à domicile
- **to create / to generate new job opportunities (web designers / computer programmers / software developers / systems analysts)** : créer de nouveaux emplois

against

- **to lag (behind)** : avoir du retard (sur) • **to leave on the wayside** : laisser sur le bord du chemin • **to miss the boat** : manquer le coche • **to do away with unskilled jobs** : se débarrasser des emplois non qualifiés • **to be computer literate** : savoir se servir d'un ordinateur • **computer smart / savvy** : doué en informatique
- **lack of job security** : le manque de sécurité de l'emploi • **to keep up with / abreast of the latest technology** : se tenir au fait des dernières technologies • **technology transfer** : le transfert de technologie • **lifelong learning** : la formation toute la vie durant
- **privacy** : la vie privée • **to eavesdrop on conversations** : épier les conversations • **to circulate damaging pictures** : faire circuler des photos compromettantes • **to become public knowledge** : être révélé au grand public • **data security** : la sécurité des données
- **cyberwarfare** : la cyberguerre • **to obtain secrets (from)** : obtenir des secrets (de) • **classified information** : des renseignements confidentiels • **Internet fraud** : la fraude sur Internet
- **a dominant culture** : une culture dominante • **the supremacy of one language / one culture** : la suprématie d'une langue / d'une culture • **the rise of Globish** : la montée du globish • **the loss of national cultural values** : la perte de valeurs culturelles nationales

41 Is development sustainable?

sustainable development	le développement durable
sustainable management / transportation	la gestion / le transport durable
to sustain / sustainable (a)	faire durer, maintenir / durable, pérenne
to achieve sustainability	parvenir au développement durable
the protection of environmental quality	la protection de la qualité de l'environnement
environmentally sound practices	des pratiques écologiques saines
the human development index (HDI)	l'indicateur de développement humain (IDH)
to be damaging to the planet	être nuisible à la planète
growth management	la gestion de la croissance
the limits of economic growth	les limites de la croissance économique
to contain / to limit economic development	contenir / limiter le développement économique
to preserve the environment	sauvegarder l'environnement
deep ecology	l'écologie profonde
to satisfy / to meet sb's basic needs	satisfaire les besoins fondamentaux de qn
to meet the needs of the present	satisfaire les besoins actuels
to compromise the needs of future generations	compromettre les besoins des générations à venir
a carrying capacity (of natural systems)	une capacité porteuse / de charge / limite (des systèmes naturels)
the population size (of)	la taille de la population (de)
depletion of resources	l'épuisement des ressources
to adopt an alternative lifestyle	adopter un mode de vie différent
an environmental ethics	une éthique environnementale
an alternative source of energy	une nouvelle source d'énergie
a clean technology	une technologie propre
a set of standards / principles / guidelines	un ensemble de normes / principes / directives
environmental friendly (a) / environmentally-friendly / eco-friendly	sans danger pour l'environnement
environmentally-minded / eco-minded	conscient des dangers pour l'environnement
ecoefficiency	l'éco-efficience
the green revolution	la révolution verte
to go green	se convertir à l'écologie
to buy / to shop green	acheter vert
green consumerism	le consumérisme écologique
a green product	un produit écologique
ethical consumerism (ni)	le consumérisme éthique
a consumer boycott	un boycottage des consommateurs
green activism (ni)	le militantisme écologique

for

- **to adopt best practices** : adopter de bonnes pratiques • **a stakeholder** : une partie prenante • **to stop environmental degradation** : freiner la dégradation de l'environnement • **to build compact cities / short distance cities** : construire des villes compactes • **a sustainable / green building** : un bâtiment écologique • **an energy-efficient building** : un bâtiment économe en énergie • **a low energy / zero energy house** : une maison basse consommation / zéro énergie • **to stop urban sprawl** : mettre un frein à la périurbanisation • **solar water heating** : le chauffage de l'eau par énergie solaire • **to reduce energy waste** : réduire les gaspillages d'énergie • **to conserve the countryside** : préserver les paysages • **to use public transport** : emprunter les transports en commun • **waste minimization** : la réduction des déchets • **to promote de-growth** : promouvoir la décroissance • **zero-growth** : la croissance zéro
- **the Environment Protection Agency (EPA) (US)** : l'Agence pour la protection de l'environnement • **to pass environmental laws** : voter des lois sur l'environnement • **to carry out an environmental audit / an eco-audit** : faire un audit de l'environnement • **environmentally sound management** : la gestion écologiquement saine • **green accountancy / accounting** : la comptabilité environnementale • **a green tax / an environmental tax** : une écotaxe • **environmental law** : le droit de l'environnement • **to comply with environmental standards** : respecter les normes anti-pollution • **a climate conference** : une conférence sur le climat • **to adhere to a treaty** : adhérer à un traité • **governance versus market** : la gouvernance contre le marché

against

- **to face major challenges** : être confronté à des défis majeurs • **industrialization** : l'industrialisation • **climate change** : le changement climatique • **urban development** : le développement urbain • **water management** : la gestion de l'eau • **food accessibility** : l'accès à la nourriture • **loss of biodiversity** : la perte de biodiversité • **to do damage to the environment** : nuire à l'environnement
- **the purpose of sustainable development is to contain and limit economic development in developing countries** : le but du développement durable est de contenir et réguler le développement économique dans les PVD • **to control population growth** : maîtriser la croissance démographique • **to control the world's resources** : contrôler les ressources mondiales
- **to have unknown / unpredictable effects** : avoir des conséquences inconnues / imprévisibles • **the vagueness of the expression** : le flou de l'expression • **to have no proven efficacy** : n'avoir aucune efficacité reconnue • **a binary vision of the world** : une vision binaire du monde • **to conceal the will from the developed country to impede the development of the other countries** : masquer la volonté des pays développés d'entraver le développement d'autres pays • **a pretext for protectionism** : un alibi au protectionnisme

42 It is better to buy than to rent

to own a home	posséder un logement
home ownership	la propriété
a home owner	un propriétaire de son logement
to rent an apartment	louer un appartement
a renter, a tenant / a rental	un locataire / une location
to pay the rent	payer le loyer
to let [let] / to let	louer (le propriétaire) / à louer
a landlord / a landlady	un / une propriétaire
a long-term / short-term lease	un bail de longue / courte durée
to draw up / to sign a lease	établir / signer un bail
real estate	l'immobilier
a real estate agency	une agence immobilière
a real estate agent / a realtor / a house agent (UK) / a property agent	un agent immobilier
a property developer	un promoteur immobilier
a property speculator	un spéculateur immobilier
the property / housing market	le marché de l'immobilier / du logement
a property transaction	une transaction immobilière
a sales commission	une commission sur les ventes
the rental market	le marché locatif
a housing boom / slowdown	un marché immobilier en pleine croissance / au ralenti
a mortgage rate	un taux d'emprunt immobilier
an adjustable rate mortgage (ARM)	un taux variable
to refinance a mortgage	renégocier un prêt immobilier
a housing slump	une crise du logement
tumbling house prices	la dégringolade des prix
eviction / an eviction	l'expulsion / une expulsion
a homeless shelter	un foyer pour sans-abri
a housing shortage / crunch / squeeze	une pénurie de logements
rental property	les biens à louer
a deposit	une caution
to put down a security deposit	verser une caution
a vacancy rate	un taux de vacance
affordable housing	un logement abordable
to lease out / a lease	louer, donner à bail / un bail
a leaseholder	un locataire à bail
a leasehold flat	un appartement en location
rent control (ni)	la réglementation des loyers
a rent review	une révision de loyer
utilities (US) / expenses (UK)	les charges

for

- **a buyer** : un acheteur • **house prices** : les prix de l'immobilier • **to be worth** : valoir • **a sound investment** : un investissement sûr • **to double** : doubler • **to skyrocket** : grimper en flèche • **to avoid paying a rack rent** : éviter de payer un loyer exorbitant • **to appreciate in value** : s'apprécier • **appreciation** : l'appréciation • **a price gain** : un gain financier • **equity** : la valeur résiduelle • **to build equity in one's house** : faire grimper la valeur de son logement • **a path to build wealth** : un moyen d'accumuler de la richesse • **to pay off one's home** : rembourser son logement • **the return on investment (ROI)** : le retour sur investissement
- **psychological benefits** : les avantages psychologiques • **a sense of community / of stability** : un sentiment d'appartenance / de stabilité • **to have peace of mind** : avoir l'esprit en paix • **to have one's home yanked away by a landlord** : se voir privé de son logement par un propriétaire • **to achieve the American Dream** : réaliser le rêve américain • **a tangible asset** : un avoir tangible • **the purchase price** : le prix à l'achat
- **to take advantage (of)** : profiter (de), exploiter • **a hot housing market** : un marché immobilier en ébullition • **to throw money away** : jeter l'argent par les fenêtres • **to be free to change the color of one's living room walls without asking for permission** : être libre de changer la couleur des murs de son salon sans demander la permission • **the ability to remodel / to redecorate the home to match one's needs / desires** : la possibilité de rénover / re-décorer sa maison en fonction de ses besoins / selon son goût
- **to give notice** : donner congé • **to face eviction** : être menacé d'explusion • **to evict** : expulser • **an eviction notice** : un ordre d'expulsion • **to find oneself on the street** : se retrouver à la rue • **to be homeless** : être sans abri / sans domicile • **to sleep rough** : dormir dans la rue • **to have a roof over one's head** : avoir un toit sur sa tête • **to lose [lost] one's home to foreclosure** : se faire saisir sa maison

against

- **to move house** : déménager • **geographical mobility** : la mobilité géographique • **to look for a job** : chercher du travail • **relocation** : le transfert • **to be transferred (to)** : être muté (à) • **a job transfer** : une mutation • **to be easy to move** : être facile de déménager
- **the transaction costs of a house sale** : les frais de transaction de l'achat d'un bien immobilier • **the cost of borrowing** : le coût de l'emprunt • **mortgage payments** : les remboursements d'emprunt • **property taxes** : les impôts fonciers • **a down payment** : un versement de garantie • **to tie up one's money** : immobiliser son argent • **to invest one's money (in)** : investir son argent (dans) • **to use one's capital interests towards rent** : utiliser les intérêts du capital pour payer le loyer • **the gap between house prices and rents** : l'écart entre le prix d'un logement et un loyer
- **to require upkeep / maintenance** : nécessiter un entretien • **to tackle home repair projects** : s'attaquer à des projets de rénovation • **limited ability to personalize one's living quarters** : la capacité limitée à personnaliser son logement • **little responsibility for maintenance** : peu de responsabilité pour l'entretien

43 LDCs should limit their brain drain

a developing country	un pays en voie de développement (PVD)
the less developed countries (LDCs)	les pays en voie de développement
the emerging countries	les pays émergents
the West / the industrialized countries	l'Occident / les pays industrialisés
human capital	le capital humain
the brain drain / human capital flight	la fuite / l'exode des cerveaux
to enjoy a brain gain	profiter d'un afflux / apport de cerveaux
an exodus / an outflow (of)	un exode (de)
to suffer from a brain drain (to)	souffrir de la fuite (au profit de)
to experience a brain drain	connaître une fuite des cerveaux
to work abroad / overseas	travailler à l'étranger
to attract talent	attirer les talents
to express concern (about)	exprimer des inquiétudes (à propos)
loss of technical skills	la perte de compétences techniques
qualified workers / laborers	des ouvriers qualifiés
high-skilled workers	des ouvriers hautement qualifiés
the draining of skilled individuals	la fuite d'individus compétents
to export academic talent	exporter ses bons étudiants
a marketable skill	une compétence monnayable
to emigrate (to) / emigration (to)	émigrer (vers) / l'émigration (vers)
to deprive a country (of)	priver un pays (de)
to poach (sb from) / poaching	braconner (chez) / le braconnage
to rob a country (of)	enlever à un pays (qch)
to hold on to one's skilled labor	garder sa main-d'œuvre qualifiée
to retain one's talent	conserver ses talents
a competency / a skill / knowledge	une compétence / des connaissances
the best and the brightest	les meilleurs d'entre les meilleurs
to look for greener pastures	chercher des cieux plus cléments
to try one's luck	tenter sa chance
lack of opportunity	le manque de débouchés
political instabiliy	l'instabilité politique
an economic cost	un coût économique
to send remittances home	envoyer des fonds au pays
to train / to retrain / training	(se) former / se recycler / la formation
to restrict immigration	limiter l'immigration
to curb the outflow	ralentir les départs
to combat the brain drain	lutter contre la fuite des cerveaux
to staunch the brain drain	contenir l'exode des cerveaux
a reverse brain drain	un exode des cerveaux à rebours
to lure talented immigrants back home	rapatrier les immigrés talentueux

for

- **to develop one's own economy** : développer son économie • **to rebuild one's country** : rebâtir son pays • **to invest in / to educate, to train people** : investir dans / former les gens • **to lose one's educated workforce** : perdre sa main-d'œuvre éduquée • **to go overseas for education** : aller se former à l'étranger • **to lack the skills base to educate their young** : manquer de main-d'œuvre essentielle pour éduquer les jeunes • **to mitigate the effects of an aging population** : atténuer l'impact d'une population vieillissante
- **to harm the ability of developing nations to get out of poverty** : nuire à la capacité des pays en voie de développement de sortir de la pauvreté • **to stem the outflow of physicians / nurses** : étancher l'exode des médecins / infirmières • **to threaten the health care system** : menacer le système de santé • **to cause shortages in strategic sectors / a loss of tax revenue** : provoquer des pénuries dans des secteurs stratégiques / une perte de recettes fiscales • **to lack the essential tools to boost one's economic development** : manquer des outils essentiels pour promouvoir le développement économique • **to hire foreign expatriates to fill a gap / to plug a shortage** : embaucher des expatriés étrangers pour combler un déficit

against

- **freedom of movement** : la liberté de mouvement • **labor mobility** : la circulation de la main-d'œuvre • **brain circulation** : la circulation des cerveaux • **to return to one's country** : revenir dans son pays • **to bring back new ideas / skills** : revenir avec des nouvelles idées / compétences • **successful role models abroad provide incentives for young students to work hard and gain skills that will help them overcome the hurdles to migration** : les modèles de réussite à l'étranger incitent les jeunes étudiants à travailler et obtenir les compétences qui leur permettront de surmonter les barrières de l'immigration • **to set up scholarships / exchange programs** : établir des bourses / des programmes d'échange • **a bursary / a grant** : une bourse
- **gains to migrants** : les gains pour les émigrés • **to be better off** : être plus riche • **to better one's position** : améliorer son statut • **to seek / to be in search of higher salaries / better working conditions / education opportunities** : rechercher des salaires plus élevés / de meilleures conditions de travail / des possibilités d'obtenir un diplôme universitaire • **to escape a poor job market** : échapper à un marché de l'emploi peu attractif • **to upgrade one's qualifications** : améliorer ses qualifications • **to gain experience** : acquérir de l'expérience • **to escape political tyranny / religious persecution** : échapper à la tyrannie politique / à la persécution religieuse • **to be attracted by better tax conditions** : être attiré par un meilleur régime fiscal
- **to reduce poverty** : réduire la pauvreté • **to equalize incomes** : égaliser les revenus • **the role of diaspora communities in the support of economic entrepreneurship in developing countries** : le rôle joué par les diasporas dans le soutien de l'entrepreunariat économique dans les PVD • **to seal the border** : fermer la frontière hermétiquement • **to stifle creativity** : étouffer la créativité

44 Legal restrictions on gambling

(online) gaming / gambling	le jeu en ligne
the gaming industry	l'industrie du jeu
to gamble (one's fortune away)	parier (toute sa fortune)
a gambler / a gamester	un joueur
a compulsive gambler	un joueur invétéré
to legalize the gambling business	légaliser les établissements de jeu
to legalize casino gambling	légaliser les jeux de casino
a source of revenue	une source de revenus
lottery revenue	les recettes des loteries
to bring in tax revenues	faire rentrer des recettes fiscales
economic spinoffs	les retombées économiques
a casino operator	un exploitant de casino
a slot machine (US) / a fruit machine (UK)	une machine à sous
to play a slot machine	jouer les machines à sou
a one-armed bandit	un bandit manchot
a green baize / felt	un tapis vert / le feutre
a roulette / a chip	une roulette / une plaque
a croupier / a dealer	un croupier
to spin (the wheel)	faire tourner (la roue)
a spin of the wheel	un tour de roue
dice / blackjack / poker	les dés / le black-jack / le poker
video poker	le vidéo poker
to play cards / to shuffle cards	jouer aux cartes / battre les cartes
to deal (the cards)	distribuer (les cartes)
off track betting	le PMU
to bet (on) / to place a bet, a wager (on)	parier (sur)
to bet on horseraces / sports	parier aux courses / dans des sports
a horse betting parlour	une officine de pari mutuel
a racegoer	un turfiste
to wager money / to punt	parier de l'argent / parier
a punter / a backer	un parieur
to take a tip	suivre un tuyau
a payoff	un gain
a gambling addiction (to)	un penchant pour le jeu (de)
to play for money	jouer pour de l'argent
a game of chance	un jeu de hasard
to play for high stakes	jouer gros
the odds against winning	les chances de gagner
a fool's game	un piège à gogos
to regulate the gambling industry	réglementer l'industrie du jeu

for

- **to regulate / to tax online gambling** : réglementer / taxer les jeux en ligne • **to protect public health / morals / against the harmful effects of gambling** : protéger la santé / la morale publique contre les effets nocifs des jeux d'argent • **to be gambling-crazy** : posséder le démon du jeu • **a gambling frenzy / fever** : une folie / une fièvre du jeu • **to be hooked on gambling** : être accroc au jeu • **to join "Gamblers Anonymous"** : s'inscrire à "Joueurs anonymes" • **to admit a compulsion** : avouer une habitude invétérée • **a problem gambler** : un joueur pathologique • **to kick one's addiction** : se débarrasser du démon du jeu • **to curb online gaming addiction** : réduire les addictions au jeu en ligne • **to prey on human weakness for profit** : exploiter la faiblesse de l'homme pour de l'argent • **a predatory / rapacious business** : une entreprise prédatrice • **a vice industry** : une industrie du vice • **to run up debts** : faire des dettes • **to be saddled with debts / to be loaded down with debts** : être criblé / grevé de dettes
- **gambling by minors** : le jeu chez les mineurs • **an age limit** : une limite d'âge • **underage players** : des joueurs mineurs
- **organized crime** : la mafia / le grand banditisme • **money laundering** : le blanchiment d'argent • **dirty money** : l'argent sale • **to rig games** : truquer les jeux • **to collude to defraud players** : être de mèche pour frauder les joueurs
- **breaches of data confidentiality** : les violations de la confidentialité des données • **to ensure the security of online gaming sites** : assurer la sécurité des sites de jeu en ligne

against

- **gambling is as ancient a practice as exists in human history** : le jeu est une pratique ancestrale • **to provide enjoyment / employment for thousands** : offrir une distraction / de l'emploi à des milliers de personnes • **to boost the economy / to raise tax dollars** : stimuler l'économie / faire rentrer des impôts • **the state spends millions to advertise for its lottery** : l'État dépense des millions en publicité pour sa loterie • **to liberalize gambling laws** : libéraliser les lois sur le jeu
- **prohibition will not make gambling go away / will push gambling underground** : l'interdiction ne fera pas disparaître le jeu / créera une économie souterraine du jeu • **to create new sources of funding for career criminals** : créer de nouvelles sources de financement pour les criminels professionnels • **alcohol prohibition gave rise to the mob** : la prohibition aux États-Unis a permis l'essor de la mafia
- **to intrude on the privacy / civil liberties (of)** : empiéter sur la vie privée / les libertés civiles (de) • **to police customers' accounts / the citizens' personal lives for bad habits** : mettre de l'ordre dans les comptes privés / dans la vie des citoyens qui ont de mauvaises habitudes • **foolishness with our own money should not be illegal** : jouer stupidement avec notre argent ne devrait pas être interdit • **a voluntary sin** : un péché volontaire • **freedom to make our own choices about our own lives / our money / our habits** : la liberté de faire nos propres choix dans notre vie / avec notre argent / dans nos habitudes • **"It is not the function of our government to keep the citizen from falling into error."** (Justice Robert H. Jackson)

45 Legalizing medical marijuana

drug addiction / drug consumption / substance abuse / drug abuse	la toxicomanie
personal consumption	la consommation personnelle
drug trafficking / smuggling	le trafic de drogue
the drug habit	l'accoutumance à la drogue
a drug market	un marché de la drogue
drug money	l'argent de la drogue
to experiment / to dabble with, in drugs	tâter de la drogue
to abuse drugs	abuser de la drogue
to take drugs / to use drugs / to be on drugs	se droguer
habit-forming / addictive	qui crée une accoutumance
to be hooked (on)	être accro à
to be addicted (to)	s'adonner à
addictiveness	la dépendance
a soft / hard drug	une drogue douce / dure
marijuana / weed / pot / grass	la marijuana, le cannabis, l'herbe
a joint / a reefer / a stick	un joint, un pétard (fam.)
to sniff / to huff / to inhale / to snort	inhaler / sniffer / priser / renifler
to mainline	se piquer
a shoot / a fix	une injection, un shoot
to shoot up / to get, to do, to take a fix	se shooter (fam.)
a needle / a fix	une aiguille / une piquouse
an overdose / to o.d. / to die of an o.d.	une surdose / décéder par overdose
a drug addict / a drug user / a junkie	un drogué
a habitual / recreational user	un consommateur régulier / occasionnel
a drug dealer / pusher / peddler	un revendeur de drogue
stoned / drugged / high / tripping / spaced / junked up / zonked (a)	défoncé
to detoxify	(se) désintoxiquer
detoxification	la désintoxication
to kick a habit / to kick it / to beat a habit / an addiction	se désintoxiquer
a drug rehab centre	un centre de désintoxication
a drug rehab program	une cure de désintoxication
to be in detox	suivre une cure de désintoxication
to get off / to come off	cesser de prendre
to be weaned off	être sevré (de)
withdrawal symptoms	les symptômes de l'état de manque
to have withdrawal pangs / to go cold turkey	être en manque
to stay off drugs	s'abstenir de prendre des drogues
to relapse / a relapse	rechuter / une rechute
to decriminalize / decriminalization	dépénaliser / la dépénalisation

for

- **to use marijuana for medical purposes** : consommer du cannabis pour raisons médicales • **a clinical trial** : un essai clinique • **to condone the use of marijuana** : fermer les yeux sur l'utilisation de la marijuana • **harmful / harmless** : nuisible / inoffensif • **to help relieve people's suffering / pain / aching** : aider à soulager les souffrances / la douleur • **to decriminalize medical marijuana** : dépénaliser la marijuana à des fins médicales • **to relieve nausea / vomiting** : soulager les nausées / les vomissements • **to improve / to stimulate appetite** : améliorer l'appétit • **to help slow the progression of a disease (cancer / AIDS / Lou Gehrig's disease / muscular dystrophy / multiple sclerosis)** : ralentir la progression d'une maladie
- **to have access to marijuana grown and distributed through state-monitored dispensaries** : avoir accès à la marijuana cultivée et distribuée dans des dispensaires publics • **a prescription for marijuana from one's doctor** : une ordonnance de marijuana de son médecin • **to prescribe it for only a set list of serious illnesses / to limit the number of ailments that a physician can prescribe marijuana for** : limiter le nombre de maux pour lesquels le cannabis peut être prescrit • **to forbid patients from growing their own marijuana / from using it in public** : interdire aux patients de cultiver leurs propres plants / de fumer de l'herbe en public • **to regulate the drug under strict conditions** : réglementer l'usage selon des conditions strictes • **to be limited to two ounces of marijuana per month** : limiter la marijuana à 50 grammes par mois • **compassionate use** : l'usage compassionnel • **not to prosecute medical marijuana patients** : ne pas poursuivre en justice les patients sous traitement à base de cannabis

against

- **to balk at approving medical marijuana** : être réticent à approuver l'usage de la marijuana pour raisons médicales • **to make marijuana more readily available** : rendre la marijuana plus facilement accessible • **to lead to increased drug use** : entraîner une augmentation de la consommation • **to increase the likelihood that teenagers would experiment with the drug** : augmenter les chances d'y goûter chez les jeunes
- **to do more harm than good** : causer plus de tort que de bien • **to affect short-term memory** : affecter la mémoire immédiate • **to impair cognitive ability** : affecter les capacités cognitives • **to lead to long-lasting depression / anxiety** : mener à la dépression / l'angoisse durable
- **to set up pot centers in neighborhoods where people raise their families** : créer des centres pour drogués dans des quartiers où les gens élèvent leurs enfants • **to set up a bad example** : offrir un mauvais exemple
- **to be loosely regulated** : être peu réglementé • **to allow patients to seek / to resort to marijuana to treat minor / nonexistent ailments** : permettre aux patients d'y avoir recours pour traiter de problèmes mineurs / qui n'existent pas • **there is no evidence that marijuana provides any benefits over current therapies** : il n'existe aucune preuve que le cannabis offre des avantages par rapport à des thérapies courantes • **the danger of overdose** : le danger de surdose • **to cost people their jobs** : coûter son emploi à qn

46 Let priests marry

clerical celibacy	le célibat des prêtres
theology / theological (a)	la théologie / théologique
the teachings / tenets (of)	les enseignements / les croyances (de)
the Catholic Church	l'Église catholique
the clergy / a clergyman [pl. clergymen]	le clergé / un homme d'église
a priest (RC) / priesthood	un prêtre / la prêtrise
a reverend / a minister / a vicar / a pastor	un pasteur
a monk / a nun / a sister	un moine / une none / une sœur
to study divinity	étudier la théologie
church studies	les études bibliques
Canon law	la loi canonique
a dogma / dogmatic (a)	un dogme / dogmatique
celibacy / celibate (a) / marriage	le célibat / célibataire / le mariage
to get married / to be married	se marier / être marié
to be single / a bachelor, a single man	être célibataire / un célibataire
to embrace a religion	adopter une religion
vows of chastity / continence	des vœux de chasteté
to abstain (from) / abstinence (ni)	s'abstenir (de) / l'abstinence
to refrain (from)	s'abstenir (de)
virginity / virgin (a)	la virginité / vierge
a virtue	une vertu
to profess / to practise one's faith	professer / pratiquer sa foi
a parish / a parishioner	une paroisse / un paroissien
a creed / a belief [pl. beliefs]	une croyance
a dogma / dogmatic (a)	un dogme / dogmatique
orthodoxy (ni) / orthodox (a)	l'orthodoxie / orthodoxe
piety / pious (a) / impious (a)	la piété / pieux / impie
the Pope / the Vatican / the Pontiff	le Pape / le Vatican / le Pontife
to preach / a preacher	prêcher / un prêcheur
to say / to serve mass	dire / servir la messe
a sacrilege / sacrilegious (a)	un sacrilège / sacrilège
to go into the church / to enter the ministry	entrer dans les ordres
to join the clergy / to enter the priesthood	devenir prêtre
to feel the call to the clergy	avoir une vocation de prêtre
to enter a seminary	entrer dans un séminaire
to be ordained / ordination	être ordonné / l'ordination
to take one's vows	prononcer ses vœux
to take the veil	prendre le voile
a lifelong commitment	l'engagement de toute une vie
to leave [left] / to be forced out of church	(être contraint de) quitter les ordres

for

- **to soften / to relax the Church's rulings on celibacy :** adoucir / assouplir les règles de l'Église sur le célibat • **to be set in stone :** être gravé dans le marbre • **it's unnatural for man to be celibate :** ne pas être marié n'est pas naturel chez l'homme • **to be separated from the world in which a priest is supposed to minister :** être séparé du monde dont un prêtre est censé s'occuper • **to have a love life :** avoir une vie amoureuse
- **to be essential for the continuation / the survival of the Catholic Church :** être essentiel à la pérennité / la survie de l'Église catholique • **the decrease / the drop in the number of priests :** la diminution du nombre de prêtres • **to face / to overcome / to solve a shortage of priests :** faire face à / surmonter / résoudre une pénurie de prêtres • **to allow married priests would help to attract newcomers :** permettre le mariage des prêtres contribuerait à attirer des vocations
- **to alleviate the problem of isolation :** atténuer le problème de l'isolement • **to leave the priesthood to marry and to raise a family :** quitter la prêtrise pour se marier et fonder une famille • **married priests would relate better to issues concerning marriage / the family :** des prêtres mariés comprendraient mieux les problèmes concernant le mariage / la famille
- **the priest sex-abuse scandal :** les abus sexuels commis par les prêtres • **to call for a re-examination of the celibate priesthood :** militer en faveur d'un réexamen du célibat des prêtres • **to end pedophilia :** mettre fin à la pédophilie

against

- **to serve the church :** servir l'église • **to accept a discipline :** accepter une discipline • **to conform to the Scriptures :** se conformer aux Écritures • **to be the bride of Christ :** être l'épouse du Christ • **to dedicate one's life to God :** consacrer sa vie à Dieu • **celibacy allows the priest's first priority to be the Church :** le célibat permet au prêtre de se consacrer en priorité à l'Église • **a commitment of love to the Church :** un engagement d'amour envers l'Église • **a bond that cannot be broken :** un lien qui ne peut pas être brisé • **to offer up one's life (to) :** offrir sa vie (à) • **a priest is called to make the service to his congregation / flock his first priority / duty :** la vocation d'un prêtre est de faire du service à ses ouailles sa priorité / son premier devoir • **to make vows of obedience / poverty :** faire vœu d'obéissance / de pauvreté • **to require the total gift of self to the Church :** nécessiter le don de soi total à l'Église
- **celibacy emphasizes the unique role of the priest :** le célibat souligne le rôle unique du prêtre • **a representative of Christ :** un représentant du Christ • **to follow the example of Jesus :** suivre l'exemple de Jésus • **Jesus himself practiced celibacy :** Jésus lui-même pratiquait le célibat • **to observe chastity :** observer la chasteté
- **sexual license breeds sexual abuse, not celibacy :** la permissivité sexuelle engendre les abus sexuels, pas le célibat • **marriage is not a solution to fight against pedophilia :** le mariage n'est pas un antidote à la pédophilie • **an inappropriate remedy :** un remède inapproprié • **to repress one's urges :** réprimer ses pulsions

47 Living in a city

a metropolitan area	une zone urbaine
a city dweller	un citadin
a megacity / a megalopolis	une mégalopole
a neighborhood / a district	un quartier
a borough / a district	un arrondissement
the city center / downtown (US)	le centre ville
a shopping precinct	un quartier commerçant
a pedestrian precinct / area	une zone piétonne
the inner city districts	les quartiers défavorisés du centre ville
a ghetto [pl. ghettos]	un ghetto
slum districts	des taudis
a dormitory town (UK) / a bedroom community / a bedroom suburb / a commuter town	une ville dortoir
to live in a city	habiter une ville
to live in the suburbs	habiter la banlieue
the outer suburbs	la grande banlieue
to commute	faire l'aller-retour entre son domicile et son lieu de travail
a commuter	un banlieusard
the cityscape	le paysage urbain
public amenities	les équipements collectifs
public transportation	les transports publics
congestion / a congested street	les bouchons / une rue encombrée
a busy street / road	une rue passante / fréquentée
an estate / a housing estate	une cité HLM
urban ills	les maux de la ville
urban blight	la dégradation urbaine
urban decay	la dégradation des villes
urban sprawl / Los Angelization	la périurbanisation
suburban sprawl	les banlieues tentaculaires
urbanization	l'urbanisation
to move out of town	quitter la ville
to flee [fled] a city	fuir une ville
the countryside	la campagne
to live in the country	vivre à la campagne
to live on a farm	vivre à la ferme
urban exodus	l'exode urbain
to be town-wearied	être las de la ville
to reconnect with nature	retrouver le contact avec la nature
quality of life	la qualité de la vie

for

- **a sense of community** : un sentiment de communauté • **to feel connected to the community** : avoir l'impression d'appartenir à une communauté • **to have a sense of belonging** : avoir un sentiment d'appartenance • **to check in on elderly neighbors** : veiller sur les voisins âgés • **to pick up the neighbors' mail when they are away** : récupérer le courrier des voisins pendant leur absence • **to water the neighbors' plants and flowers** : arroser les plantes des voisins
- **cultural richness / vitality** : la richesse / la vitalité culturelle • **a wide variety of entertainment** : de nombreuses distractions • **nightlife** : la vie nocturne • **to enjoy leisure activities** : profiter des activités de loisir • **to attend cultural events** : participer à des activités culturelles • **easy access to a large array of cultural events** : l'accès facile à une imposante variété d'événements culturels
- **employment / job opportunities** : des occasions de trouver du travail • **a vibrant economy** : une économie dynamique • **transportation facilities** : des transports publics • **a large transport network** : un vaste réseau de transports • **reliable public transport** : des transports publics fiables • **to be within walking distance (of)** : être accessible à pied • **to attend good schools** : fréquenter de bonnes écoles / universités • **to have access to health care facilities** : avoir accès à des centres de soin

against

- **the lack of affordable housing** : le manque de logements abordables • **unaffordable housing** : des logements inabordables • **the cost of living** : le coût de la vie • **property prices** : le prix des logements • **a cramped flat / an overcrowded apartment** : un appartement exigu • **a tight property market** : un marché immobilier tendu • **a greedy property developer** : un promoteur cupide • **to face eviction** : être menacé d'expulsion • **to become dehumanized** : se déshumaniser
- **urban violence (ni)** : la violence urbaine • **a crime-ridden / drug infested district** : un quartier gangrené par la criminalité / envahi par la drogue • **gang warfare (ni)** : la guerre des gangs • **sensitive urban areas** : des zones urbaines sensibles • **a troubled suburb** : une banlieue chaude • **an unsafe place to live (in)** : un endroit peu sûr pour vivre • **a high crime rate** : un fort taux de criminalité • **drug trafficking** : le trafic de drogue • **to mug, to attack / a mugging, an attack** : agresser / une agression
- **to breathe polluted air** : respirer un air pollué • **noise pollution** : la pollution sonore • **to spend time commuting** : passer du temps dans les transports • **a (long / tiring) commute** : un (long / fatiguant) trajet • **the rural-urban fringe / the outskirts / the urban hinterland** : la périphérie • **to be rejected to the outskirts** : être rejeté à la périphérie
- **to reject consumerism** : rejeter le consumérisme • **the rat race** : la course à l'argent • **a hectic / stressful pace of life** : un rythme de vie frénétique / stressant • **to escape the hustle and bustle of city life** : échapper au tourbillon de la ville • **to long for / to yearn for simple living** : aspirer à une vie simple • **to answer the call of the wild** : répondre à l'appel de la nature

48 Living on campus

to live on campus	vivre sur le campus
to live off campus	vivre en dehors du campus
a university campus	un campus universitaire
a virtual campus	un campus numérique
a satellite campus	une antenne (d'une université)
a learning environment	une atmosphère studieuse
to go to class	aller en cours
to follow / to take / to attend classes	suivre des cours
the student office	les services de la scolarité
research facilities	un centre de recherches
a computer lab	une salle informatique
a language training institute	un centre d'apprentissage des langues
a lecture room / theatre / hall	un amphithéâtre
a university library	une bibliothèque universitaire
a residence hall	une résidence étudiante
a dining hall	un réfectoire
student accommodation	le logement étudiant
the housing office	le bureau du logement
to pay for a room	payer une chambre
a dormitory / a dorm	un dortoir (UK), une résidence universitaire (US)
a gym / a fitness center	un club de sport
a curfew	un couvre-feu
co-ed (a) / coeducational / mixed	mixte
single-sex	non mixte
a roommate / a roomie (US)	un cothurne
a fraternity / a sorority	un club d'étudiant(e)s
a student association	un club d'étudiants
the student body / community	les étudiants
the student board	le conseil étudiant
student culture	la culture estudiantine
student days	l'époque estudiantine
a classmate	un camarade de promotion
to get to know each other	apprendre à se connaître
heavy drinking	les soirées bien arrosées
student activism	le militantisme étudiant
(tuition) fees	les droits d'inscription
to charge tuition	faire payer les études
a lease	un bail
to rent / rented accommodation	louer / une location
a landlord	un propriétaire

for

- **to be involved in campus life :** être impliqué dans la vie du campus • **to be connected to the college social scene :** être au cœur de la vie de l'université • **to share academic and social life :** partager la vie étudiante et sociale • **to hang out with one's classmates :** traîner avec ses camarades • **to require compromise :** nécessiter un compromis
- **to be close to / within walking distance of / a short walk away from academic buildings / resources :** être à proximité des bâtiments de cours / des ressources • **to be accessible / convenient :** être accessible / pratique • **to avoid commuting :** éviter les déplacements • **a protected environment :** un environnement protégé
- **to save time and money (to go house-hunting / an affordable rent / the security deposit / first and last month's rent / utilities / furniture / furnishings / appliances / cleaning supplies / groceries / transportation) :** économiser du temps et de l'argent • **to perform better academically :** obtenir de meilleurs résultats scolaires • **to be exposed to a wider range of ideas / cultures :** être confronté à un plus grand nombre d'idées / de cultures • **to develop strong interpersonal skills :** se sociabiliser
- **to avoid going grocery shopping :** éviter d'aller faire les courses • **to be at the mercy of the landlord :** être à la merci du propriétaire • **to have to fix the toilet :** être obligé de réparer les toilettes

against

- **to live off campus :** ne pas vivre sur le campus • **to let / to sublet :** louer / sous-louer • **a flatmate / a roommate / a housemate :** un colocataire • **to share an apartment :** partager un appartement • **a flatshare :** une colocation • **house sharing :** la colocation • **to reduce / to share the cost of housing :** amortir / partager les frais de logement
- **to have more independence / freedom / space :** avoir davantage d'indépendance / de liberté / d'espace • **to play by one's own rules :** ne pas se laisser imposer de règles • **to make one's own rules :** édicter ses propres règles • **to have roommate problems :** avoir des problèmes de cothurne • **to choose / to put up with one's roommates :** choisir / supporter ses cothurnes • **to have overnight guests :** avoir des invités pour la nuit • **to cook one's own food :** se faire à manger • **to look out for each other :** prendre soin les uns des autres
- **to have real world experience :** avoir une expérience du monde réel • **to have some privacy / to lack privacy :** avoir / ne pas avoir d'intimité • **to be able to invite friends / a boyfriend / a girlfriend over :** pouvoir inviter des amis / un(e) petit(e) ami(e) • **to date :** fréquenter • **a date :** une fréquentation, un rencard • **to avoid being sexiled :** éviter de se retrouver à la porte quand votre cothurne reçoit son copain / sa copine • **to have its ups and downs :** avoir ses avantages et ses inconvénients

49 Living without Google

the digital age	l'ère du numérique
the cyber age	l'ère du tout numérique
the information highway / the infobahn	les autoroutes de l'information
to have Internet access	avoir accès à Internet
broadband Internet access	l'Internet haut débit
to download information	télécharger des informations
e-learning	l'apprentissage électronique
e-commerce	le commerce électronique
to shop online	faire ses courses en ligne
to sell / to buy over the Internet	vendre / acheter sur Internet
online transactions	les transactions en ligne
distance learning	l'apprentissage à distance
online education / web-based training	l'éducation en ligne
to be wired	être câblé
a (web) browser / a navigator	un navigateur
to browse / surf (on)	naviguer (sur)
an Internet user / a usenet / a Net user / a Net surfer / a web user / an Internaut	un internaute
a search engine	un moteur de recherche
a newsgroup / a bulletin board / a chatroom	un forum de discussion
P2P (peer-to-peer)	l'échange de poste à poste
music file swapping	l'échange de fichiers musicaux
file sharing	le partage de fichiers
video-conferencing	la visioconférence
to rely on Google (to)	compter sur Google (pour)
to offer films / video games	offrir des films / jeux vidéo
music downloads	des téléchargements musicaux
to be on line	être en ligne
to surf on the Net	surfer sur Internet
to click on a link	cliquer sur un lien
to browse / to search a website	naviguer sur un site web
to visit a website	se rendre sur un site web
to cut off all Internet access	couper tout accès à Internet
to tighten Internet controls	renforcer les contrôles sur Internet
to shut down a site	fermer un site
to pull out (from a market)	se retirer (d'un marché)
to shrink [shrank / shrunk] Internet space	rétrécir l'espace Internet
to have an iron hold on the search business	avoir la haute main sur l'industrie des moteurs de recherche

for

- **a health hazard** : un danger pour la santé • **to be dependent on** : dépendre de • **to rely (on)** : compter (sur) • **a net addict / a nethead** : un accroc / un mordu du Net • **cyberaddiction** : la cyberdépendance • **a cyberholic** : un mordu du monde virtuel • **an Internet-savvy citizen** : un citoyen versé dans l'usage d'Internet • **to wilf (what was I looking for?)** : passer son temps à chercher quelque chose • **to while away (one's time + ING)** : gaspiller (son temps à) • **an information hunt** : une chasse à l'information
- **a potential for abuse** : les abus éventuels • **a cyberthief** : un cyberpirate • **cybercrime** : les délits informatiques • **a cybersquatter** : un cybersquatteur, un accapareur de noms de domaine • **cyberstalking / cyberbullying** : le cyberharcèlement • **to root out pornography / piracy** : éradiquer la pornographie / le piratage
- **to pose a threat to political stability** : représenter une menace pour la stabilité politique • **to bypass / to distort a government's policies** : contourner / déformer les politiques d'un gouvernement • **to set up an alternative government** : instaurer un gouvernement parallèle • **to shape the issues** : influencer les problèmes

against

- **to resort to / to do without Google** : avoir recours à / se passer de Google • **to googlefast** : faire un jeune Google • **to outdo Google (on accuracy / speed)** : faire mieux que Google (pour la précision / rapidité) • **to make up ground (on)** : rattraper
- **to change the way sb looks at the world** : changer le regard sur le monde • **to be a window on the world** : être une fenêtre sur le monde • **the loss of Google's maps / translation service / sketching software / access to scholarly papers / search function** : la perte des cartes Google / du service de traduction / de logiciels de dessin / de l'accès aux articles savants / aux fonctions de recherche • **a job seeker** : un demandeur d'emploi • **to hire people** : embaucher des gens • **to post one's résumé / CV on the Net** : afficher son CV sur le Net • **a necessary resource to find a job** : une ressource indispensable pour trouver un emploi • **to google people** : chercher des infos sur des gens • **to render the information accessible / useful** : rendre l'information accessible / utile
- **to promote economic growth** : promouvoir la croissance économique • **to help workers collaborate** : aider les travailleurs à collaborer • **to hold online discussions** : organiser des discussions en ligne • **to exchange files** : échanger des fichiers • **a collaboration tool** : un outil collaboratif • **groupware** : la collectique / des collecticiels
- **Internet socializing** : la socialisation par Internet • **to socialize on the Internet** : faire des rencontres sur Internet • **to learn how to get along** : apprendre à s'entendre avec les autres • **to be woven into other people's lives** : être impliqué dans la vie d'autrui • **to stay in touch (with)** : rester en contact (avec) • **to be connected / wired (with)** : être connecté (à) • **to connect with sb half way across the world** : se connecter à qn qui habite à l'autre bout du monde
- **a digital library** : une bibliothèque numérique • **to scan books** : scanner des ouvrages • **digitized books** : des livres numérisés

50 Making money is the new religion

to make / to earn money	gagner de l'argent
to earn good money	bien gagner sa vie
affluence / abundance (ni)	la richesse
wealth / wealthy, well-off (a)	la richesse / riche, aisé
a millionaire / a billionaire	un milliardaire
an affluent society	une société riche
to worship Mammon	adorer le dieu de l'argent
the rat race	la course à l'argent
a consumer society	une société de consommation
a consumer / consumption	un consommateur / la consommation
conspicuous consumption	la consommation ostentatoire
overconsumption	la surconsommation
a throw-away society	une société du gaspillage
a materialistic society	une société matérialiste
a nation of big spenders	une nation de gros dépensiers
insatiable shoppers	des consommateurs insatiables
to keep up with the Joneses / the neighbors	faire concurrence aux voisins
acquisitiveness / acquisitive (a)	l'appât du gain / avide
an acquisitive society	une société âpre au gain
greed / greedy (a)	l'avidité / avide
to live beyond one's income	vivre au-delà de ses moyens
to strike it rich	faire fortune
to become a billionnaire overnight	devenir milliardaire du jour au lendemain
the super rich	les très riches
to be loaded / to be flush with money / to have tons of money / to be wallowing in it / rolling in it	être plein aux as
to make a pile / a bundle	se faire un tas d'or
to make loads of / pots of money	gagner beaucoup d'argent
to enjoy material comfort	jouir du confort matériel
to enjoy a lavish lifestyle	vivre sur un grand pied
to live a life of luxury / to live in the lap of luxury	vivre dans l'opulence
to splash out (on)	dépenser des sommes folles (pour acheter)
to have money to burn	avoir de l'argent à ne pas savoir qu'en faire
extravagance / extravagant (a)	la dépense / dépensier
a six-figure income	un gros revenu
unearned income	les revenus du capital

for

- **success is measured in terms of the money you earn :** le succès se mesure au revenu • **to accumulate wealth :** accumuler de la fortune • **to spend and consume in brazen disregard of traditional limits :** dépenser et consommer sans compter • **lavish spending (on) :** des dépenses somptuaires (pour acheter) • **to spend lavishly (on) :** dépenser sans compter (pour acheter)
- **to give money away to charity :** donner de l'argent aux œuvres caritatives • **a charity :** une œuvre caritative • **to make charitable contributions :** faire des contributions aux œuvres • **philanthropy :** la philanthropie • **a philanthropist :** un philanthrope • **to donate to alleviate poverty :** donner pour soulager la misère • **a donor :** un donateur • **fundraising :** la levée de fonds • **a fundraising drive :** une campagne de levée de fonds • **altruism (ni) :** l'altruisme • **altruistic (a) :** altruiste • **social entrepreneurship :** l'entrepreunariat social
- **microfinancing :** le microfinancement • **microcredit :** le microcrédit • **microlending :** le microprêt • **an emerging country :** un pays émergent • **a low-income client :** un client au revenu modeste • **to help people out of poverty :** aider les gens à sortir de la pauvreté

against

- **to flaunt one's money :** étaler son argent • **to blow money / one's salary (on) :** claquer de l'argent / son salaire (pour acheter) • **to waste / to squander money :** gaspiller de l'argent • **to throw one's money away :** dilapider son argent • **to throw one's money down the drain :** jeter son argent par les fenêtres • **a spendthrift :** un panier percé • **the quest for higher status :** la quête d'un statut social supérieur • **upward social mobility :** la mobilité sociale
- **recklessness / reckless :** l'imprudence / imprudent • **to be on the brink / on the verge of bankruptcy :** être au bord de la faillite • **to be close to bankruptcy :** être proche de la banqueroute • **to be driven / forced / thrown into bankruptcy :** être contraint à faire faillite • **to bring about a crisis :** provoquer une crise
- **to have no regard for the have-nots :** mépriser les indigents • **invisible America :** l'Amérique invisible • **the forgotten America :** l'Amérique des oubliés • **the working poor :** les travailleurs pauvres
- **to return to basics :** le retour aux valeurs fondamentales • **frugality :** la frugalité • **a more frugal lifestyle :** un style de vie plus frugal • **degrowth :** la décroissance • **the work ethic :** l'éthique du travail • **to live one's life simply :** vivre une vie simple • **sustainable living :** un style de vie durable • **to stop showing off one's wealth :** arrêter d'étaler ses richesses • **simple living / voluntary simplicity :** la simplicité volontaire / la sobriété heureuse • **anticonsumerism :** l'anti-consumérisme • **to change consumer behavior :** modifier les attitudes des consommateurs
- **affluenza (affluence + influenza) :** l'affluenza • **stress :** le stress • **to be stressed out :** être stressé • **to be overworked :** crouler sous le travail • **to work overtime :** faire des heures supplémentaires

51 Marriage is an outdated institution

to get married	se marier
to marry sb / to wed	épouser qn
to tie the knot	passer la corde au cou
a husband / a wife	un mari / une épouse
a spouse	un conjoint, une conjointe
a white wedding	un mariage en blanc
a wedding ceremony / nuptials	une cérémonie de mariage
a church service	un service religieux
a bride	une épouse
a bridegroom / a groom	un mari, un époux
a marriage contract	un contrat de mariage
to marry money / into a rich family	épouser un sac
to marry for love / for money	épouser par amour / par intérêt
to arrange a marriage	arranger un mariage
a dating agency	une agence matrimoniale
a forced marriage	un mariage forcé
a marriage of convenience / a sham marriage	un mariage de convenance
a paper marriage	un mariage blanc
a civil marriage	le mariage civil
a civil union	un PACS
to enter a civil union	signer un PACS
a love match	un mariage d'amour
free union	l'amour libre
a homosexual / a same-sex marriage	un mariage homosexuel
a common-law marriage / wife	le concubinage / une concubine
to court / courtship	faire la cour / la cour
to live together / cohabitation	vivre ensemble / la cohabitation
to propose to sb	proposer en mariage
to rush into marriage	se précipiter pour se marier
to be engaged (to) / engagement	être fiancé (à) / les fiançailles
to break off / to call off the engagement	rompre les fiançailles
a bachelor / a spinster, a single woman	un célibataire / une célibataire
to bach	vivre en célibataire
celibacy / to be single, unwed	le célibat / être célibataire
to get divorced / to get a divorce	divorcer
to divorce (sb) / to file for divorce	divorcer (de qn) / demander le divorce
grounds for divorce	des motifs de divorce
divorce proceedings	une procédure de divorce
to pay alimony	verser une pension alimentaire
a blended family	une famille recomposée
a single-headed family / a one-parent family	une famille monoparentale

for

- **to be opposed to marriage** : être opposé au mariage • **the transiency of relationships in a fast-paced society** : le caractère éphémère des relations dans une société au rythme frénétique • **to maintain the passion alive** : entretenir la flamme de la passion • **to become bored** : perdre tout intérêt • **to want out** : vouloir divorcer • **to have an extramarital affair** : avoir une liaison extra conjugale • **to cheat on one's wife** : tromper sa femme • **to philander / a philanderer** : courir après les femmes / un don Juan • **polygamy** : la polygamie • **polygamous** : polygame • **a polygamist** : un polygame
- **a child marriage / betrothal** : un mariage d'enfant • **a child bride** : une épouse enfant • **to avoid breaking the law** : éviter de violer la loi • **a marriageable age law** : une loi sur l'âge du mariage • **bride kidnapping** : l'enlèvement des épouses
- **the toll of divorce** : le prix du divorce • **to take a toll (on)** : mettre à l'épreuve • **to raise a kid alone** : élever un enfant seul • **to be born out of wedlock** : être un enfant naturel • **the financial consequences of divorce** : les conséquences financières du divorce • **to put one's assets at risk** : mettre ses biens en danger • **a prenuptial** : un accord prémarital • **a dowry** : une dot
- **a denial of freedom** : un refus de la liberté • **to lose one's sexual freedom** : perdre sa liberté sexuelle • **to be shackled (to)** : être enchaîné (à) • **to perpetuate the oppression (of)** : perpétuer l'oppression (de) • **to maintain subjugation of women** : maintenir les femmes sous le joug
- **cohabitation is a safer way** : la cohabitation est un moyen plus sûr • **to test compatibility** : tester la compatibilité • **to be unable to legally marrying** : être incapable de se marier légalement • **to avoid divorce** : éviter le divorce • **cohabitation is easier to establish and dissolve without the legal costs often associated with a divorce** : il est plus facile de décider de cohabiter ou de mettre fin à la cohabitation sans avoir à payer les frais souvent associés à un divorce

against

- **a lifelong commitment** : un engagement de toute une vie • **to vow mutual support** : promettre de s'entraider mutuellement • **to rear / to raise children** : élever des enfants • **to strengthen a couple's bond** : renforcer les liens dans un couple • **to establish / to foster stability** : établir / encourager la stabilité • **to make the partners more secure / more relaxed / happier** : rendre les partenaires plus sûrs / plus détendus / plus heureux • **a bedrock** : un socle • **to be essential to found a lasting family** : être essentiel pour fonder une famille durable • **children born out of wedlock suffer social stigma / legal disadvantages** : les enfants nés hors mariage sont stigmatisés par la société / sont désavantagés aux yeux de la loi
- **a religious rite** : un rite religieux • **a sacrament** : un sacrement • **a holy institution** : une institution sacrée • **a gift from God** : un don de Dieu • **to be instituted / ordained by God** : être institué / ordonné par Dieu • **a divine institution that can never be broken** : une institution divine inviolable • **to complement each other** : se compléter • **to grow old together** : vieillir ensemble

52 Money rules our lives

to earn / to make money	gagner de l'argent
to make a living	gagner sa vie
to make millions / big bucks	gagner des millions
to spend [spent] money (on)	dépenser de l'argent (à)
to be awash in cash	nager dans l'argent
a big spender	un gros dépensier
to lavish money (on)	dépenser sans compter (pour)
to cost [cost] money	coûter de l'argent
the pursuit of happiness	la quête du bonheur
a materialistic society	une société matérialiste
a consumer society	une société de consommation
material goods	les biens matériels
an acquisitive society	une société âpre au gain
a capitalistic society	une société capitaliste
a rat race	une course à l'argent
to keep up with the Joneses	faire concurrence aux voisins
to make profits	faire des bénéfices
the value of money	la valeur de l'argent
the purchasing power	le pouvoir d'achat
to be driven (by)	être mû (par)
to motivate people (to)	pousser les gens (à)
wealth / wealthy, well-off (a)	la richesse / riche
the wealthy	les riches
greedy / greedy (a)	la cupidité / cupide
money hungry (a)	qui a soif d'argent
a fancy car	une voiture de luxe
luxurious holidays	des vacances de luxe
to serve Mammon	servir le Dieu argent
a medium of exchange	un moyen d'échange
to trade (in)	échanger
a unity of account	une unité de compte
a bill / a coin	un billet / une pièce
to provide for one's family	subvenir aux besoins de sa famille
to exchange goods	échanger des marchandises
to meet man's basic needs	satisfaire les besoins élémentaires
to barter / barter	troquer / le troc
a gift economy / culture	une économie de don
a scrooge / a miser	un avare
to hoard money / hoarding	thésauriser / la thésaurisation
a utopia / utopian (a)	une utopie / utopique

for

- **money makes the world go round** : l'argent, c'est le nerf de la guerre • **to do without money** : se passer d'argent • **to pay one's bills** : payer ses factures • **a measurement of success** : une mesure du succès • **social status** : le statut social • **the symbol of the inherent value of every human being** : le symbole de la valeur de chaque être humain • **a monetary-based system** : un système fondé sur l'argent • **to require labor for income** : exiger du travail en échange d'un revenu
- **the globalization of financial markets** : la mondialisation des marchés financiers • **to make a quick buck** : gagner facilement de l'argent • **to become a millionaire overnight** : devenir milliardaire du jour au lendemain • **to hit the jackpot** : décrocher le gros lot • **to envy those who live in the lap of luxury** : envier ceux qui vivent dans l'opulence
- **to corrupt / to bribe** : corrompre • **corruption / bribery** : la corruption • **a corrupt government** : un gouvernement corrompu • **to lobby / a lobby** : faire du lobbying / un lobby • **to exercise political influence** : exercer une influence politique • **to wage a political campaign** : faire une campagne politique • **to achieve social acceptance** : parvenir à être accepté socialement

against

- **to eclipse / to dwarf all other human values** : éclipser toutes les autres valeurs humaines • **to control the world** : contrôler le monde • **to live in a world without money** : vivre dans un monde sans argent • **to live a simpler life** : mener une existence plus simple • **to go back to the stone age** : revenir à l'âge de pierre
- **a society obsessed with money** : une société obsédée par l'argent • **money alone cannot bring about happiness** : l'argent seul ne fait pas le bonheur • **money can't buy love** : l'argent ne fait pas le bonheur • **the root of all evils** : la source de tous les maux • **to represent the value of work** : représenter la valeur du travail
- **a value system** : un système de valeurs • **all forms of crime are a consequence of the monetary system** : toutes les formes de criminalité sont une conséquence du système monétaire • **to be lured into criminal behavior** : être entraîné dans le crime • **to be responsible for crime** : être responsable de la criminalité
- **to have access to the necessities of life** : avoir accès à ce qui est essentiel dans la vie • **to eradicate greed** : supprimer la cupidité • **greed is inherent to man** : la cupidité est le propre de l'homme • **a barter economy** : une économie du troc • **to barter** : troquer • **barter** : le troc

53 More women should sit on corporate boards

the board of directors	le conseil d'administration (CA)
an effective board member	un véritable membre du CA
a board seat	un siège au CA
a board room	une salle du conseil
a management board	un CA, un directoire
the chairman of the board	le président du conseil d'administration
a female director / a trustee	une administratrice
to be voted on to the board	être élue au CA
to appoint a female director	nommer une administratrice
to sit [sat] on a board	être membre du CA
to serve / to hold office	remplir des fonctions
a term	un mandat
to empower / to authorize sb (to)	donner pouvoir à qn (de)
to convene the shareholders	réunir les actionnaires
to chair / to preside over a meeting	présider un conseil
to draw [drew / drawn] up an agenda	établir un ordre du jour
a voting right / a right of vote	un droit de vote
to attend a meeting	assister à une réunion
to address a meeting	prendre la parole lors d'une réunion
to address an issue / matters / problems	aborder un point / des problèmes
to debate (sth)	débattre (de qch)
to discuss (sth)	discuter (de qch)
to look into a problem	analyser un problème
to look at / to consider an issue in depth	analyser un problème en profondeur
to write up the minutes	faire le procès verbal, le compte rendu
a secretary / a notetaker	un secrétaire de séance
a shareholder / a stockholder	un actionnaire
a majority / minority shareholder	un actionnaire majoritaire / minoritaire
to make a point / a proposal / a suggestion	faire une proposition, une suggestion
to raise an issue / an objection / a point	soulever une objection, un point
to give an opinion / one's view	exprimer une / son opinion
the chairman's report / the directors' report	le rapport annuel d'une société
a balance sheet	un bilan
profits for the year	les bénéfices de l'exercice
trading profit	le bénéfice d'exploitation
earnings per share	le bénéfice par action
to draw a dividend	toucher un dividende
to pay a dividend	verser un dividende
to hand over control (to)	passer les rênes (à)
to take over (from)	prendre la succession (de)
to step down / to resign (from) / to bow out / to stand down	démissionner (de)

for

- **a gender quota :** un quota pour les femmes • **to introduce / to impose quotas :** établir / imposer des quotas • **quotas for women on boards :** des quotas pour des femmes dans les CA • **to put women on boards :** installer des femmes dans les CA • **to hold 15% of board seats :** détenir 15 % des sièges dans les conseils d'administration • **to lag behind :** avoir du retard • **low female representation :** une faible représentation féminine • **the dearth of women on boards :** la pénurie de femmes dans les CA • **to be excluded from the system :** être exclue du système • **a controlling male elite at the top of business :** une élite masculine à la tête des entreprises • **to be prevented from reaching the boardroom :** se voir empêchée d'accéder au CA • **the glass ceiling :** le plafond de verre • **to increase the number of women on boards :** augmenter le nombre de femmes dans les CA • **to ensure that more women gain the right experience further down the corporate hierarchy :** s'assurer que davantage de femmes acquièrent l'expérience adéquate au bas de la hiérarchie de l'entreprise
- **to bring complementary skills :** apporter des talents complémentaires • **to improve corporate performance / governance :** améliorer l'efficacité / la gouvernance des entreprises • **boardroom experience :** l'expérience des CA • **to be creative / innovative :** être créatif / novateur • **to be less inclined to groupthink :** être moins enclin à penser comme tout le monde • **to be more independent (from) :** être plus indépendante (que / de) • **to be less hung-up on status :** être moins obsédée par le statut • **to be better (at managing cashflow) :** être meilleure dans la gestion du cashflow • **to coincide with superior corporate performance :** coïncider avec une meilleure efficacité dans l'entreprise • **to help companies succeed :** contribuer au succès de l'entreprise
- **to promote diversity :** encourager la diversité • **a diverse board :** un CA de la diversité • **to be part of the corporate culture :** faire partie de la culture entrepreneuriale • **more women are getting an education than ever :** jamais autant de femmes n'ont étudié qu'aujourd'hui • **to earn a diploma :** décrocher un diplôme

against

- **lack of hands-on experience :** le manque d'expérience pratique • **to go into functional roles such as accounting / marketing / human resources :** se cantonner dans des rôles de fonction tels que la comptabilité / le marketing / les ressources humaines • **to lack savvy business advice :** manquer de conseils avisés dans les affaires • **to take a less excessive approach to risk :** être moins audacieuse dans la prise de risque • **to be risk-averse :** être l'ennemie du risque
- **to pursue other interests such as child raising / cooking / baking cookies :** poursuivre d'autres intérêts, tels que l'éducation des enfants / la cuisine / la pâtisserie • **to sacrifice one's natural role (as a mother / a wife) / one's personal life :** sacrifier son rôle traditionnel (en tant que mère / épouse) / sa vie personnelle • **to give oneself body and soul to the corporate world at the expense of one's personal life :** se consacrer corps et âme à l'entreprise au détriment de sa vie personnelle

54 Museum entry should be free

a fine arts museum	un musée des beaux-arts
a science / history museum	un musée des sciences / d'histoire
a natural history museum	un musée d'histoire naturelle
an archeology museum	un musée archéologique
a botanic / botanical garden	un jardin botannique
an art gallery	une galerie d'art
a cultural policy	une politique culturelle
cultural resources	des ressources culturelles
a work of art / an artwork	une œuvre d'art
a painting / a painter	un tableau / un peintre
a watercolor (artist)	une aquarelle (un aquarelliste)
sculpture / a sculpture / a sculptor	la sculpture / une sculpture / un sculpteur
a picture / a photograph / a photographer	une photo / un photographe
to house a collection	abriter une collection
to bequeath / a bequest	léguer / un legs
to donate a collection	faire don d'une collection
a donation	une donation
to build up a collection	monter une collection
to subsidize a museum / a subsidy	subventionner un musée / une subvention
a museum's admission policy	une politique d'admission dans les musées
free admission / free entry	entrée libre
an entrance fee	un droit d'entrée
to charge admission / an admission fee	faire payer l'entrée / un droit d'entrée
free access to museums	l'accès libre aux musées
to benefit (from)	profiter (de)
a curator	un conservateur de musée
patronage / a patron (of the arts)	le mécénat / un mécène
an art lover	un amateur d'art
an (art) exhibition / a show	une exposition (artistique)
an interactive exhibit	une exposition interactive
to put up for sale	mettre en vente
an auction room / a salesroom	une salle des ventes
to auctioneer / to put up for auction	mettre aux enchères
to auction off	vendre aux enchères
to bid (for)	faire une enchère (de)
a masterpiece	une toile de maître, un chef-d'œuvre
to visit a museum	visiter un musée
a museum goer	un amateur de musées
a guided tour	une visite guidée
attendance figures	les chiffres de fréquentation

for

- **to perform a useful role** : remplir un rôle utile • **to boost attendance figures** : relancer la fréquentation • **to break down the barriers of access (to)** : supprimer les barrières qui empêchent l'accès (à) • **to be equally available to all** : être accessible à tous sans discrimination • **to attract a democratic audience** : attirer un public populaire • **to be accessible to the widest range of visitors from all income levels / backgrounds** : être accessible au plus grand nombre quel que soit le revenu / l'origine
- **to preserve and display / show our artistic, social, scientific and political heritage (to)** : préserver et exposer notre héritage artistique, social, scientifique, politique (à) • **to fulfill an educational mission** : remplir une mission éducative • **to inspire children / visitors** : inspirer les enfants / les visiteurs • **to provide / to offer a cultural / an educational opportunity** : offrir une occasion de s'instruire / de se cultiver • **to promote feelings of national unity and identity** : promouvoir des sentiments d'unité et d'identité nationales • **to promote greater understanding / acceptance of foreign cultures** : promouvoir une plus grande compréhension / acceptation des cultures étrangères
- **(not) to be founded out of a profit incentive** : ne pas être fondé sur le goût du lucre • **a repository of knowledge** : un trésor de la connaissance • **to be meant for life-long education** : être destiné à l'éducation permanente • **to help us discover / explore important aspects of our humanness** : nous aider à découvrir / explorer des aspects essentiels de notre humanité • **public libraries do not charge entrance fees** : les bibliothèques publiques sont gratuites • **to put us in touch with the world and its history** : nous mettre en contact avec le monde et son histoire • **to shape man's idea of what he can become** : façonner la destinée humaine • **to give man an understanding of difference** : donner à l'homme la capacité à comprendre la différence • **to teach tolerance** : enseigner la tolérance

against

- **to limit free access (to)** : limiter l'entrée gratuite (à) • **senior citizens** : les plus de 60 ans • **to be granted free admission** : se voir accorder l'entrée gratuite • **a pay-what-you-wish admission / policy** : une politique tarifaire / un tarif d'entrée à discrétion • **to be supported by taxpayer dollars** : être financé par les fonds publics • **to earn an average of 5% of a museum's revenue from admissions** : en moyenne, 5 % des recettes d'un musée proviennent des entrées • **admission revenues** : les recettes provenant des entrées • **to make up for the loss of income** : compenser le manque de recettes • **a corporate donation** : un don d'entreprise
- **to fund new facilities / renovation** : financer de nouvelles infrastructures / la rénovation • **to set up exhibitions** : monter des expositions • **to make ends meet** : joindre les deux bouts • **to enlage the present collections** : agrandir les collections actuelles • **to buy art** : acheter des œuvres d'art • **one should pay for one's pleasure** : on devrait payer pour s'amuser • **to pay for the cinema / football games / rock concerts** : payer pour voir un film / assister à des matches de football / aller à des concerts de rock

55 Newspapers are doomed to disappear

the demise / the downfall of newspapers	la fin / le déclin des journaux
to fold / to go out of business / to fade / to go the way of the horse	disparaître
to be ailing / to be on the wane	être en mauvaise santé / en déclin
to hasten the decline (of)	précipiter le déclin (de)
to close down a paper	fermer un journal
circulation / the press run	la diffusion, le tirage
the fall in circulation	la baisse du lectorat / des ventes
to shun papers	se désintéresser des journaux
the readership / reading figures	le lectorat / les lecteurs
print readers / online readers	les lecteurs de journaux / en ligne
to subscribe (to) / a subscriber (to)	s'abonner (à) / un abonné (à)
the fourth estate	le quatrième pouvoir
the written / daily press	la presse écrite / quotidienne
mainstream media	les grands médias
to read / to flick through a newspaper	lire / parcourir un journal
a newspaper article	un article de journal
electronic media	les médias électroniques
to download a paper	télécharger un journal
to read one's paper online	lire son journal en ligne
a media conglomerate / empire	un empire médiatique
the quality press / a quality paper	les journaux sérieux / un journal sérieux
the gutter / yellow press	la presse à sensation
the tabloid press / the tabloids (UK)	la presse populaire
the popular press	la presse à grand tirage
the "Sundays"	les journaux du dimanche
investigative journalism	le journalisme d'investigation
citizen / grass roots journalism / participatory journalism	le journalisme citoyen
a national	un grand quotidien
a local paper	un quotidien régional
a tabloid / tabloid (a)	un tabloïd / un journal populaire
a broadsheet	un format de journal de qualité
a news magazine	un magazine de presse
a freesheet / a giveaway paper	un (journal) gratuit
a pulp magazine	un magazine à sensation
a member of the press / a journalist / a newsman / a newspaperman [pl. men]	un journaliste
a newspaper / print (US) journalist	un journaliste de la presse écrite
newspaper coverage	la couverture journalistique

for

- **the decline of advertising (revenue)** : le déclin de la publicité (des recettes de la publicité) • **to be in line with the loss of readers** : aller de pair avec la perte de lecteurs • **to attract fewer readers** : attirer moins de lecteurs
- **the rise of new media / blogs** : la montée des nouveaux médias / blogs • **the change in the media landscape** : le changement dans le paysage médiatique • **Internet content is more participatory / remains available / is less polluting** : le contenu sur Internet est plus démocratique / reste disponible / est moins polluant • **to get updates on one's mobile phone** : avoir les dernières nouvelles sur son mobile
- **to turn to / to look to the Internet for news** : se tourner vers Internet pour avoir des nouvelles • **to lose [lost] readers to the Internet** : perdre des lecteurs au profit d'Internet • **to cull through the news** : trier dans les nouvelles • **to steal readers (from)** : voler des lecteurs (à) • **to charge for online content** : faire payer les contenus en ligne • **to erode profit margins** : rogner sur les marges bénéficiaires • **to bode ill for the future (of)** : mal augurer de l'avenir (de)

against

- **man has always been thirsty for news** : l'homme a toujours été avide de nouvelles • **to be anxious / eager to hear the latest news** : être impatient d'avoir les dernières nouvelles • **to remain popular** : demeurer populaire • **a digital edition** : une édition numérique • **to ride out the challenge from the Internet** : surmonter le défi d'Internet
- **to migrate to the Web** : migrer vers Internet • **radio / television / city-to-suburb migration did not herald the end of the printing press** : la radio / la télévision / la migration vers les banlieues ne sonnèrent pas la mort de la presse écrite • **the distribution difficulties caused by urban sprawl** : les difficultés causées par la périurbanisation
- **to charge for access to online content** : faire payer l'accès aux contenus en ligne • **to subsidize newspapers** : subventionner les journaux
- **to expose scandals** : révéler les scandales • **to cover an event** : couvrir un événement • **to publish a story** : publier un article • **to need journalists** : avoir besoin des journalistes • **to deliver the news** : annoncer les nouvelles • **to make an attempt to reconnect with the readers who feel alienated from newspapers** : tenter de rétablir le contact avec les lecteurs qui se sentent aliénés • **to make coverage more local** : mieux couvrir les événements locaux • **to hook kids when they are young** : accrocher les enfants quand ils sont jeunes • **to let readers "sound off" about issues on special pages of the paper** : permettre aux lecteurs de s'exprimer sur les problèmes dans des pages spéciales • **to connect with / to hire minorities** : établir le contact avec / embaucher des personnes issues des minorités • **to spice up / to jazzy up the design** : rendre le format plus alléchant • **the packaging and selling of information** : la façon dont l'information est conditionnée et vendue • **to chase potential readers / advertisers into the deep suburbs** : aller au fin fond des banlieues pour trouver des lecteurs / publicitaires potentiels • **the disappearance of chain stores / the loss of advertisers** : la disparition de supérettes / la perte de publicitaires

56 No one should be forced to live to a hundred

to get / grow [grew / grown] old / to age	vieillir
old age	la vieillesse
ageing / aging (US)	le vieillissement
advanced in years	âgé
well on in years	d'un âge avancé
a ripe old age	un âge très avancé
the old people / the elderly	les personnes âgées
an old man / woman	un homme âgé / une femme âgée
the senior citizens / the seniors / the grey	le troisième âge
the old folk / the oldies	les vieux
a geezer / a gaffer / a crock / a gomer	un vieux, un vioque
elderly (a)	d'un certain âge
an octogenarian	un octogénaire
a centenarian	un centenaire
life expectancy	l'espérance de vie
the life span	la durée de vie
to live longer / longevity	vivre plus longtemps / la longévité
the retiring age	l'âge de la retraite
to retire / retirement	prendre sa retraite / la retraite
an old age pensioner	un retraité / une retraitée
wrinkled / wrinkly / lined	ridé
to go grey / to turn white	grisonner / blanchir
hoary	blanchi
the diseases of aging	les maladies liées à la vieillesse
frailty (ni) / frail (a)	la fragilité / frêle
vulnerable	vulnérable
to shrivel / to wither	se ratatiner / se faner, dépérir
to fail / to flag / to weaken	s'affaiblir
to be on the wane	être sur le déclin
senility / senile (a)	la sénilité / sénile
to be bed-ridden	être grabataire
a wheelchair / a zimmer, a walker	un fauteuil roulant, un déambulateur
to be disabled / crippled	être invalide / impotent
disability [pl. disabilities]	l'invalidité / l'impotence
to be dependent (on)	être dépendant (de)
geriatrics / geriatric care, elder care	la gériatrie / les soins aux vieillards
to live in a nursing home	vivre en maison de retraite
an assisted living facility (ALF) (US)	une résidence du troisième âge / pour personnes âgées
to push back the limits of old age	repousser les frontières de la vieillesse

for

- **to ramble** : radoter • **to drool** : baver / radoter • **to go gaga** : devenir sénile • **to dote / dotage** : être gâteux / le gâtisme • **to be in one's dotage** : être gâteux • **doddering / doting / doddery** : gâteux, sénile • **to lapse into second childhood** : retomber en enfance • **wizened** : ratatiné, desséché • **incontinence** : l'incontinence • **impaired intellect / memory / vision** : les troubles de la pensée / de la mémoire / de la vision • **osteoporosis** : l'ostéoporose • **crankiness / cranky** : le caractère revêche / grincheux, revêche, acariâtre • **a hearing aid** : une audioprothèse • **a denture / a dental plate** : un dentier • **loss of mobility and independence** : la perte de mobilité et d'indépendance • **to lose muscle mass** : perdre de la masse musculaire • **to change diapers** : changer les couches • **to be fed** : être alimenté
- **to be a burden (to one's children / society)** : être un poids (pour ses enfants / la société) • **to require 24-hour nursing** : nécessiter des soins permanents • **to burden the pension system (with)** : obérer le système des retraites (par) • **to bear a burden** : supporter un fardeau • **to draw [drew / drawn] a pension** : toucher une pension • **to live on a pension** : vivre d'une retraite • **to eke out a pension** : toucher une maigre retraite • **to bankrupt a system** : mettre un système en faillite

against

- **to live a healthy life at 100** : vivre une vieillesse saine à 100 ans • **to keep fit** : garder la forme • **to stay active** : rester actif • **to be full of go** : être plein d'énergie • **to stay mentally engaged** : rester actif intellectuellement • **to cultivate new interests** : poursuivre de nouveaux intérêts • **a university for the third age** : une université du troisième âge
- **the progress of science** : les progrès de la science • **medical advances** : les progrès de la médecine • **to prolong life** : prolonger la vie • **to conquer diseases** : conquérir des maladies • **to combat illness** : lutter contre la maladie
- **a quest for youth** : une quête de la jeunesse • **to look young** : avoir l'air jeune • **to remain youthful** : rester jeune • **everlasting youth** : la jeunesse éternelle • **the fountain of eternal youth** : la fontaine de jouvence • **plastic surgery** : la chirurgie plastique • **a plastic surgeon** : un chirurgien plasticien • **an anti-ageing operation** : une opération pour rester jeune • **a face lift** : un lifting • **a brow lift** : un lifting des paupières • **a hair transplant** : des implants capillaires • **anti-greying dye** : de la teinture contre le grisonnement des cheveux • **anti-ageing medicine** : les traitements contre le vieillissement • **to forestall the aging process** : prévenir le processus de vieillissement • **age-management medicines** : des médicaments pour empêcher de vieillir • **to prolong life** : prolonger la vie
- **to live an independent life** : mener une vie indépendante • **in-home monitoring** : la surveillance à domicile • **independent living technologies** : les technologies permettant une vie autonome • **improvement in alarm technology** : l'amélioration des technologies d'alerte • **to hire a live-in helper** : engager une aide à domicile • **to live in a gated community** : vivre dans un quartier protégé

57 No smoking—anywhere, anytime

to smoke / to take up smoking	fumer / se mettre à fumer
public health (ni)	la santé publique
second-hand smoking / smoke / environmental tobacco smoking	le tabagisme passif
a cigarette maker / a tobacco company / a tobacco manufacturer	un fabricant de tabac
a tobacconist	un buraliste
tobacco duties	les taxes sur le tabac
a vending machine	un distributeur automatique
anti-smoking legislation	les lois anti-tabac
smoke-free legislation / antismoking laws	les lois anti-tabagisme
an antismoking ordinance	un arrêté anti-fumeurs
tobacco regulation	la réglementation sur le tabac
a smoking ordinance	un arrêté sur la cigarette
to pass / to enact an ordinance	faire voter / faire appliquer un arrêté
a smoking ban / a ban on smoking	une interdiction de fumer
a workplace smoking ban	une interdiction de fumer sur le lieu de travail
a smoking area / section	une zone / un coin fumeur
to ban / to prohibit smoking at outdoor parks / playgrounds / beaches	interdire de fumer dans les parcs / les aires de jeu / sur les plages
to restrict smoking	restreindre l'usage de la cigarette
a no-smoking area	une zone non fumeur
no smoking / to protect health	défense de fumer / protéger la santé
to prohibit / to ban smoking	interdire de fumer
a smoke-free policy	une politique anti-tabac
to enact a smoke-free policy	mettre en œuvre une politique anti-tabac
to adopt a policy	adopter une politique
to enforce a ban	faire respecter une interdiction
to regulate smoking	réglementer l'usage du tabac
to press for higher taxes (on)	exiger des taxes plus élevées (sur)
a pack of cigarettes	un paquet de cigarettes
to have a smoke / a fag / to puff a fag / to light [lit] up	en griller une
a heavy smoker	un gros fumeur
a compulsive / chain smoker	un fumeur invétéré
to chain smoke	fumer comme un sapeur
a nonsmoker / non smoker (a)	un non-fumeur / non fumeur
an addiction (to)	une addiction (à)
nicotine	la nicotine

for

- **to have serious health consequences :** avoir de graves conséquences pour la santé • **to be harmful (to) :** être nuisible (pour) • **to discourage / to deter smoking :** décourager / dissuader de fumer • **to succumb to heart disease / lung cancer :** succomber à la maladie cardio-vasculaire / au cancer du poumon • **the economic costs of tobacco-related disease / illness :** les coûts économiques des maladies liées au tabac • **cancer-causing / carcinogenic (a) :** cancérigène • **to develop a cancer :** faire un cancer • **countless valuable lives are lost :** d'innombrables vies précieuses sont perdues
- **to ban cigarette / tobacco advertising :** interdire la publicité pour la cigarette / le tabac • **to wage / to conduct an aggressive anti-smoking campaign :** mener une campagne anti-tabagisme agressive • **to inform people (of) :** informer les gens (de) • **the dire consequences of smoking :** les terribles conséquences du tabac
- **addictiveness (ni) :** l'accoutumance • **tobacco-addiction / dependence :** la tabacomanie • **addictive properties of nicotine :** les propriétés addictives de la nicotine • **a craving (for) :** une forte envie (de)
- **a burden on public health expenditures :** un poids dans les dépenses de santé • **the excessive cost of treating cancer patients :** le coût excessif des traitements pour les malades du cancer • **the overall cost for society :** le coût global pour la société

against

- **freedom of the people to choose (whether to smoke or not) :** la liberté des gens de choisir (de fumer ou pas) • **to be free to make one's own decision :** être libre de décider pour soi • **banning is undemocratic :** interdire n'est pas démocratique • **a form of discrimination :** une forme de discrimination • **to be unfairly discriminated against :** être l'objet d'une discrimination injuste
- **a source of revenue :** une source de recette • **to tax tobacco :** taxer le tabac • **to encourage people to buy abroad :** encourager les gens à se fournir à l'étranger • **to dodge / to skirt a ban :** contourner une interdiction
- **to smuggle cigarettes (in a country) :** faire entrer des cigarettes en contrebande (dans un pays) • **smuggling :** la contrebande • **cigarette trafficking :** le trafic de cigarettes • **organized crime :** le crime organisé • **the Prohibition era :** la période de la Prohibition
- **the benefits of smoking :** les bienfaits de la cigarette / du tabac • **to relieve stress :** soulager le stress • **to provide instant relief :** offrir un soulagement immédiat • **to help (sb) relax :** aider (qn) à se détendre • **to feel secure and in control :** se sentir sûr et maître de soi • **to make social contacts easier :** faciliter les contacts en société • **to be enjoyable :** être agréable
- **economic benefits :** des avantages économiques • **tobacco growers :** des planteurs de tabac • **the tobacco industry :** l'industrie du tabac • **the retail business :** le commerce de détail • **to invest in research :** investir dans la recherche

58 Nuclear energy is the future

nuclear physics	la physique nucléaire
a nuclear physicist / a nuclear scientist	un physicien nucléaire / un atomiste
the nuclear industry / age	l'industrie / l'ère du nucléaire
nuclear fusion / fission, splitting	la fusion nucléaire / la fission nucléaire
enriched / depleted uranium	l'uranium enrichi / appauvri
plutonium / caesium	le plutonium / le césium
a peaceful / military application	une application pacifique / militaire
to emit virtually no CO_2	émettre pratiquement aucun CO_2
to enrich / enrichment	enrichir / l'enrichissement
to convert / conversion	convertir / la conversion
nuclear facilities	des installations nucléaires
a nuclear power plant / a "nuke"	une centrale nucléaire
a nuclear reactor / a breeder	un réacteur nucléaire / un générateur
a (fast) breeder reactor	un réacteur surrégénérateur
a pressurized water reactor (PWR)	un réacteur à eau pressurisée
a boiling water reactor (BWR)	un réacteur à eau bouillante
the core of a reactor	le cœur d'un réacteur
a fuel rod	un crayon combustible
a thermal shield	un bouclier thermique
a containment (building)	une enceinte de confinement
a cooling tower	une tour de refroidissement
a steel / concrete shell	une gangue d'acier / de béton
spent fuel	le combustible irradié
nuclear / radioactive waste	les déchets nucléaires / radioactifs
fuel reprocessing	le retraitement des combustibles
a nuclear hazard	un risque nucléaire
a breakdown / a failure	une panne
to malfunction / faulty (a)	mal fonctionner / défectueux
a meltdown	une fusion du cœur du réacteur
to release a radioactive cloud	libérer un nuage radioactif
nuclear fallout (ni)	les retombées radioactives
radioactivity / radioactive (a)	la radioactivité / radioactif
contamination / decontamination	la contamination / décontamination
to proliferate / proliferation	proliférer / la prolifération
a processing plant	une usine de traitement
to recycle / recycling (ni)	recycler / le recyclage
to store / storage (ni)	stocker / le stockage
to decommission a plant	démanteler / déclasser une centrale
a permanent repository	une zone de stockage permanente
an antinuclear movement	un mouvement antinucléaire
an antinuclear activist / campaigner	un militant antinucléaire

for

- **a fail-safe technology** : une technologie éprouvée / sans danger • **a safety standard / record / safeguards** : une norme / une tradition / des garanties de sécurité • **to meet energy needs** : répondre aux besoins énergétiques • **to provide a steady stream of energy** : fournir un approvisionnement constant en énergie • **(not) to depend on hydrocarbon supplies from unstable regimes** : (ne pas) dépendre de la fourniture d'hydrocarbures en provenance de régimes instables
- **environmental benefits** : les avantages pour l'environnement • **to be pollution-free** : être sans danger pour l'environnement • **to be cheaper than fossil fuel** : être moins cher que les carburants fossiles • **to be easy to transport** : être facile à transporter • **to produce hardly any pollution** : être à peine polluant • **to release less radiation into the atmosphere than coal-burning power plants** : émettre moins de radiations dans l'atmosphère que les usines au charbon • **the risks of a meltdown / of a radiation leak are extremely small** : les risques de fusion / de fuite radioactive sont très faibles

against

- **a nuclear hazard** : un accident nucléaire • **harmful** : nuisible • **the Chernobyl accident** : l'accident de Tchernobyl • **a nuclear excursion / a criticality accident** : un accident de criticité • **a stricken / crippled power station** : une centrale endommagée • **to shut down a reactor** : fermer un réacteur
- **to release radioactivity** : libérer de la radioactivité • **to evacuate an area** : évacuer une zone • **a radioactive / an exclusion zone** : une zone radioactive / d'exclusion • **to emit / to give off radiation** : émettre des radiations • **the emission of radioactive particles** : l'émission de particules radioactives • **radiation exposure** : l'irradiation • **a dose of radiation** : une dose de radiation • **radiation sickness / poisoning** : la maladie des rayons • **to be exposed to a dose (of)** : être soumis à une dose (de) • **prolonged exposure** : l'exposition prolongée
- **a deadly legacy for our children** : un héritage mortel pour nos enfants • **to dispose of fuel / fuel disposal** : traiter le combustible / le traitement du combustible • **underground storage** : le stockage souterrain • **to contaminate the water table / to leak into an aquifer** : contaminer la nappe phréatique • **to develop cancer / leukaemia** : être victime d'un cancer / d'une leucémie • **the food chain** : la chaîne alimentaire
- **irradiated fuel** : du combustible irradié • **to fall into the hands of terrorists** : tomber entre les mains de terroristes • **to smuggle nuclear fuel out of a country** : faire sortir du combustible nucléaire illégalement d'un pays • **to build a nuclear weapon** : construire une arme nucléaire • **a dirty bomb** : une bombe sale • **nuclear weapons proliferation** : la prolifération des armes nucléaires • **trafficking in nuclear / radioactive materials** : le trafic de matériaux nucléaires / radioactifs • **a rogue country** : un État voyou
- **to be costly** : être coûteux • **to be subsidized** : être subventionné • **the hidden costs of waste disposal / decommissioning plants** : les coûts cachés du traitement des déchets / de l'arrêt des usines • **uranium is a finite resource** : l'uranium est une ressource limitée

59 Offshore drilling

hydrocarbons / oil	les hydrocarbures / le pétrole
petroleum (UK) / crude oil (US)	le pétrole brut
petrol / gas / gasoline (US)	l'essence
a by-product	un produit dérivé
the (offshore) petroleum / oil industry	l'industrie pétrolière (en mer)
onshore / land-based drilling	le forage sur terre
an oil company	une compagnie pétrolière
Big Oil	les grandes compagnies pétrolières
the OPEC	l'OPEP
a car-oriented society	une société de l'automobile
a tank of gas	un plein de carburant
a gas guzzler	une voiture gourmande en carburant
a petrol tax	une taxe sur les carburants
an oil-producing country	un pays producteur de pétrole
the Middle East oil fields	les champs pétrolifères du Moyen-Orient
proven reserves	les réserves confirmées / assurées
to strike [struck] oil	découvrir du pétrole
to explore / to drill for oil	chercher du pétrole
coastal exploration	l'exploration côtière
an exploration well	un puits d'exploration
an oil deposit / field	un gisement / pétrolifère
an oil well	un puits de pétrole
an oil rig / an offshore platform / an oil platform	une plate-forme de forage en mer
to erect a platform	construire une plateforme
a layer of oil	une nappe de pétrole
to drill, to bore / to pump / to extract	forer / pomper / extraire
a drilling permit / proposal	un permis / une proposition de forage
a drilling rig / a derrick	une tour de forage / un derrick
offshore drilling	le forage en mer
deep-sea oil drilling	le forage en haute mer
oil recovery / harvesting / extraction	l'extraction de pétrole
an oil terminal / an oil pipeline	un terminal pétrolier / un oléoduc
to assess threats (to)	mesurer les dangers (pour)
an endangered species	une espèce menacée
to harm the wildlife	nuire à la faune et à la flore
a marine mammal	un mammifère marin
an oil spill / slick	une marée noire
to evade environmental laws	échapper aux lois environnementales
a drilling ban	une interdiction de forage

for

- **oil consumption** : la consommation de carburant • **oil price increases** : les augmentations du prix du barril • **to increase domestic oil production** : accroître la production domestique • **gas (US) / petrol (UK)** : l'essence • **to fill up / to gas up** : faire le plein
- **energy independence** : l'indépendance énergétique • **domestic production** : la production domestique • **to make a country less dependent on imported oil** : réduire la dépendance des importations de pétrole • **to achieve energy self-sufficiency** : parvenir à l'autonomie énergétique • **to tap domestic oil reserves** : exploiter les réserves domestiques • **untapped reserves** : les réserves non exploitées • **to be less vulnerable to sanctions by oil-producing countries hostile (to)** : être moins vulnérable aux sanctions de pays producteurs de pétrole hostiles (envers) • **to lessen the trade deficit (with)** : réduire le déficit commercial (avec) • **supply disruptions** : les interruptions d'approvisionnement • **to thwart off an oil crisis** : éviter une crise du pétrole
- **improvements in drilling technology** : les améliorations dans les technologies de forage • **government oversight** : le contrôle par les pouvoirs publics • **to make routine drilling safe** : rendre sûrs les forages de routine • **to conquer the technical challenges posed by deepwater drilling** : vaincre les défis techniques que représente le forage en haute mer • **a safety reputation** : une réputation de sécurité
- **offshore employment opportunities** : les perspectives d'emplois sur les plate-formes • **an oilfield worker** : un ouvrier pétrolier • **an oil rigger** : un ouvrier sur plateforme pétrolière • **to require little formal education** : nécessiter peu de diplômes • **to provide adventure / a change of scenery** : offrir l'aventure / le dépaysement

against

- **to grant / to seek / to obtain, to receive a drilling permit** : accorder / demander / obtenir un permis de forage • **to be in compliance with federal law** : respecter les lois fédérales • **lax oversight** : une surveillance lâche
- **to explode** : exploser • **a gas / oil leak** : une fuite de gaz / de pétrole • **to capsize** : chavirer • **a terrorist target** : un objectif terroriste • **to involve environmental risks** : entraîner des risques pour l'environnement • **to be subject to oil spills due to hurricanes** : être sujet aux marées noires à cause des ouragans • **to protect sensitive ecosystems** : protéger les écosystèmes sensibles • **a marine sanctuary** : un sanctuaire marin • **to spawn** : se reproduire • **to have an adverse effect on endangered species** : avoir un impact négatif sur les espèces menacées • **offshore drilling activities destroy kelp beds / reefs / coastal wetlands** : les activités de forage en mer détruisent les lits d'algues marines / les récifs / les zones côtières humides • **to dump toxic metals / potent carcinogen** : déposer des métaux toxiques / des carcinogènes puissants • **a clean sea approach** : une approche 'mer propre' • **to contain a deepwater spill** : maîtriser une marée noire en eaux profondes
- **to develop alternative energy sources** : développer de nouvelles sources d'énergie • **renewable energy sources** : des sources d'énergie renouvelables • **to mitigate the effects of oil peak** : atténuer l'impact du pic de pétrole

60 Parents are the best teachers

education / upbriging	l'éducation
to get / to receive an education	recevoir une éducation
to give / to provide (sb with) an education	donner une éducation (à qn)
to acquire through education	recevoir par le biais de l'éducation
to bring [brought] up / to raise / to rear children	élever (des enfants)
to parent / parenhood	élever / la parentalité
parenting	l'éducation familiale
to grow [grew / grown]	grandir
growing pains	les troubles liés à la croissance
a family environment	une atmosphère familiale
to set an example	montrer l'exemple
to teach [taught] by example	enseigner par l'exemple
to have influence (on)	influencer
to be influential (in / on)	avoir de l'influence (dans / sur)
to play a major role (in)	jouer un rôle majeur (dans)
to teach sb how to (do)	apprendre à qn à (faire)
to learn (from)	apprendre (de)
to stand (by sb)	être aux côtés (de qn)
parental guidance	l'exemple parental
maturity / mature (a)	la maturité / mûr
immaturity / immature (a)	l'immaturité / immature
to spoil [spoilt] / to indulge	gâter / céder à, gâter
to overindulge	satisfaire à tous les caprices
to punish / to ground	punir / priver de sortie
to deprive (of)	priver (de)
to be harsh / lenient	être sévère / indulgent
to tell [told] off / to scold / to give (sb) a dressing down	gronder (qn)
to obey sb / to disobey sb	obéir à / désobéir à qn
well bred / well-mannered	bien élevé
ill-bred / ill-mannered	mal élevé
a role model / to look up to	un modèle / respecter
a figure of authority	une figure d'autorité
to look for an authority figure	rechercher un symbole de l'autorité
to instill values (in)	transmettre des valeurs (à)
to set great store (by)	faire grand cas (de)
to provide directions (to)	donner des directions (à)
to confide (in)	se confier (à)
a cocoon	un cocon
to cut the umbilical cord	couper le cordon ombilical

for

- **to teach one's children values** : enseigner des valeurs à ses enfants • **to pass on / to transmit one's values (to)** : transmettre ses valeurs (à) • **value education** : une éducation des valeurs • **academic education** : une formation scolaire • **to provide guidance** : guider • **to be understanding** : être compréhensif • **to be a model for** : être un modèle pour • **to provide directions** : donner un sens • **to have an impact on children** : avoir un impact sur les enfants • **to set an example for one's children to follow** : imposer un exemple à suivre pour ses enfants
- **to develop emotional bonds with one's children** : développer des liens affectifs avec ses enfants • **to get along (well) (with)** : s'entendre (bien) (avec) • **to give one's undivided attention (to)** : accorder une attention sans partage (à)
- **the limited impact of teachers** : l'impact limité des enseignants • **a classroom situation** : le cadre de la classe • **to follow a set curriculum / academic subjects** : suivre un programme fixe / étudier des domaines académiques • **limited interaction with students** : une interaction limitée avec les élèves • **limited understanding of the nature and mindset of the children one's teaches** : la compréhension limitée de la nature et de l'esprit des élèves auxquels on enseigne • **little one-to-one communication** : une communication individuelle limitée

against

- **to be too close emotionally** : être trop proche émotionnellement • **to be prone to protect one's children** : avoir tendance à protéger ses enfants • **to overprotect** : surprotéger • **helicopter parents** : des parents surprotecteurs • **to warn one's children against danger** : avertir ses enfants de dangers • **to hamper (sb's) freedom** : entraver la liberté (de qn) • **in the name of safety** : au nom de la sécurité • **to be afraid of one's children getting hurt** : avoir peur que ses enfants ne se fassent mal
- **to fashion / to shape children to one's own image** : façonner les enfants à sa propre image • **to shape sb's character** : façonner le caractère de qn • **to resemble one's parents** : ressembler à ses parents • **to force one's kids (to)** : forcer ses enfants (à)
- **the change in values from one generation to another** : le changement de valeurs d'une génération à une autre • **the younger / the older generation** : la nouvelle / l'ancienne génération • **to keep pace with technological progress** : suivre le rythme du progrès technologique • **the children of the digital revolution** : les enfants de la révolution numérique • **to be left behind by the technological revolution** : être les-laissés-pour-compte de la révolution technologique • **to grow up in a globalized world** : grandir dans un monde qui se globalise
- **to learn from (books / friends / teachers)** : apprendre (dans les livres / au contact de ses amis / des enseignants) • **to learn from experience / from one's mistakes** : apprendre par l'expérience / de ses erreurs • **to make mistakes** : faire des erreurs

61 People should be encouraged to work longer

to retire / retirement	prendre sa retraite / la retraite
to plan for / to go into retirement	prévoir / prendre sa retraite
a retiree / a pensioner	un(e) retraité(e)
early retirement	la préretraite
to be forced to / compelled to retire	être contraint de prendre sa retraite
to be due to retire	devoir prendre sa retraite
to be eligible to retire	avoir droit à prendre sa retraite
to be eligible / to qualify for a pension	avoir droit à une retraite
to kick in (at the age of)	démarrer (à l'âge de)
standard retirement age	l'âge normal de départ à la retraite
mandatory retirement age	l'âge obligatoire de départ à la retraite
to quit from choice	partir de son plein gré
to postpone / to delay retirement	repousser l'âge de prendre sa retraite
life expectancy / life span	la durée de vie
an age barrier	une barrière de l'âge
the retirement / pension (eligibility) age	l'âge de la retraite
to be of pensionable age	avoir l'âge de la retraite
to pension sb off / to retire sb	mettre qn à la retraite
to collect / to draw a pension	toucher une pension de retraite
a retirement home	une maison de retraite
to leave the workforce / to stop work	cesser toute activité
hard labor	la pénibilité du travail
a physically demanding job	un travail pénible
to work under difficult conditions	avoir un travail pénible
to stay on at work	poursuivre son activité
to stay in paid employment	continuer à travailler
to extend the working life	allonger la durée du travail
ageism / age discrimination	l'âgisme
a state / government pension	une retraite du public
the Social Security Administration (US)	la Caisse des retraites
pension contributions	les cotisations à une caisse de retraite / à un régime de retraite
special public sector pensions / special retirement plans	les régimes spéciaux
to be on / to go on Social Security (US)	être en retraite / prendre sa retraite
to collect Social Security (US)	toucher une pension
to be based on lifetime earnings	être indexé sur les revenus globaux
a pension superannuation plan / scheme	un régime de retraite
to join a pension scheme	cotiser à un régime de retraite
to raise the retirement age	relever l'âge de la retraite
a contribution year	une année de cotisation

for

- **to eke out one's pension (by)** : suppléer à sa retraite (en) • **to maintain one's previous standard of living** : maintenir son niveau de vie précédent • **to afford to retire** : se permettre de prendre sa retraite • **to experience financial problems** : avoir des problèmes financiers • **to be in reduced circumstances** : être dans la gêne • **to abolish the compulsory retirement age** : abolir l'âge obligatoire de départ à la retraite
- **a shortage of skills / expertise** : une pénurie de talents / de savoir-faire • **plummeting birth rates** : des taux de natalité en chute libre • **to hire back / to rehire** : réembaucher • **to unretire** : extraire / tirer de sa retraite • **a shrinking workforce** : une main-d'œuvre en diminution • **to cause labor shortages** : provoquer des pénuries de main-d'œuvre • **to retain older workers** : garder les travailleurs âgés • **to work well beyond the official retirement age** : travailler bien au-delà de l'âge officiel de la retraite
- **to have trouble adjusting to life outside the labor market** : avoir du mal à s'adapter après avoir quitté le marché de l'emploi • **to be the prey of depression** : être en proie à la dépression
- **to be discriminated against** : être l'objet de discrimination • **discrimination against seniors** : la discrimination contre les personnes âgées • **to prevent discrimination on age grounds** : empêcher les discriminations pour raison d'âge

against

- **to free up jobs for younger people** : libérer des emplois pour les jeunes • **to make room for younger workers** : laisser la place aux jeunes • **to spread jobs around** : répartir les emplois
- **pay goes up as workers become more experienced and productive** : le salaire augmente au fur et à mesure que les travailleurs deviennent plus expérimentés et productifs • **to end up being too expensive** : finir par coûter trop cher
- **performance in the job** : l'accomplissement des tâches • **productivity declines substantially in mid-working life** : la productivité diminue de façon singulière vers la cinquantaine • **to become physically less vigorous** : devenir moins vigoureux physiquement • **the ability to adjust to new situations** : la capacité à faire face à de nouvelles situations • **brainy people generally do their most innovative work before they are 40** : les gens intelligents sont en général plus créatifs avant l'âge de 40 ans • **to bring fresh ideas and energy (to)** : apporter des idées et une énergie nouvelles (à) • **to find it harder to pick up new skills** : avoir plus de difficultés à acquérir de nouvelles compétences • **to be worth investing (in)** : valoir la peine que l'on investisse (dans)
- **work-sharing** : le partage des tâches • **to accept reduced hours** : accepter une diminution des horaires • **to do voluntary work** : faire du bénévolat • **to feel useful / to contribute usefully to society** : se sentir utile à la société • **to care for family members** : s'occuper des membres de la famille • **to get involved in activities outside the labor market** : s'impliquer dans des activités autres que professionnelles • **a sense of purpose / one's worth** : un sentiment d'avoir un but / d'être utile

62 Plastic bags ought to be banned altogether

plastic (ni)	le plastique
a plastic bag	un sac plastique / sac de caisse
plastic pollution	la pollution par le plastique
a shopping bag / a grocery bag	un sac de courses en plastique
to be given out free	être donné gratuitement
to be available	être disponible
a supermarket cash desk / a cashier / a checkout counter	une caisse de supermarché
a plastic bottle	une bouteille en plastique
plastic bag use	l'utilisation des sacs plastique
a paper / canvas bag	un sac en papier / en toile
a flyaway plastic bag	un sac en plastique jetable
the plastic-bag industry	l'industrie du sac plastique
the polythene / polyethylene industry	l'industrie du polyéthylène
to biodegrade	être biodégradable
biodegradable / non biodegradable	biodégradable / non-biodégradable
to dispose (of) / to throw away	jeter
a throw-away culture	une culture du jetable
to bin a bag	mettre un sac à la poubelle
disposable / non-disposable (a)	jetable / non-jetable
to re-use / re-usable (a)	réutiliser / ré-utilisable
durability / life expectancy	la durée de vie
to decompose / to break down	se décomposer
to recycle / recyclable (a)	recycler / recyclable
to litter / to be strewn around the streets	joncher les rues
to bluster (around the streets)	voltiger (dans les rues)
to be stuck in the branches of trees	être accroché aux branches
to flap (in trees)	claquer au vent (dans les arbres)
to pollute the seas	polluer les mers
to drift on the surface of water	dériver à la surface de l'eau
to block drains / sewers	boucher les égouts
to be a threat to the environement	être une menace pour l'environnement
to spoil / to scar the landscape	gâcher / défigurer le paysage
an eyesore / visual pollution	une / la pollution visuelle
to spoil the view	gâcher la vue
to eliminate plastic bags (from)	éliminer les sacs plastique (de)
to stop offering plastic bags	cesser de proposer des sacs en plastique
to introduce a bag tax	introduire une taxe sur les sacs
to slash plastic bag usage (by)	réduire l'utilisation du sac plastique (de)
to charge 5 cents for a plastic bag	faire payer un sac plastique 5 cts
to impose a tax on plastic bags	instaurer une taxe sur les sacs plastique

for

- **to reduce plastic bag use** : réduire l'usage des sacs en plastique • **to be kept out of the environment** : ne pas introduire dans l'environnement • **to take more than 1,000 years for a non-recyclable plastic bag to break down in a landfill** : falloir plus de 1000 ans pour qu'un sac en plastique non recyclable se décompose dans une décharge aménagée • **to take up valuable landfill space** : occuper une partie de l'espace dans les décharges • **to be ingested by animals** : être avalé par des animaux • **to be entangled in plastic** : être prisonnier du plastic
- **to empower citizens** : rendre les citoyens responsables • **to encourage customers to bring their own bags** : encourager les clients à apporter leur propre sac • **to stop using plastic bags** : cesser d'utiliser des sacs en plastique • **a reusable shopping bag / a bag for life** : un sac à provisions réutilisable
- **to take gallons of petroleum to make a plastic bag** : nécessiter des litres de pétrole pour fabriquer un sac plastique • **ethylene is derived from natural gas and petroleum** : l'éthylène est un dérivé du gaz naturel et du pétrole

against

- **to be handy / light to carry things** : être pratique / léger pour transporter des affaires • **to have a high load carrying capacity** : avoir une grande capacité • **to bag groceries** : emballer les courses • **to be used to toss garbage** : être utilisé pour jeter les ordures • **to be perfect for dog owners to pick up after their pooch** : convenir parfaitement aux maîtres pour ramasser les crottes de leur chien • **to be stronger than paper bags** : être plus solide que des sacs en papier
- **to pass the costs to consumers** : faire payer les consommateurs • **to charge a nominal fee for a bag** : faire payer une somme nominale pour un sac • **to change consumers' habits** : modifier les habitudes des consommateurs
- **using paper bags will increase the demand for trees** : utiliser des sacs en papier va accroître la demande en arbres • **paper bags take more energy to make** : fabriquer des sacs en papier consomme davantage d'énergie • **plastic bags usually use less material than comparable boxes, cartons, or jars** : des sacs en plastique utilisent d'ordinaire moins de matériaux que des boîtes, des cartons ou des bocaux comparables • **to be suited for plastic recycling** : être adapté pour le recyclage • **to be incinerated** : être incinéré

63 Plastic surgery is more about plastic than surgery

surgery	la chirurgie
a plastic surgeon	un chirurgien plasticien
plastic surgery / nip and tuck	la chirurgie plastique
reconstructive surgery	la chirurgie reconstructive
skin grafting	la greffe de peau
to be operated on	être opéré
to perform an operation	effectuer une opération
to undergo an operation / to have surgery / to undergo surgery / to go under the knife (fam.)	subir une opération
a surgical unit / ward	un service de chirurgie
an operating room (OR) / theatre / block	une salle d'opération / un bloc opératoire
to have plastic surgery	se faire refaire
a physical defect	un défaut physique
a congenital abnormality	un défaut congénital
to correct a defect	corriger un défaut
vanity (ni) / vain (a)	la vanité / vain
to alter a part of one's body	modifier une partie de son corps
to be flat-chested	avoir la poitrine plate
a breast implant / augmentation / enlargement / a boob job (fam.)	un implant mammaire
a mammoplasty	un mammoplastie
breast enhancement	l'augmentation du volume d'un sein
to reconstruct a breast	reconstruire un sein
a mastectomy	une mastectomie
a facelift / a nose job	un lifting / une opération du nez
a silicone gel implant	un implant de silicone
a breast prosthesis	une prothèse mammaire
to age naturally	vieillir naturellement
to improve one's appearance	améliorer son apparence
self-image	l'image de soi
a lancet	un bistouri
to remove / a removal	faire l'ablation / une ablation
to amputate / an amputation	amputer / une amputation
a scar	une cicatrice
surgical shock	le choc opératoire
a wound infection	une infection de la plaie
to sew [sewed / sewn]	coudre
catgut / a suture / thread	le catgut / une couture / le fil
a stitch [pl. stitches]	un point de suture, une agrafe

for

- **a personal reason / choice** : une raison / un choix personnel(le) • **to look like one's favorite celebrity** : ressembler à sa vedette préférée • **to boost one's self-esteem** : redonner de l'élan à l'estime de soi • **to be sexually attractive** : plaire sexuellement • **to preserve one's beauty** : conserver sa beauté • **to stay slim** : rester svelte • **to fight the natural course of life** : freiner le cours du temps • **to delay the effects of aging** : retarder les conséquences du vieillissement • **to turn the clock back** : suspendre le temps
- **to be born with a deformity** : être né difforme • **a traumatic injury** : un traumatisme • **to have one's face shattered** : avoir son visage détruit • **a burn victim** : une victime de brûlures • **a facial trauma** : un traumatisme de la face • **to correct a birth defect such as a cleft lip** : corriger un défaut de naissance tel qu'un bec de lièvre • **to repair a face damaged by fire** : réparer un visage endommagé par le feu • **a dog bite** : une morsure canine • **hair transplantation** : des implants capillaires • **a flap of skin** : un lambeau de chair
- **to improve health / physical appearance / social life / self confidence / self esteem / sexual function** : améliorer la santé / l'apparence physique / la vie sociale / la confiance en soi / l'estime de soi / la fonction sexuelle • **a Botox injection** : une injection de Botox • **to help sb get ahead** : aider qn à prendre de l'avance • **to give an edge** : avoir un avantage • **plain people suffer a pay penalty** : les gens moches sont moins bien payés • **to be disadvantaged in one's career** : être désavantagé dans sa carrière • **to be likely to marry men with limited earning potential** : être susceptible d'épouser des hommes au pouvoir salarial limité • **good looks pay off** : la beauté, ça rapporte • **a society's bias towards attractiveness** : un préjugé de la société envers la beauté • **a hypercompetitive society** : une société hypercompétitive

against

- **a waste of money** : un gaspillage d'argent • **to find new cures for diseases** : trouver des remèdes nouveaux à des maladies • **to invest in research** : investir dans la recherche • **to help man live longer** : aider l'homme à vivre plus longtemps
- **to objectify woman** : transformer la femme en objet • **to feed an unrealistic image of beauty** : alimenter une fausse image de la beauté • **to perpetuate a cultural obsession with youth** : perpétuer une obsession culturelle de rester jeune • **to hate oneself for being physically imperfect / over 45** : se détester parce qu'on n'est pas parfait physiquement / qu'on a plus de 45 ans
- **(not) to be risk-free** : ne pas être sans risque • **an implant recipient** : le bénéficiaire d'un implant • **to become ill from one's implants** : tomber malade à la suite d'implants • **an increased risk of cancer deaths** : un risque accru de décès par cancer • **to deflate** : se dégonfler • **to leak out (into)** : se répandre (dans) • **to cause difficulties in nursing / breastfeeding** : provoquer des difficultés pour allaiter
- **to grow old** : vieillir • **to wrinkle** : se rider • **to let nature run its course** : laisser la nature faire son œuvre • **to grow old gracefully** : vieillir en douceur • **to exercise / to work out** : faire de l'exercice • **to accept oneself** : s'accepter

64 Professional athletes are paid too much

to be paid too much / to be overpaid	être trop payé
a top athlete	un athlète de haut niveau
a high-level sport	un sport de haut niveau
to get paid / compared to	être payé / comparé à
to make millions (of) / to be paid a fortune	gagner des millions de dollars
hard-earned dollars	un salaire bien mérité
to justify one's salary	justifier son salaire
to deserve what you earn	mériter son salaire
to shower (sb) with millions of dollars	inonder (qn) d'argent
to pay top dollar	mettre le paquet, allonger l'argent
to bring in the money	rapporter de l'argent
to be commensurate (with)	être en rapport (avec)
fame / famous (a)	la réputation / célèbre
to entertain / entertainment (ni)	distraire / les distractions
to bring entertainment (to)	divertir
to put a high value on entertainment	accorder une place prépondérante aux distractions
to be money-driven	être attiré par l'argent
to generate millions in revenue	engendrer des profits qui se chiffrent en millions
a profit-making company	une entreprise à but lucratif
marketing appeal	l'attrait commercial
a sales booster	un moyen d'augmenter les ventes
to offer a scholarship	offrir une bourse
media hype	le battage médiatique
pageant	le spectacle
a prodigy	un prodige
to have unique physical skills	avoir des talents physiques uniques
to sign a deal / a contract (with)	signer un contrat (avec)
an endorsement contract	un contrat avec une marque
TV coverage	la couverture télévisée
to court / to woo	courtiser
to draft	recruter (des joueurs)
a scout / to scout	un chasseur de talent / chasser
to sign up with	signer avec
to be worth	valoir
playing days	les années en tant que sportif
to star in a commercial	être la vedette d'une publicité
merchandising	le marchandisage
the longevity of an athlete	la durée de vie d'un athlète
to be prone to injury	être enclin à des blessures

for

- **(not) to perform a vital function** : (ne pas) remplir un rôle essentiel • **the scientist researching a cause for cancer makes little money** : le scientifique qui fait des recherches sur le cancer est mal payé
- **a reflection of the consumer society** : un reflet de la société de consommation • **to be corrupted by money** : être corrompu par l'argent • **to substitute image for substance** : prendre les apparences pour la réalité • **to be willing to take risks** : être désireux de prendre des risques • **a rat race** : une course à l'argent • **sport is like war** : le sport, c'est comme la guerre
- **to be tempted by performance-enhancing drugs** : être tenté par le dopage • **to get easily bribed** : être facilement corrompu • **to consider an athlete as a disposable product** : considérer un athlète comme un produit jetable • **to pull the strings** : tirer les ficelles • **a sports promoter** : un promoteur sportif • **an equipment maker** : un équipementier • **athletes as sandwich-men** : les athlètes comme hommes-sandwich

against

- **to work hard to make a living** : travailler dur pour gagner sa vie • **to last a few years** : durer quelques années • **a short life-span as a sportsman** : une courte vie comme sportif • **to be a physical wreck** : être physiquement fichu • **to suffer from injury** : subir des blessures • **the probability of injury** : le risque de blessure • **to have one's career abruptly cut short (by)** : voir sa carrière brutalement interrompue (par) • **to develop health problems** : être victime de problèmes de santé • **to fall on hard times** : connaître des temps difficiles • **long-term health risks** : des risques à long terme pour la santé
- **to be up to the fans to decide if they want to pay the ticket price / to buy the merchandise** : c'est aux fans de décider s'ils veulent payer un billet / acheter les équipements
- **to live in an envious society** : vivre dans une société de l'envie • **to resent successful people** : en vouloir à ceux qui réussissent • **to achieve success** : parvenir au succès
- **salaries should be tied to the revenue a given job creates** : les salaires devraient être fonction des recettes engendrées par un emploi donné
- **to give direct / indirect employment to scores of people** : donner de l'emploi direct / indirect à des dizaines de personnes • **becoming a star is a dream** : devenir une vedette est un rêve • **to reach stardom** : accéder au vedettariat • **to sell a dream** : vendre un rêve • **a model to emulate** : un modèle à suivre
- **the beauty of sport** : la beauté du sport • **to watch a beautiful game** : assister à un beau match • **sport is art** : le sport, c'est de l'art • **to promote certain virtues** : promouvoir certaines vertus

65 Public transport should be free

to use public transport(ation) (ni)	emprunter les transports en commun
to ride the bus / the metro (to)	emprunter le bus / le métro (à / au)
to travel by bus / metro / train	se déplacer en bus / métro / train
a public transportation system / a mass / public transit system (US)	un réseau de transports en commun
a public service	un service public
free access to transportation	l'accès libre aux transports
to charge people (to)	faire payer les gens (pour)
to pay for / to subsidize a service	payer / subventionner un service
a zero-fare / free public service transit	un service gratuit
to carry passengers	transporter des voyageurs
to drive to work	aller en voiture au travail
a car-loving people	un peuple amoureux de la voiture
a bus trip / a metro ride	un déplacement en bus / en métro
the Underground / the Tube (UK) / the subway (US)	le métro
a bus / metro commuter	un usager du bus / du métro
a commuter train	un train de banlieue / un RER
a train station	une gare ferroviaire
a metro / subway station	une station de métro
a street car / a tram	un tramway
a bus / a double decker	un autobus / à deux étages
a bus lane	une voie d'autobus
a bus shelter	un abri bus
to get on / off the bus	prendre le bus / descendre de l'autobus
a bus driver	un chauffeur de bus
a route / a line	une ligne
to operate / to run a service	gérer un service
to extend a service	étendre un service
to run all night long	circuler pendant la nuit
to lay on extra bus services	mettre en place des services supplémentaires d'autobus
the fare / a fare	la course, le billet / un client
a token / a turnstile	un jeton (de métro) / un tourniquet
a ticket gate	un portillon
a farecard / a metrocard (US)	une carte de transport
a metro pass / a rail pass	une carte Navigo
a farecard machine	un distributeur de billets
fare evasion (ni) / subway turnstile jumping	le resquillage, la resquille
a fare cheater / a farebeater / a scofflaw	un resquilleur
to jump the turnstiles / the barrier	resquiller

for

- **to encourage people to leave their cars at home** : encourager les gens à emprunter les transports en commun • **to fight against pollution / global warming** : lutter contre la pollution / le réchauffement planétaire • **to make the air more breathable** : rendre l'air plus respirable • **to reduce overall consumption of petrol / gasoline** : réduire la consommation générale d'essence
- **to ease congestion / traffic jams / gridlock** : lutter contre les embouteillages / la paralysie • **to alleviate / to curb / to reduce traffic congestion** : faciliter la circulation • **to save on gas / repair costs / insurance** : économiser l'essence / les réparations / l'assurance • **to pay for parking** : payer le stationnement • **to drive around for a parking slot** : chercher une place de stationnement • **to keep cars off the streets** : laisser les voitures au garage • **to free up space for pedestrians** : dégager de l'espace pour les piétons • **to avoid frayed nerves / tempers** : éviter de s'énerver • **to cut down on road rage** : diminuer l'agressivité au volant • **to wean people off cars** : affranchir les gens de la voiture • **automobile dependency** : la dépendance de l'automobile
- **to save money / time** : économiser de l'argent / gagner du temps • **to reduce travel time** : économiser le temps de transport • **to eliminate fare evasion** : supprimer la fraude
- **a safe means of transport** : un moyen de transport sûr • **to save lives** : sauver des vies • **to reduce passenger aggression** : tempérer l'agressivité des voyageurs • **to make the system more accessible / fair for low-income residents** : rendre le système plus accessible / juste pour les habitants aux revenus modestes

against

- **a source of income** : une source de revenu • **revenue from public transport** : les recettes des transports en commun • **to address a host of pressing social problems** : répondre à une série de problèmes urgents • **to compromise quality** : compromettre la qualité • **to build more transport facilities** : développer les infrastructures de transport
- **to be unreliable / punctual** : ne pas être fiable / à l'heure • **overdue** : en retard • **to go / to be on strike** : se mettre / être en grève • **to cut a service** : réduire un service • **lax security measures** : des mesures de sécurité insuffisantes • **to be home to / to shelter vagrants / beggars / buskers** : héberger des vagabonds / des mendiants / des chanteurs
- **electronic surveillance** : la surveillance électronique • **a closed circuit TV system** : un système de vidéo surveillance • **to tighten / to beef up security** : renforcer la sécurité
- **to be accessible to every single person (the elderly / students / handicapped people)** : être accessible à tous (les personnes âgées / les étudiants / les personnes à mobilité réduite) • **a wheelchair** : un fauteuil roulant • **to discourage people from cycling / walking** : décourager les gens de prendre leur vélo / de marcher
- **to be paid for through taxes / to raise taxes** : être payé par l'impôt / augmenter l'impôt • **to subsidize / a subsidy** : subventionner / une subvention • **to milk the taxpayer** : faire payer le contribuable • **a drain on the public purse** : un fardeau pour les finances publiques

66 Rainforests are the lungs of the Earth

the rainforest	la forêt amazonienne
the tropical rainforest	la forêt tropicale humide
the Amazon jungle / Amazonia	l'Amazonie
a virgin forest	une forêt vierge
to clear / (intensive) clearing	défricher / le défrichage (intensif)
to deforest / to harvest wood	déboiser / récolter le bois
to tap the forest's wealth	exploiter les richesses forestières
the lungs of the planet	les poumons de la planète
afforestation	le reboisement
a deforested region / area	une région déboisée
tropical timber (ni)	le bois tropical
firewood / fuelwood (ni)	le bois de chauffage
timber / lumber (ni)	le bois de charpente
a habitat	un habitat, un biotope
biodiversity / an ecosystem	la biodiversité / un écosystème
a storage of diversity	une réserve de biodiversité
forest management	la gestion forestière
to raze / to level a forest	raser une forêt
to fell / to hew + / to cut + / to chop + down	abattre (un arbre)
to chop / to cut up	débiter
the felling of trees / woodcutting	l'abattage des arbres
a pharmaceutical factory	une usine pharmaceutique
to yield wood	fournir du bois
to strip forests (of)	dépouiller les forêts (de)
to clear land (for)	défricher la terre (pour)
to create pastures	aménager des terres d'élevage
cattle ranching / ranchland	l'élevage / les terres d'élevage
slash and burn agriculture	la culture sur brûlis
selection cut	la coupe sélective
to log [logged] / a logger	tronçonner, débiter / un bûcheron
a logging company	une société d'exploitation de bois
illegal logging	l'abattage illégal
a woodcutter / a logger / a lumberjack	un bûcheron
a woodman	un forestier
a lumber mill / a saw mill	une scierie
fuelwood	le bois de chauffage
a timber yard	un chantier de bois
the pulp (and paper) industry	l'industrie de la pâte à papier
the forestry / paper industry	l'industrie forestière / papetière
to plunder / to loot	piller, saccager

for

- **an inexhaustible treasure trove** : un trésor inépuisable • **a life-support system** : un système vital • **to produce oxygen** : produire de l'oxygène • **to absorb CO_2** : absorber le CO_2 • **to release oxygen back into the atmosphere by way of photosynthesis** : rejeter de l'oxygène dans l'atmosphère par le biais de la photosynthèse • **to help reduce the amount of solar radiation reflected back into the atmosphere** : contribuer à réduire la quantité de radiations solaires réfléchies dans l'atmosphère • **to keep the temperatures stable** : maintenir la stabilité des températures • **to recycle moisture** : recycler l'humidité
- **to exterminate / to eradicate plant / animal species** : faire disparaître les espèces végétales / animales • **the loss of habitat** : la diminution des habitats • **to be home to millions of species** : abriter des millions d'espèces • **to benefit from forest plants** : profiter des plantes de la forêt • **to lose out on potential discoveries of new foodstuffs / medicines / raw materials** : laisser passer la possibilité de faire des découvertes potentielles de nouveaux aliments / de médicaments / de matières premières
- **deforestation has brought about floods / drought / landslides** : la déforestation a entraîné des inondations / la sécheresse / des glissements de terrain • **soil erosion robs the land of its productive topsoil** : l'érosion des sols prive la terre de sa couche arable fertile • **to regulate / to alter weather patterns** : réglementer / modifier les tendances climatiques • **to help mitigate the negative effects of climate change** : contribuer à limiter l'impact négatif du changement climatique • **to store up / to soak water** : stocker / absorber l'eau

against

- **a source of revenue / income** : une source de revenu • **to service markets for wood products in the West** : répondre aux débouchés pour les produits forestiers en Occident • **to service the debt** : payer la dette • **to manage forest resources on a sustainable basis** : gérer les ressources forestières sur une base durable
- **to meet the local development needs of a country** : répondre aux impératifs de développement d'un pays • **mining operations** : les opérations minières • **a hydroelectric scheme** : un projet hydro-électrique • **subsistence agriculture** : l'agriculture vivrière • **to provide charcoal to power industrial plants** : fournir le charbon de bois pour alimenter les industries • **to export tropical hardwood** : exporter les bois de feuillu tropicaux • **to meet the demands of the developed world's paper industry** : répondre aux besoins de l'industrie mondiale du papier • **to provide grazing land** : fournir une terre de pâturage • **to be branded as an environmental villain** : être traité de fossoyeur de l'environnement
- **to absorb just as much oxygen through the decay of organic matter** : absorber autant d'oxygène (qu'il en est produit) à la suite de la décomposition de la matière organique • **the forest floor** : le sol de la forêt • **low sunlight penetration** : la faible pénétration de la lumière du soleil • **poor soil quality** : la piètre qualité du sol • **to emit carbon dioxide** : émettre du CO_2 • **to contribute little net oxygen additions to the atmosphere** : être peu contributeur en oxygène dans l'atmosphère

67 Road pricing is the way to go

traffic (ni)	la circulation
traffic management	la gestion de la circulation
(electronic) road pricing / road charging	le péage routier (électronique)
to make car users pay / to charge users	faire payer les automobilistes
to set incentives	instaurer des mesures incitatives
a transportation policy	une politique des transports
to improve public transport	améliorer les transports en commun
to commute	aller de son domicile à son lieu de travail
a congestion charge	un péage anti-bouchon
value- / congestion- / peak period pricing	le péage aux heures de pointe
a pay-as-you-go charge	une taxe au kilomètre
to restrict entry to a city	limiter / interdire l'accès à une ville
to bar cars from / to shut off the city centers	interdire la circulation dans le centre-ville
road capacity / road space	la capacité routière
the road network	le réseau routier
a toll road / a tollbooth	une route / une cabine à péage
to impose / to levy a toll (on)	imposer / prélever un péage (sur)
traffic density (ni)	la densité de la circulation
the flow / volume of traffic	le volume des véhicules
light / dense, heavy (a)	fluide / dense, chargé
a busy road	une route fréquentée
a congested street	une rue encombrée
peak hour / rush hour	une heure de pointe
a car driver / a motorist	un automobiliste
a traffic jam / a tie / a snarl-up	un embouteillage
a bottleneck / a choke point	un goulot d'étranglement
to be held up / to be stuck in traffic	être pris (dans un bouchon)
a tailback / a crawl	un bouchon
to crawl (along) / to move at a slow crawl	avancer au pas
to go dead slow / to inch along	rouler au pas
to obstruct / to clog [clogged]	obstruer
choked with traffic	engorgé
to be at a halt / at a standstill	être à l'arrêt / immobilisé
gridlock / chaos	la paralysie / le chaos
congestion relief (ni)	l'allègement de la circulation
to ease / to alleviate / to mitigate congestion	réduire les embouteillages
to reduce traffic congestion	diminuer les embouteillages
to improve traffic	améliorer la circulation
to unjam / to unclog / to unblock streets	désembouteiller les routes
to ease clogged streets	désembouteiller les rues emcombrées

for

- **road-pricing supporters :** les partisans du péage routier • **to charge drivers by the mile :** faire payer les utilisateurs au km • **to prevent road gridlock / congestion :** empêcher la paralysie sur les routes / les embouteillages • **to cut traffic (by) :** réduire la circulation (de) • **to encourage car-users to stagger their journeys :** encourager les automobilistes à espacer leurs déplacements • **to reduce the amount of time drivers spend in jams (by) :** réduire le temps passé dans les bouchons (de) • **to encourage car-pooling / ride sharing / lift sharing :** encourager le co-voiturage • **a car-pooling lane / a high occupancy vehicle lane (HOV lane) (US) :** une file réservée au co-voiturage • **a park and ride system / incentive parking :** un parc relais / le stationnement incitatif • **carsharing / car sharing :** l'autopartage
- **to pay for road damage :** payer les dégâts causés aux routes • **the road pavement :** la chaussée • **a pothole :** un nid de poule • **environmental costs :** les coûts pour l'environnement • **revenue generation :** l'encaissement de nouvelles recettes • **road infrastructure financing :** le financement des infrastructures routières • **to raise extra funds to pay for improved public transport :** financer de meilleurs transports en commun • **to earmark money for improvements to the road network :** investir dans l'amélioration des routes

against

- **discriminatory :** discriminatoire • **to represent double taxation :** représenter une double imposition • **to increase driving costs :** augmenter les coûts de transport • **to pay for roads through gas taxes :** payer l'usage des routes par le biais de taxes sur les carburants • **to penalise those who live in the distant suburbs / the commuters :** pénaliser ceux qui habitent la grande banlieue / les banlieusards • **to bar transit strikes :** interdire les grèves dans les transports • **to drive less well-off drivers off the road :** empêcher les conducteurs les moins aisés de prendre leur véhicule • **to be hard on low-income families :** être difficile pour les familles modestes • **to increase the tax burden :** accroître la charge fiscale • **to create a two-tiered society :** créer une société à deux vitesses
- **to develop flexible working hours / tele-working :** encourager les heures de bureau flexibles / le télé-travail • **to hurt the car industry :** causer du tort à l'industrie automobile
- **to increase fuel taxes / emission fees :** augmenter les taxes sur les carburants / les taxes sur les émissions • **to waste money collecting tolls :** gaspiller de l'argent à collecter les recettes de péage • **collection costs :** les coûts de prélèvement
- **to increase fuel use :** augmenter la consommation de carburant • **some drivers will detour onto longer routes to avoid the higher tolls :** certains conducteurs feront des détours en empruntant des itinéraires plus longs pour éviter des péages chers • **to divert traffic off the major highways onto "rat runs" which are free :** détourner la circulation des routes principales vers des itinéraires secondaires gratuits • **to monitor / to track vehicles / drivers / journeys :** surveiller / traquer les véhicules / les conducteurs / les déplacements

68 School uniforms

a school uniform / outfit	un uniforme
fashion / fashionable	la mode / à la mode
logo clothing / name brand clothes	des habits de marque
to wear [wore / worn] a uniform	porter un uniforme
street clothing	des habits de tous les jours
the school board	le conseil d'établissement
school discipline / rules	le règlement intérieur
to be mandatory	être obligatoire
an opt-out provision	une exception
to conform to standards	se conformer à des normes
a school uniform policy	une politique scolaire sur les uniformes
to implement a policy	mettre en place une politique
to introduce a dress code	établir un code vestimentaire
a pupil / a student (US)	un élève
a schoolboy / a schoolgirl	un écolier / une écolière
a school mate	un camarade de classe
a form (UK) / a grade (US)	une classe
the first form (UK) / 6th grade (US)	la 6e
the upper sixth form (UK) / 11th grade (US)	la terminale
a sixth former (UK) / a senior (US)	un élève de terminale
primary / secondary education	l'éducation primaire / secondaire
a primary school / a grade school (US)	une école primaire
an elementary school	une école élémentaire
a secondary school / a high school	un établissement secondaire / un lycée
a junior high school / a middle school (US)	un collège
a single sex school	une école de filles / de garçons
mixed / co-educational (a)	mixte
state-run (a) / fee-paying (a)	public, géré par l'État / payant
an inner-city school	un établissement classé en zone sensible
an education action zone	une zone d'éducation prioritaire (ZEP)
an economically challenged district	un quartier défavorisé
school life / schooldays	la vie scolaire / les années d'école
to go to school	aller à l'école / à l'université (US)
to be in school / to attend school	faire des études / fréquenter l'école
school attendance	la scolarisation, la scolarité
to have / to miss a class	avoir cours / manquer les cours
to play truant / to play hooky / to cut classes	sécher les cours
to drop [dropped] out	abandonner ses études
to repeat / to refresh / to resoph	redoubler
a repeater	un redoublant
tardiness / a tardy	les retards / un retardataire

for

- **the use of school uniforms** : le port de l'uniforme à l'école • **to be judged on how one looks** : juger sur l'apparence • **to pass judgment on one's peers** : juger ses pairs • **the fashion industry** : l'industrie de la mode • **a style of clothes** : un style vestimentaire • **one's favorite logo** : sa marque favorite • **a designer label** : une grande marque • **a fashion fad** : une lubie vestimentaire • **to sport the latest trend** : être habillé du dernier cri • **the right trainers** : les baskets à la mode • **to lead to ostracism** : mener à l'ostracisme
- **to make it harder for cliques to form** : rendre plus difficile la formation de bandes • **to prevent gang colors** : empêcher les couleurs des gangs • **to cut down on teasing** : cesser les plaisanteries • **to pick on a student** : taquiner un élève • **to instill a sense of discipline / a sense of community / school spirit** : instaurer un sens de la discipline / un sentiment d'appartenance / un esprit d'école • **to foster an atmosphere of learning** : encourager une atmosphère studieuse • **to stop jealousies** : cesser les jalousies • **to ease / to reduce discipline problems** : atténuer les problèmes de discipline
- **to end discrimination** : mettre fin aux discriminations • **to be different (from) / similar (to)** : être différent (de) / semblable (à) • **to make students equal** : mettre les élèves sur le même pied d'égalité • **to help save time to dress in the morning** : gagner du temps le matin pour s'habiller • **to save money for families / on clothing** : économiser de l'argent pour les familles / sur les habits • **to afford to buy** : s'offrir • **to pressure one's parents to buy clothes** : pousser ses parents à acheter des habits • **to keep up with one's coolest friends** : rivaliser avec ses amis les plus tendances
- **a contributing factor to discipline and safety** : un facteur qui contribue à la discipline et à la sécurité • **to increase safety / security** : améliorer la sécurité • **to identify the students from one school** : identifier les élèves d'une école • **to protect a school from outsiders** : protéger un établissement des intrus • **to cut down on violence / bullying** : réduire la violence / le harcèlement • **to ease tensions** : atténuer les tensions

against

- **to learn to accept differences** : apprendre à accepter les différences • **to learn not to judge upon superficial criteria** : apprendre à ne pas juger sur des critères superficiels • **to teach one's kids there's more to life than a cool logo** : enseigner à ses enfants que la vie n'est pas faite que de marques à la mode
- **the high cost of school uniform** : le coût élevé d'un uniforme d'écolier • **children are constantly growing** : les enfants sont sans cesse en train de grandir • **to enter a cozy relationship with a local manufacturer** : s'arranger avec un fabricant local
- **to express one's identity (through fashion)** : exprimer son identité (par la mode) • **to take away the students' freedom / right to choose / to make decisions** : priver les élèves de la liberté / du droit de choisir • **to feel unique / special** : se sentir unique / spécial • **an outlet for one's self-expression** : un moyen de s'exprimer • **to breed uniformity** : engendrer l'uniformité • **to inhibit / to stifle creativity** : étouffer la créativité • **dress doesn't improve learning** : l'habit n'améliore pas l'apprentissage

69 Scientific articles should be made free

science / scientific (a)	la science / scientifique
a scientist (n)	un savant, un scientifique
a scientific / scholarly journal	une revue scientifique
a scientific article	un article scientifique
the scientific community	la communauté scientifique
the progress of science	le(s) progrès scientifique(s)
research [pl. research]	la recherche
a research paper	un article sur la recherche
cutting-edge medical research	la recherche médicale à la pointe
to post one's research online	publier sa recherche en ligne
a researcher / a research worker	un chercheur
to do research (in / on)	faire de la recherche (sur)
to be involved (in)	être impliqué (dans)
to specialise (in)	se spécialiser (dans)
to pursue science	faire des sciences
to carry out experiments (on / with)	faire des expériences (sur / avec)
to perform an experiment	réaliser une expérience
to conduct an experiment	conduire une expérience
to do / to try an experiment	faire / tenter une expérience
an experimental field / a field trial	un domaine expérimental
a laboratory / a lab	un laboratoire / un labo
a lab test (on)	un essai en laboratoire (sur)
the lab apparatus	le matériel de laboratoire
laboratory testing	les tests en laboratoire
experimental work / lab work (ni)	les travaux expérimentaux
to make discoveries	faire des découvertes
to make headway / progress	progresser
a scientific breakthrough / advance	un progrès scientifique
to work on a theory	travailler à une théorie
to prove / to disprove	prouver, démontrer / réfuter
to confirm / to put forward	confirmer / avancer
to demonstrate	prouver, montrer
a hypothesis [pl. hypotheses]	une hypothèse
a sample / sampling	un échantillon / l'échantillonnage
field observations	les observations sur le terrain
findings / conclusions	les conclusions
to share resources	partager les ressources
to be free of charge	être libre de droit
to be access-free	être libre d'accès
to benefit from the scientists' work	bénéficier du travail des scientifiques

for

- **free access to scientific knowledge :** l'accès libre à la connaissance scientifique • **to make information available (to man) :** rendre l'information accessible (à l'homme) • **to have unfettered / unrestricted access (to) :** avoir accès libre (à) • **electronic archives :** des archives électroniques • **free dissemination of information :** la libre dissémination des informations • **an online public library :** une bibliothèque publique en ligne
- **to affect man :** toucher l'homme • **to search online for medical / health-related information :** chercher des informations médicales / relatives à la santé sur le Net • **to answer a query :** répondre à une requête • **to have a rare disease :** avoir une maladie rare • **a controversial therapy :** une thérapie controversée • **physicians have trouble keeping abreast of medical progress :** les médecins ont du mal à se tenir au courant des dernières avancées médicales • **to pool knowledge :** mettre en commun les connaissances
- **the cost (of testing) :** le coût (des tests) • **to allay the cost (of) :** alléger les coûts (de) • **to undergo** (subir) / **to carry out** (effectuer) / **to do** (faire) / **to conduct** (conduire) / **to perform** (effectuer) / **to run** (effectuer) **+ a test**
- **research is supported largely by public funding :** la recherche est en grande partie soutenue par le financement public • **to receive funding from the taxpayers :** être financé par le contribuable
- **unequal access :** l'inégalité d'accès • **to help scientists from less affluent countries / developing countries :** aider les scientifiques issus de pays moins riches / des pays en voie de développement • **to be burdened by excessive costs :** ployer sous le poids de coûts excessifs • **to bridge the knowledge divide between the haves and the have-nots :** combler le fossé de la connaissance entre les démunis et les nantis • **to break the barriers :** briser les barrières • **knowledge transfer :** le transfert de connaissances

against

- **to balance the needs of a journal publisher (against) :** peser les besoins d'un rédacteur en chef (face à) • **revenue loss :** la perte de recettes • **to take out a subscription :** prendre un abonnement • **a subscriber :** un abonné • **to subscribe (to) :** s'abonner (à) • **to charge fees for access :** demander un accès payant • **to pay for online content :** payer le contenu en ligne • **to ensure quality :** s'assurer de la qualité • **peer-review :** l'évaluation par les pairs
- **intellectual property :** la propriété intellectuelle • **to protect copyright laws :** protéger les lois sur le droit d'auteur • **copyright protection :** la protection du droit d'auteur • **to protect a potential patent :** protéger un brevet potentiel • **to take out a patent :** prendre un brevet • **an economic / strategic stake :** un enjeu économique / stratégique • **competition between labs :** la concurrence entre laboratoires • **to be healthy (for research) :** être sain (pour la recherche)

70 Space exploration is not worth the cost

the space program	le programme spatial
to conquer space	conquérir l'espace
space venture / conquest	l'aventure / la conquête spatiale
space travel	les voyages dans l'espace
the space age	l'ère spatiale
to fly [flew / flown] into space	voler dans l'espace
to fly men in space	envoyer des hommes dans l'espace
to send a human into space	envoyer un homme dans l'espace
an orbital / human, manned spaceflight	un vol orbital / habité
to explore / to probe space, the universe	explorer l'espace / l'univers
space probing / exploration	l'exploration / la conquête spatiale
a lunar voyage	un voyage vers la lune
to put a man on Mars	envoyer un homme sur Mars
a journey into space	un voyage dans l'espace
to spend money on space research	dépenser pour la recherche spatiale
a space agency	une agence spatiale
a space faring nation	un pays capable d'explorer l'espace
space tourism	le tourisme spatial
a spaceflight	un vol spatial
a space port	un port spatial / de l'espace
the space race	la course à l'espace
a spacecraft [pl. spacecraft] / a spaceship	un vaisseau spatial
a space shuttle	une navette spatiale
a space station / a space platform	une station orbitale
a manned / unmanned station	une station habitée / non habitée
a space telescope	un télescope spatial
a space base	une base spatiale
a crew	un équipage
an astronaut / a spaceman	un spationaute / un astronaute
to orbit a satellite / to get / to place a satellite into orbit	placer un satellite en orbite
to lap / to orbit / to circle the earth	tourner autour de la terre
a spacewalk	une sortie dans l'espace
a moonwalk	une sortie sur la Lune
space walking / Extra-Vehicular Activity	les sorties dans l'espace
a lunar rock sample	un échantillon de roche lunaire
to benefit mankind	profiter à l'humanité
a civilian / commercial application	une application civile / commerciale
space-based technology	les technologies développées dans l'espace

for

- **the return on space investment** : le retour sur investissement dans l'espace • **research purposes** : les buts de la recherche • **to carry out / to conduct scientific experiments / observations** : se livrer à des expériences / des observations scientifiques • **an opportunity to make advancements in science / advances in technology** : une occasion de faire progresser la science / la technologie • **to secure scientific data** : obtenir des données scientifiques • **spinoffs** : les retombées • **a spillover effect** : un effet d'entraînement • **to reap the rewards** : récolter les fruits
- **to provide us with knowledge about the origins of the solar system** : nous apporter des connaissances sur les origines du système solaire • **to map the earth / weather patterns** : faire une cartographie de la Terre / dresser la carte météorologique • **satellite photography / GPS** : la photographie par satellite / le GPS • **to track hurricane formation** : suivre la formation des ouragans • **to predict crop yields** : prévoir les rendements des récoltes • **technological transfer** : le transfert de technologies • **an economic / medical benefit** : un bénéfice économique / médical • **microgravity** : la microgravité
- **to offer a peaceful cooperative venue** : fournir un champ de coopération pacifique • **the International Space Station (ISS)** : la station spatiale internationale (SSI)
- **to establish a human civilization on another world (e.g., Mars) as a hedge against a catastrophe** : établir une civilisation sur un autre monde comme protection contre une catastrophe • **to ensure the future survival of mankind** : assurer la survie de l'humanité
- **national prestige** : le prestige national • **to be a leader in space** : être le premier dans l'espace • **to serve as a stimulus for children to enter the fields of science and engineering** : inciter les enfants à étudier les sciences et l'ingénierie
- **exploration is intrinsic to man's nature** : l'exploration est le propre de l'homme • **to whet / to fuel curiosity / inspiration / creativity** : attiser / alimenter la curiosité / l'inspiration / la créativité • **to overcome challenges** : surmonter les défis • **space as the next frontier** : l'espace comme prochaine frontière

against

- **a military space project** : un projet spatial militaire • **to militarize space** : militariser l'espace • **Star Wars** : la Guerre des étoiles • **the Strategic Defense Initiative (SDI)** : l'Initiative de défense stratégique (Reagan, 1983)
- **more urgent problems to solve on Earth** : des problèmes plus pressants à résoudre sur Terre • **you don't need to go to Mars to cure cancer** : pas besoin d'aller sur Mars pour guérir le cancer • **money could be better spent** : l'argent pourrait être mieux employé
- **costs have exceeded the investment** : les coûts ont dépassé les investissements • **a drain on the economy** : un fardeau pour l'économie • **to gauge the worthiness of the cost of exploring space** : mesurer la viabilité du coût de l'exploration spatiale • **a strained budget** : un budget serré • **a waste of money** : un gaspillage d'argent • **we know little about Earth** : on connaît peu de choses de la Terre

71 Strikes are a thing of the past

labor unrest	le malaise social
labor troubles	les troubles sociaux
labor strife	les conflits du travail
dissatisfaction / (social) discontent	le mécontentement (social)
an industrial dispute / upheaval	un conflit social
industrial action	l'action revendicative, la grève
to harbor / to nurse / a grievance (against)	avoir une doléance (envers)
a wage claim / a wage demand	une revendication salariale
to grant / to deny the right to strike (to)	accorder / refuser le droit de grève (à)
better working conditions	de meilleures conditions de travail
working hours	les horaires de travail
a shorter working week	la réduction de la durée hebdomadaire de travail
to file a grievance	déposer une réclamation
to air / to express / to voice / to vent grievances	exprimer des revendications
to press for demands	faire pression pour obtenir satisfaction
to negotiate / to arbitrate	négocier / arbitrer
labor / employment law	le droit du travail
strike action	la grève
a general / lightning strike	une grève générale / surprise
a transit strike	une grève des transports en commun
a work / labor stoppage	un arrêt de travail
a repeatable stoppage	une grève reconductible
a day of action	une journée de revendication
to give notice of strike action	déposer un préavis de grève
to come out in support of / over	se prononcer pour soutenir / à propos de
to strike / to be on strike	faire grève
to down tools	cesser le travail
to take / to call for industrial action	se mettre en grève / appeler à la grève
an advance notice	un préavis de grève
without advance warning	sans préavis
a striker / a strikebreaker, a scab, a blackleg	un gréviste / un jaune
government employees	les fonctionnaires
a wildcat strike / an unofficial strike	une grève sauvage
to walk out / to knock off	débrayer
a walk-out	un débrayage
to walk off one's job	cesser le travail
a union representative / business agent (US)	un délégué syndical
a worker director	un délégué du personnel

for

- **the right to strike** : le droit de grève • **a basic human right** : un droit de l'homme fondamental • **the exercise of a right** : l'exercice d'un droit • **blatant labor law violations** : les violations du droit du travail criantes • **to improve the working conditions** : améliorer les conditions de travail • **the failure of compulsory arbitration** : l'échec de l'arbitrage / la médiation obligatoire
- **to be persuasive to recalcitrant management** : convaincre des cadres récalcitrants • **to resort to (conciliation / mediation)** : avoir recours à (la conciliation / la médiation) • **a last resort** : un dernier recours • **to settle a strike** : régler un conflit
- **when negotiations reach a deadlock** : quand les négociations sont dans l'impasse • **to make no headway / to stall** : être en panne • **to set an ultimatum** : fixer un ultimatum • **to break off negotiations** : rompre les négociations • **to collapse** : s'effondrer • **a bargaining tool** : un outil de négociation • **to be heard** : être entendu • **the rank and file** : la base • **to put / to exert / to apply pressure (on)** : faire pression (sur) • **to change tack** : changer de cap

against

- **the failure of social dialogue** : l'échec du dialogue social • **to promote sectoral dialogue** : encourager le dialogue par branche • **the social partners** : les partenaires sociaux • **to participate / to engage in social dialogue** : participer au dialogue social • **governmental authorities** : les pouvoirs publics • **compulsory arbitration as an alternative** : la médiation obligatoire comme alternative • **freedom to work for non-striking workers** : la liberté de travail pour les non-grévistes • **to requisition workers** : réquisitionner les ouvriers • **a no-strike clause (in a labor contract)** : une clause de non-grève (dans un contrat de travail)
- **to disrupt services** : entraver la bonne marche des services • **to come to a halt / to a standstill / to grind to a halt** : s'arrêter / être paralysé • **to picket outside the workplace** : faire un piquet (de grève) devant le lieu de travail • **to prevent / to dissuade people from going to work** : empêcher les gens d'aller travailler • **a minimum-service plan** : un service minimum • **continuity of public service** : la continuité du service public • **to hold commuters hostage** : prendre en otage les banlieusards • **to rely on public services / the public transportation system** : dépendre des services publics / des transports en commun • **to be strikebound** : être immobilisé par la grève • **to cripple / to paralyze the economy / an industry** : paralyser l'économie / une industrie • **to wreak economic damage** : faire du tort à l'économie • **to restrict the right to strike** : limiter le droit de grève
- **to stage a protest march / a demonstration** : organiser une manifestation • **to take to the streets** : descendre dans la rue • **to disrupt traffic** : entraver la circulation • **to parade through the streets** : défiler dans les rues • **to cause riots** : provoquer des émeutes • **to storm** : prendre d'assaut • **to ransack / to wreck / to trash / to vandalize** : saccager • **bossnapping** : la séquestration des patrons

72 Students should evaluate their teachers

to attend / to go to school	fréquenter / aller à l'école
a junior high school / a middle school (US)	un collège
a high school	un lycée
a classroom	une salle de classe
a high school student	un lycéen
the teaching staff	le personnel enseignant
a schoolteacher / a schoolmaster	un instituteur
a high school teacher	un enseignant de lycée
teaching experience	l'expérience de l'enseignement
teaching skills	les compétences pédagogiques
a teaching qualification	une qualification pédagogique
a teaching licensing exam	un certificat d'aptitude à enseigner
a teaching career	une carrière dans l'enseignement
to train / to re-train teachers	former / recycler les enseignants
a teaching style	un style d'enseignement
a word-to-mouth reputation	une réputation par ouïe-dire
a teacher-evaluation system	un système d'évaluation des enseignants
to assess a teacher's performance	évaluer le travail d'un enseignant
to promote a learning atmosphere	encourager une atmosphère studieuse
to grade / to mark a paper	noter un devoir
to give homework	donner des devoirs
competent / incompetent	compétent / incompétent
inspired / inspiring	inspiré / qui inspire
qualified / unqualified	qualifié / non qualifié
experienced / inexperienced	expérimenté / inexpérimenté
to evaluate / to rate teachers	évaluer les enseignants
students' ratings	les évaluations des étudiants
to receive an evaluation	être évalué
to get a stellar evaluation	être très bien noté
a disastrous / dreadful evaluation	une évaluation médiocre
to do an evaluation	faire une évaluation
an evaluation form	une fiche d'évaluation
to fill in a questionnaire	remplir un questionnaire
a criterion [pl. criteria]	un critère
peer review	l'évaluation par les pairs
a classroom visit	une inspection
to observe a class / an observation	inspecter une classe / une inspection
a culture of accountability	une culture de la responsabilisation
to be held accountable (for)	être tenu pour responsable (de)
to be dismissed / a dismissal	être licencié / un licenciement
to reprimand / a reprimand	réprimander / un blâme

for

- **to be responsible for one's teaching** : être responsable de son enseignement • **to identify the good teachers** : repérer les bons enseignants • **to hold teachers accountable** : responsabiliser les enseignants • **to reward the competent teachers** : récompenser les enseignants compétents • **to help the teachers improve** : aider les enseignants à devenir meilleurs • **to take advantage of the input of students** : profiter du retour des élèves • **to value** : valoriser • **to give meaningful feedback to faculty** : apporter des informations pertinentes au corps enseignant • **to give tenure (to)** : titulariser
- **to improve one's teaching style / methods** : améliorer son style / ses méthodes pédagogiques • **to remind sb to set goals** : rappeler à qn de fixer des objectifs • **to answer the students' needs** : répondre aux besoins des élèves • **to tailor one's methods to the students' needs** : adapter ses méthodes aux besoins des élèves • **to be evaluated on the performance of students one has taught** : être évalué en fonction des performances des élèves à qui l'on a enseigné • **to report inappropriate behavior** : faire état d'une conduite inacceptable • **to measure the learning gains** : mesurer les acquis • **to rank teachers** : classer les enseignants • **to determine the size of a bonus** : déterminer le montant d'une prime
- **to get rid of / to wean out the incompetent teachers** : se débarrasser des enseignants incompétents • **to take disciplinary action** : prendre des mesures disciplinaires • **to sanction the careless teachers** : pénaliser les enseignants négligents • **all professions are evaluated** : toutes les professions sont évaluées

against

- **students are not qualified to do evaluations** : les élèves ne sont pas qualifiés pour faire des évaluations • **an inspector** : un inspecteur • **to make peer reports parts of a teacher's evaluation** : utiliser les rapports établis par les collègues pour évaluer un enseignant
- **a dangerous tool** : un outil dangereux • **a double-edged sword** : une épée à double tranchant • **to terminate a teacher's contract** : mettre fin au contrat d'un enseignant • **a disgruntled student** : un élève mécontent • **to have / to bear a grudge against** : avoir une dent contre • **to get even with a teacher** : se venger d'un enseignant • **witch-hunting** : la chasse aux sorcières • **to blacklist** : mettre sur liste noire • **to humiliate a teacher** : humilier un enseignant
- **a threat to fair / objective marking / grading** : une menace à l'impartialité de la notation • **to be chummy with the students** : être pote avec les élèves • **to be lax in one's classroom management** : être négligent dans la conduite de sa classe • **to turn into a popularity contest** : se transformer en concours de popularité • **to make one's class easier in an effort to get a better evaluation (from)** : simplifier le contenu pour obtenir une meilleure évaluation (de la part de) • **to lose sight of the pedagogical goals** : perdre de vue les objectifs pédagogiques • **no system is perfect** : aucun système n'est parfait

73 Studying abroad is a necessity

to travel / to study abroad / overseas	voyager / étudier à l'étranger
an international / border crossing student	un étudiant international
a diverse student body	des étudiants d'origines diverses
to be sent to study abroad	être envoyé pour étudier à l'étranger
to spend (one year) studying abroad	étudier un an à l'étranger
an exchange program	un programme d'échange
a study abroad program	un programme d'études à l'étranger
to study in a foreign country	étudier dans un pays étranger
to be encouraged / urged to leave	être encouragé / incité à partir
to apply to a university (for)	être candidat à une université (pour)
to be admitted to a foreign university	être admis dans une université étrangère
to gain admission (to)	réussir le concours d'entrée
to enrol in a foreign university	s'inscrire dans une université étrangère
to do graduate studies (at / in)	faire des études de 3e cycle (à / dans)
to pursue graduate work (in)	faire des études de 3e cycle
to carry out an internship abroad	faire un stage à l'étranger
to round off one's education (in)	compléter sa formation (en)
to add to the diversity of academic experience	contribuer à la diversification de l'expérience universitaire
to practice a language	pratiquer une langue
to speak several languages	être polyglotte
to be fluent in many languages	parler plusieurs langues couramment
to be proficient (in)	être capable de s'exprimer (dans / en)
language skills	les qualités linguistiques
to have a solid command of a language	bien maîtriser une langue
to be culturally aware	connaître une autre culture
a cross-cultural experience	une expérience interculturelle
to earn a foreign degree	décrocher un diplôme étranger
to broaden one's intellectual horizon	élargir son horizon intellectuel
to discover the wide world	découvrir le vaste monde
to leave / to step out of one's comfort zone	quitter son petit confort personnel
to tend to stick together	avoir tendance à vivre ensemble
to blend in	se mélanger
to overcome a challenge	surmonter un défi
to pack one's bags	faire ses valises
a life-enhancing / -defining experience	une expérience marquante
enriching / rewarding (a)	enrichissant / gratifiant
to help fight against prejudices / biases	contribuer à lutter contre les préjugés
an opportunity of a lifetime / a once-in-a-lifetime opportunity	une occasion unique dans sa vie

for

- **the benefits of studying abroad :** les avantages d'étudier à l'étranger • **to strengthen / to build up one's resumé :** étoffer son CV • **to show independence / initiative / resilience / adaptability :** faire preuve d'indépendance / d'initiative / de flexibilité / de capacité à s'adapter • **to put oneself to the test :** se mettre à l'épreuve
- **cultural exposure :** l'exposition culturelle • **to discover a culture from the inside :** découvrir une culture de l'intérieur • **to experience / to explore a new culture (outside of one's own) :** découvrir une nouvelle culture (autre que la sienne) • **to get insights (into) :** avoir des aperçus (sur) • **to be immersed in another culture :** être plongé / baigner dans une autre culture • **to learn / to discover new ways of studying / thinking :** apprendre / découvrir de nouvelles façons d'étudier / de penser • **to meet students from all walks of life :** rencontrer des étudiants venant d'horizons divers
- **development of cross cultural skills :** le développement de compétences interculturelles • **personal self-development / growth :** le développement personnel • **to have a different outlook on life :** voir la vie sous un autre angle • **greater self-reliance / self confidence :** une plus grande autonomie / confiance en soi • **a confidence-building experience :** une expérience qui donne confiance en soi • **to equip sb with the resourcefulness needed to be self-sufficient abroad :** armer qn d'un esprit débrouillard nécessaire pour être indépendant à l'étranger
- **career benefits :** des avantages professionnels • **to look good on a CV :** faire bien sur un CV • **to impress future employers :** impressionner les employeurs futurs • **to be capable of working for multinational companies :** être capable de travailler pour des entreprises multinationales • **to be sought out by employers :** être prisé par les employeurs

against

- **a brain drain :** une fuite des cerveaux • **to lose the best students (to) :** perdre les meilleurs étudiants (au profit de) • **to deprive a country (of) :** priver un pays (de) • **to export one's brains (to) :** exporter ses cerveaux (à)
- **tuition fees :** les frais d'inscription • **living expenses :** les dépenses courantes • **to borrow money from the bank :** emprunter de l'argent à la banque • **to be saddled with debt :** être grevé de dettes • **to have trouble paying back :** avoir du mal à rembourser
- **to go through a culture shock :** subir un choc culturel • **to be homesick / to miss home :** avoir le mal du pays • **to have trouble adjusting (to) :** avoir du mal à s'habituer (à) • **to feel lost / alienated :** se sentir perdu / étranger • **to lose contact (with) :** perdre le contact (avec) • **to overcome the language barrier :** surmonter la barrière linguistique • **to have trouble understanding / communicating :** avoir du mal à comprendre / communiquer • **to make oneself understood :** se faire comprendre
- **to prepare one's application file :** préparer son dossier d'admission • **to take the GRE / the TOEFL :** passer le GRE / le TOEFL • **to be uncertain about the outcome :** ne pas être sûr du résultat • **to be time- / energy-consuming :** prendre du temps / de l'énergie • **the quality of home-grown programs :** la qualité des études dans son pays

74 Suicide is a personal right

suicide / a suicide	le suicide / un suicide / un(e) suicidé(e)
to threaten suicide	menacer de se suicider
to resort (to)	recourir (à)
teenage suicide	le suicide des jeunes / chez les jeunes
the suicide rate	le taux de suicide
a suicide note	une note expliquant son geste
a suicide pact	un pacte suicidaire
to be suicide prone	avoir des tendances suicidaires
to detect suicidal impulses	repérer les impulsions suicidaires
to attempt to kill oneself	tenter de se supprimer
an attempted suicide / a suicide attempt	une tentative de suicide
a failed attempt	une tentative ratée
to be driven to suicide	être conduit au suicide
to contemplate suicide	envisager de se suicider
to commit suicide / to die by suicide	se suicider
to end / to take one's life	mettre fin à ses jours
to be up to sb (to)	être du ressort de qn (de)
to kill oneself / to do oneself in	se donner la mort / se supprimer
a suicidal tendency	une tendance suicidaire
a suicidal gesture	un geste suicidaire
suicidal thoughts	des pensées suicidaires
self-harm	l'auto-destruction
to be pushed over the edge	être amené à commettre l'irréparable
to step in front of train / to throw oneself in front of a train	se jeter sous un train
to turn a weapon on oneself	retourner une arme contre soi
to cut / to slash one's wrists	se trancher les veines
to self-immolate / self immolation	s'auto-immoler / l'auto immolation
an overdose	une surdose
to pop / to swallow pills	avaler des cachets
to yield / to give way to despair	céder au désespoir
to be plagued by health problems	être en proie à des problèmes de santé
mental illness / depression	la maladie mentale / la dépression
a nervous breakdown	une dépression nerveuse
an impulse / impulsive (a)	une impulsion / impulsif
a way out (of) (pain / torture)	une issue (à) (la douleur / la torture)
suicide prevention	la prévention des suicides
a suicide hotline	SOS détresse
a counseling center	un service psychologique
to seek [sought] help	demander de l'aide

for

- **a human / individual right :** un droit de l'homme / individuel • **to exercise one's freedom :** disposer de sa liberté • **to interfere with sb's decision :** se mêler de la décision de qn • **the right to die :** le droit de mourir • **no one should be forced to suffer against their will :** nul ne devrait être contraint de souffrir contre sa volonté • **to have a right to conduct one's life / death as we wish / to control one's own body :** avoir un droit de mener sa vie / décider de sa mort comme on l'entend / de contrôler son corps
- **a means of political expression / protest :** un moyen d'expression / de revendication politique • **the Buddhist monks of Vietnam :** les moines bouddhistes du Vietnam • **to sacrifice one's life :** sacrifier sa vie • **to protest (against a policy / a regime) :** protester (contre une politique / un régime)
- **if abortion is legal, why not suicide? :** si l'avortement est autorisé, pourquoi pas le suicide ? • **an escape path for a soul to another, better world :** une échappatoire pour l'âme vers un monde meilleur

against

- **a personal tragedy / a heart-wrenching decision :** une tragédie personnelle / une décision douloureuse • **to be at odds with life / the pursuit of happiness :** être en contradiction avec la vie / la poursuite du bonheur • **a cowardly act :** un acte lâche • **to run away from oneself :** refuser de faire face à ses responsabilités • **to give up hope :** renoncer à tout espoir • **to be in the depths of despair :** être au fond du désespoir • **we hold human life to be valuable / precious :** nous tenons la vie pour précieuse
- **a mental health concern :** un problème de santé mentale • **to lose the ability to think rationally :** perdre la capacité de penser de façon rationnelle • **a permanent solution to a temporary situation :** une solution définitive à une situation temporaire • **an easy way out :** une solution de facilité
- **a cry for help :** un appel à l'aide • **to express despair :** exprimer le désespoir • **to draw [drew / drawn] attention (to) :** attirer l'attention (sur) • **to commit (to hospital) :** hospitaliser • **to be a threat to oneself :** être une menace (pour soi) • **to be compared with murder :** être comparé au meurtre
- **a sin :** un péché • **Thou shalt not kill :** Tu ne tueras point • **one of the Ten Commandments :** l'un des Dix commandements • **one's life is the property of God :** sa vie appartient à Dieu • **to be tantamount to self-murder :** être équivalent à un meurtre commis contre soi • **we are not the owners of our life :** notre vie ne nous appartient pas • **to violate our obligation to love our neighbor :** violer notre obligation d'aimer notre prochain • **life is a gift from God :** la vie est un don de Dieu
- **a selfish act :** un acte égoïste • **to inflict great / sufferings / pain on others :** infliger de grandes souffrances aux autres • **removing yourself means removing any possibilities of future success :** se supprimer revient à éliminer toute possibilité de succès futur • **everyone has the potential to become an Einstein / another Mother Teresa :** on a tous le potentiel pour devenir un Einstein / une autre Mère Teresa

75 The American Dream is dead

to seek [sought] a dream / to chase / to pursue a dream	chercher à réaliser un rêve
to make a dream come true / to fulfill / to achieve the US dream	réaliser le rêve américain
to be in search of / in quest of	être à la recherche de / en quête de
a quest (for)	une quête (de)
the pursuit of happiness	la poursuite du bonheur
a land of opportunity / an El Dorado	un pays de la chance / un Eldorado
a dream country	un pays de rêve
to be lured (to / by)	être attiré (vers / par)
a lure / a magnet	un miroir aux alouettes / un aimant
to entice / enticing	attirer / attirant
to attract / to draw [drew / drawn] people	attirer les gens
to appeal to / an appeal	plaire (à) / un attrait
the seamy side / the other side of the dream	l'envers du décor
the reverse of the dream	l'envers du rêve
an elusive dream	un rêve illusoire
unattainable	qu'on ne peut atteindre
to fail to materialize	ne jamais se réaliser
to be beyond sb's reach / out of reach	être hors de portée de qn
to have faith (in) / to lose faith (in)	avoir / ne pas avoir confiance (en)
to dash a dream	réduire un rêve à néant
a shattered dream / to restore the dream	un rêve brisé / restaurer le rêve
the risk-taking spirit	le goût du risque
rugged individualism	l'individualisme forcené
self-reliance	le fait de compter sur soi
a sense of purpose	une détermination
forward-looking / sanguine / upbeat (a)	optimiste
a 'can do' attitude	une attitude volontariste
a go-getter	un ambitieux
to work one's way up	s'élever socialement
to climb up the (social) ladder	grimper dans l'échelle sociale
to come up in the world	grimper les échelons
upward social mobility	l'ascenseur social
a rags-to-riches story / a success story	l'histoire d'une réussite
to go from rags to riches	partir de rien et faire fortune
to start out on the bottom rungs of the economic ladder	démarrer au bas de l'échelle économique
outward signs of success	les signes extérieurs de succès
wealth inequality	l'inégalité des richesses

for

- **a scaled-down American Dream** : un rêve américain en réduction • **to pay for one's children's education** : payer les études des enfants • **to send one's children to college** : envoyer ses enfants à l'université • **tuition fees** : les droits d'inscription • **to afford an Ivy League education** : s'offrir une formation supérieure de qualité • **to be well-educated** : avoir de bons diplômes • **to be trapped in dismal schools** : être coincé dans des écoles minables • **to drop out of school** : abandonner ses études
- **a growing national debt** : une dette nationale en augmentation • **runaway government spending** : une dépense publique galopante • **to hit hard the average taxpayer** : frapper durement le contribuable moyen • **to be squeezed by an economic downturn** : être victime d'une récession • **increasing inequalities** : les inégalités croissantes • **to widen the gap between the haves and the have-nots** : élargir le fossé entre les nantis et les démunis • **jobs threatened by outsourcing** : les emplois menacés par les délocalisations • **the lack of a safety net** : l'absence de filet de sécurité • **to be paid less than a living wage** : gagner à peine de quoi vivre • **the Wal-Martization of the economy** : la prolifération de petits boulots • **to be nickel and dimed** : être payé trois sous • **a nickel-and-dime job** : un petit boulot (mal payé) • **a dead-end job** : un boulot sans avenir • **to live in the shadow of prosperity** : vivre à l'ombre de la prospérité
- **to keep up with the Joneses** : faire concurrence aux voisins • **crass materialism** : le matérialisme vulgaire • **material possessions** : les biens matériels • **a less consumerist American Dream** : un Rêve américain moins consumériste • **to pare expenses** : réduire les dépenses • **to reassess priorities** : ré-examiner ses priorités • **to live sparingly** : vivre frugalement • **to build up savings** : faire des économies

against

- **to be alive and well** : être bel et bien vivant • **to strip oneself of old habits** : se débarrasser des vieilles habitudes • **to become a new man** : devenir un homme neuf • **to leave one's past behind** : laisser son passé derrière soi • **to start from scratch** : partir de zéro • **to start a new life / business** : démarrer une nouvelle vie / entreprise
- **the enterprising spirit / entrepreneurship** : l'esprit d'entreprise • **entrepreneurial (a)** : qui a l'esprit d'entreprise • **the pioneer spirit** : l'esprit pionnier • **to pull oneself up by the bootstraps** : réussir à la force du poignet • **an innovative / creative country** : un pays innovant / créatif • **cutting edge technology** : une technologie à la pointe • **generous research financing** : une recherche au financement généreux
- **to bootstrap one's way out of poverty** : se sortir de la pauvreté à la force du poignet • **to achieve financial prosperity / reward** : devenir riche • **to seek [sought] fortune** : chercher à faire fortune • **to strike [struck] it rich** : devenir riche • **to better oneself** : avoir une vie meilleure • **to reinvent oneself** : se réinventer • **to escape / to flee [fled] persecution** : échapper à la persécution • **to seek political asylum** : demander l'asile politique • **to practice one's religion freely** : être libre de pratiquer sa foi • **free speech** : la liberté d'expression • **a time-honored constitution** : une constitution éprouvée par le temps • **a stable political system** : un système politique stable

76 The EU makes no sense

a political / an economic framework	un cadre politique / économique
the European construction	la construction européenne
to unite Europe	unir l'Europe
a founding treaty	un traité fondateur
the European Coal and Steel Community (ECSC) / the Treaty of Rome	la Communauté européenne du Charbon et de l'Acier (CECA) / le Traité de Rome
a common agricultural policy (CAP)	une politique agricole commune (PAC)
a member state	un État membre
to join / to enter the EU	adhérer à / entrer dans l'UE
entry to / into the EU	l'entrée dans l'UE
to take on new members	accepter de nouveaux membres
membership	l'appartenance
to aspire to membership	ambitionner de devenir membre
to enlarge / enlargement	élargir / l'élargissement
the EU enlargement process	le processus d'élargissement de l'UE
European citizenship	la citoyenneté européenne
the EU Constitution	la Constitution européenne
to draft a constitution	rédiger une constitution
to hold a referendum (on) [pl. referenda]	organiser un referendum
to ratify a treaty / ratification (of)	ratifier un traité / la ratification (de)
the European Council	le Conseil européen
the European Parliament	le Parlement européen
an MEP / a Euro MP	un député européen
a European Union summit	un sommet européen
the European Commission	la Commission européenne
the European Court of Justice	la Cour de Justice européenne
a commissioner	un commissaire
a directive	une directive
the single market	le marché unique
a customs union	une union douanière
free movement / flow of capitals / goods / people	la libre circulation des capitaux / des biens / des personnes
to remove / to scrap / to knock down barriers	supprimer les barrières
a stability pact	un pacte de stabilité
the euro / a single / a common currency	l'euro / une monnaie unique
the European Central Bank (ECB)	la Banque centrale européenne
a common policy	une politique commune
community law	le droit communautaire
to comply with EU legislation	se plier à la législation européenne
binding rules	les règlements exécutoires

for

- **to provide peace / prosperity / stability for its peoples** : apporter la paix / la prospérité / la stabilité aux peuples • **to overcome the divisions on the continent** : surmonter les divisions sur le continent • **to put the wars behind** : rompre avec les guerres • **to create the conditions for a lasting peace** : créer les conditions d'une paix durable • **to ensure economic growth** : assurer la croissance économique • **to promote economic cooperation / social development** : promouvoir la coopération économique / le développement social • **to meet the challenges of globalisation** : faire face aux défis de la mondialisation • **to compete on the world stage (with)** : faire concurrence sur la scène internationale (à)
- **to uphold [upheld] values** : maintenir des valeurs • **a belief in human rights / social solidarity / free enterprise / a fair distribution of the fruits of economic growth** : la croyance dans les droits de l'homme / la solidarité / la libre entreprise / une juste distribution des fruits de la croissance • **the right to a protected environment** : le droit à un environnement protégé • **respect for cultural / linguistic / religious diversity** : le respect de la diversité culturelle / linguistique / religieuse
- **a common security and defence policy** : une politique commune de sécurité et de défense • **the fight against terrorism / organized crime** : la lutte contre le terrorisme / le grand banditisme • **to rely on Europe-wide solidarity when people fall victims to natural disasters** : compter sur la solidarité de tous les Européens quand ils sont victimes de catastrophes naturelles • **to reduce inequalities between different parts of Europe** : réduire les inégalités entre les différentes régions d'Europe • **to improve transport infrastructure** : améliorer les transports • **to provide better access to outlying regions** : contribuer à désenclaver les régions reculées • **to boost trans-European trade** : encourager le commerce à travers l'Europe • **there is added value in acting together and speaking with a single voice** : on y gagne à agir ensemble et à parler d'une seule voix • **unity is strength** : l'union fait la force

against

- **a Eurosceptic / eurosceptical (a)** : un eurosceptique • **to have second thoughts on Europe** : avoir des doutes sur l'Europe • **to sell [sold] out sovereignty** : sacrifier sa souveraineté • **to infringe on sovereignty** : empiéter sur la souveraineté • **to surrender one's sovereignty (over)** : renoncer à sa souveraineté (sur) • **to transfer sovereignty (to)** : transférer sa souveraineté (à) • **to safeguard one's sovereignty** : préserver sa souveraineté • **to bow to centralism** : se plier au centralisme • **to stay separate / to go it alone** : faire cavalier seul • **a two-tier Europe** : une Europe à deux vitesses • **a multi-track / multi-speed Europe** : une Europe à plusieurs vitesses • **a supranational institution** : une institution supranationale

77 The European social model is on its last legs

to bind Europe together	souder les pays européens
the gross domestic product (GDP)	le produit intérieur brut (PIB)
an ailing social model	un modèle social mal en point
to afford a social model	s'offrir un modèle social
to be under threat	être menacé
to preserve / to keep a model	préserver / conserver un modèle
a need for structural reform	un besoin de réformes structurelles
to boast about one's social model	se vanter de son modèle social
sustainable / unsustainable	supportable / insupportable
the national health care system	la couverture maladie
social expenditures	les dépenses sociales
social welfare	le bien-être social
social rights / social protection	les droits sociaux / la protection sociale
the right to strike	le droit de grève
extensive welfare benefits	des avantages sociaux généreux
wealth distribution measures	des mesures de répartition des richesses
social dialogue	le dialogue social
a trade (UK) / labor (US) union	un syndicat
workers' representation	la représentation des travailleurs
progressive taxation	l'impôt progressif
social / employment regulation	les lois sociales / sur l'emploi
generous vacations / early retirement	des congés généreux / la préretraite
a lavish state system	un système étatique généreux
a cradle-to-grave safety net	une protection à vie
social gains	les acquis sociaux
falling revenues	des recettes en baisse
an aging population	une population vieillissante
the decline of the birth rate	le déclin du taux de natalité
low growth	une faible croissance
life expectancy	l'espérance de vie
a pension / a pensioner	une retraite / un(e) retraité(e)
the state pension system	le système des retraites du public
to raise the legal retirement age	relever l'âge légal du départ à la retraite
to outsource / outsourcing	externaliser / l'externalisation
to cut spending	réduire les dépenses
to adopt austerity measures	adopter la rigueur
to tighten one's belt	se serrer la ceinture
to go belly up / public debt	aller à la faillite / la dette publique
to increase taxes (on)	augmenter les impôts (sur)
social peace / social dialogue	la paix sociale / le dialogue social

for

- **to afford a comfortable lifestyle / the 'luxury' of strong welfare measures :** se permettre un style de vie confortable / le luxe de fortes mesures sociales • **to have a lavish lifestyle :** vivre sur un grand pied • **to splurge (on) :** dépenser (pour acheter) • **to squander :** gaspiller • **to run a deficit :** faire du déficit
- **to pass pension reform :** faire la réforme des retraites • **to eke out a living :** avoir du mal à subsister • **to fill / to replenish the coffers :** regarnir les coffres • **a pension overhaul :** une mise à plat des retraites • **to chop / to cancel big projects :** tailler dans / annuler les gros projets • **to cut spending on social protection :** baisser les dépenses sociales • **to reduce health benefits :** réduire les prestations sociales • **to work harder / longer :** travailler plus / plus longtemps • **to increase the years of work :** augmenter la durée du travail • **a bloated state sector :** un secteur public pléthorique • **to freeze public-sector pay / pensions :** geler les salaires de la fonction publique / les retraites • **to cut civil service salaries (by) :** réduire les salaires de la fonction publique (de) • **to trim benefits for state employees :** tailler dans les avantages de la fonction publique
- **to adapt to fiscal / demographic change :** s'adapter aux changements sociaux / démographiques • **to bolster competitiveness :** relancer la compétitivité • **to change employment rules :** modifier la législation sur l'emploi • **to increase work hours :** augmenter la durée du travail • **a sluggish growth rate :** un taux de croissance anémique • **industries have shifted to Asia :** les industries ont migré vers l'Asie • **to lack competitiveness in world markets :** manquer de compétitivité sur les marchés mondiaux • **to ease regulation for business :** assouplir les règlements dans l'entreprise • **to compete with developing economies :** rivaliser avec les économies émergentes

against

- **the state's protective role :** le rôle protecteur de l'État • **to sustain a social model :** soutenir un modèle social • **active policies to fight poverty / to redistribute wealth :** des politiques dynamiques pour lutter contre la pauvreté / répartir les richesses • **social justice :** la justice sociale • **solidarity :** la solidarité • **to combat social exclusion :** lutter contre l'exclusion sociale • **gender equality :** l'égalité entre les sexes • **equal access to health / education :** l'accès universel à la santé / à l'éducation • **a competitive educational system :** un système éducatif compétitif • **to guarantee equality of opportunity :** garantir l'égalité des chances • **an outstanding education level :** un niveau d'éducation remarquable • **a high-skill / knowledge-based economy :** une économie à haute technicité / à forte valeur en connaissance • **high-quality jobs :** des emplois de haute qualité • **lifelong learning :** la formation permanente
- **flexicurity (flexibility + security) :** le flexicurité • **to lead a pro-active labor market policy :** mener une politique du travail proactive • **to boost innovation / productivity :** encourager l'innovation / la productivité • **a skilled / innovative workforce :** une main-d'œuvre qualifiée / innovante • **the most productive workers in the world :** les travailleurs les plus productifs au monde • **labor productivity per hour :** la productivité par heure travaillée

78 The monarchy is a thing of the past

a king / a queen	un roi / une reine
an absolute / hereditary monarch	un monarque absolu / héréditaire
a monarchist	un monarchiste
monarchical powers	les pouvoirs monarchiques
the Court of St James	la Cour d'Angleterre
the House of Windsor	la Maison de Windsor
the Royal Family / the royals / royalty	la famille royale
to rule	gouverner
the Crown	la Couronne
a nobleman / a noblewoman	un(e) noble
the ruling class elite	l'élite dirigeante
Queen Elizabeth II	la Reine Elizabeth II
a prince / a princess	un prince / une princesse
the heir apparent to the throne	l'héritier présomptif de la Couronne
male primogeniture	la primogéniture masculine
a constitutional monarchy	une monarchie constitutionnelle
a hereditary monarchy	une monarchie héréditaire
a kingdom	un royaume
the British empire	l'empire britannique
the realm / to reign / the reign	le royaume / régner / le règne
absolutism (ni) / absolute power	l'absolutisme
to abdicate / abdication	abdiquer / l'abdication
to abdicate the throne	abdiquer / renoncer à la Couronne
to depose / deposition	déposer / la destitution
a claimant to the throne	un prétendant au trône
to usurp power / the throne	usurper le pouvoir
to be crowned king	être couronné roi
the sovereign / sovereignty (ni)	le souverain / la souveraineté
to succeed (sb) / succession (to)	succéder (à qn) / la succession (à)
a successor	un successeur
to ascend / to accede to the throne	monter sur le trône
accession to the throne	l'avènement
coronation	le couronnement
the coronation oath	le serment du couronnement
a palace	un palais
the Crown jewels / estate	les joyaux / biens de la Couronne
a gilded coach / the scepter	un carrosse doré / le sceptre
by divine right	de droit divin
to do away with / to restore monarchy	supprimer / restaurer la monarchie
to abolish the monarchy	abolir la monarchie
to have a job for life	avoir un emploi à vie
to be Head of the Church of England	être à la tête de l'Église anglicane

for

- **to keep a monarch in place / to retain monarchy** : conserver la monarchie • **to favor the retention of monarchy** : être favorable à la préservation de la monarchie • **the aura of monarchy** : l'aura de la monarchie
- **to preserve the legacy of the past** : préserver l'héritage du passé • **to provide stability** : apporter la stabilité • **to maintain national unity / to keep a country whole / together** : préserver l'unité nationale • **a symbol of continuity** : un symbole de continuité • **to embody British history / identity** : incarner l'histoire / l'identité britannique • **to fall prey to dictatorship** : devenir la proie de la dictature • **to perform official duties** : remplir des devoirs officiels • **to promote industry abroad** : promouvoir l'industrie à l'étranger • **to secure contracts** : obtenir des contrats • **to take away Britain's identity** : supprimer l'identité britannique
- **to fulfill a political function** : remplir une fonction politique • **the State Opening of Parliament** : l'ouverture de la session du Parlement • **to dissolve Parliament** : dissoudre le Parlement • **to call a general election** : appeler aux urnes • **to appoint / to dismiss a minister** : nommer / renvoyer un ministre • **the Queen's speech (UK) / the Throne Speech** : le discours du trône • **the Head of State / of the Commonwealth / of the Army** : le Chef de l'État / du Commonwealth / des armées • **the Privy Council** : le Conseil privé • **to give one's Royal Assent to the Acts of Parliament** : signer les lois • **a check on the behaviour of parliament / the prime minister** : un contre-pouvoir au Parlement / au premier ministre • **to provide a constitutional safeguard** : offrir un garde-fou constitutionnel • **a unifier above the party fray** : un fédérateur, au-dessus des querelles des partis • **to be overruled by Parliament** : être rejeté par le Parlement • **to be politically neutral** : être neutre politiquement

against

- **to overthrow [overthrew / overthrown]** : renverser • **an antimonarchist** : un antimonarchiste • **an outdated / undemocratic institution** : une institution dépassée / anti-démocratique • **to curtail the monarch's powers** : limiter les pouvoirs monarchiques • **a mere figurehead** : une simple figure de proue • **to be selected by accident of birth** : être choisi par accident • **the antithesis of democracy** : l'antithèse de la démocratie • **to be out of kilter with a modern democracy** : être en décalage par rapport à une démocratie moderne • **to be unelected** : ne pas être élu • **lack of democratic legitimacy** : l'absence de légitimité démocratique
- **to be a burden on the taxpayer** : peser sur les impôts • **to modernize** : se moderniser • **to be outdated / to belong to the past** : être dépassé • **to be tarnished / racked by scandals** : être éclaboussé par des scandales
- **the British class system** : le système de classe britannique • **to be socially divisive** : être socialement diviseur • **a class system dedicated to preserving the status quo** : un système de classe destiné à préserver le statu quo • **to stunt political growth** : nuire au développement politique • **the opposite of British fair play / equal opportunity / justice** : l'antithèse du fair play / de l'égalité des chances / de la justice britannique

79 The Olympic Games are a folly

the Olympic Games / the Games	les Jeux olympiques, les JO
the Ancient Olympic Games	les JO de l'Antiquité
the Winter / Summer Olympic Games	les Jeux d'hiver / d'été
wheelchair olympics / the Paralympics	les Jeux paralympiques
the International Olympic Committee (IOC)	le Comité international olympique (CIO)
the Olympic Charter	la charte olympique
a sporting event	un événement sportif
to stage the Games	organiser les Jeux
the Olympic flame / torch	la flamme olympique
the Olympic rings	les anneaux olympiques
the Olympic motto	la devise olympique (Citius, Altius, Fortius)
the Olympic stadium	le stade olympique
the Olympic village	le village olympique
to put up athletes (in)	loger les athlètes (dans)
the torch-lighting / the opening ceremony	la cérémonie d'ouverture
the closing ceremony	la cérémonie de clôture
the torchbearer	le porteur de la flamme
the Olympic banner	la bannière olympique
a bid to host the Olympics	une candidature aux Jeux
a bid city	une ville candidate
the host city	la ville organisatrice
to win the Games	remporter les Jeux
to be awarded the Games	se voir attribuer les Jeux
to be elected host city	être élue ville organisatrice
to host the Olympics	accueillir les JO
to showcase oneself (to)	se mettre en valeur (aux yeux de)
to earn back one's investment	récupérer sa mise de fonds
to proclaim the Games open	proclamer l'ouverture des Jeux
pageantry	la pompe
to participate / to take part / to compete (in)	participer (à)
an event	une compétition
a venue	un lieu de compétition
a gold / silver / bronze medal	une médaille d'or / d'argent / de bronze
a gold medalist	un champion olympique, une médaille d'or
to win [won] a medal	remporter une médaille
to play the national anthem	jouer l'hymne national
to boycott the Games	boycotter les Jeux
doping / a performance enhancing drug	le dopage / un produit dopant
to be stripped of one's medal	être déchu de son titre

for

- **why pay so much for a few weeks' sport? :** pourquoi dépenser autant pour quelques semaines de sport ? • **a waste of money :** un gaspillage d'argent • **to cost a fortune :** coûter une fortune • **a profitable venture :** une aventure rentable • **to pay for the Games :** payer les Jeux • **to spruce up a district :** rénover un quartier • **to build stadiums / an aquatic center / a sailing center / a broadcasting and media center :** construire des stades / un centre aquatique / une base nautique / un centre de presse • **to widen a motorway :** élargir une autoroute • **to upgrade a rail link :** moderniser une ligne ferroviaire • **construction costs :** les coûts de construction • **security costs :** les coûts pour assurer la sécurité • **to overspend :** dépenser plus que prévu • **(not) to live up to one's promises :** (ne pas) tenir ses promesses • **to recoup (m) (by) :** récupérer (des millions) (en) • **to bring in :** rapporter • **to be straddled with debt for years :** être grevé de dettes pendant des années
- **a great inconvenience to a city :** un fâcheux contretemps pour une ville • **to disrupt traffic :** gêner la circulation • **the fear of terrorist attacks :** la crainte d'attentats terroristes • **a platform to promote political ideologies :** une tribune de propagande idéologique • **to promote one's political agenda :** promouvoir son programme politique • **a source of jingoistic nationalism :** une source de nationalisme chauvin • **to improve the image of a country :** améliorer l'image d'un pays
- **the legacy of the Games :** l'héritage des Jeux • **to leave a legacy :** laisser en héritage • **to make use of what is left when the athletes go home :** mettre à profit les installations une fois les athlètes rentrés dans leur pays • **to be underused :** être sous-utilisé • **the Olympic quarter :** le quartier olympique • **to take over :** succéder à • **social housing goes hand in hand with joblessness :** le logement social va de pair avec le chômage

against

- **a worthwhile investment :** un investissement qui en vaut la peine • **to expect / to hope for returns :** espérer un retour sur investissement • **to attract tourists from the world over :** attirer les touristes du monde entier • **a boon for the local merchants :** une manne pour les commerçants locaux • **to serve an economic interest :** avoir un but économique • **to promote trade :** promouvoir le commerce • **to bring [brought] / to gather people together :** rassembler les peuples
- **city regeneration / renewal :** le renouveau de la ville • **to rehabilitate forlorn / abandoned / derelict / rundown land :** réhabiliter des terrains abandonnés • **to create / to generate (long-term) jobs / to spawn work :** créer des emplois (à long terme) / de l'emploi • **to boost the local economy :** donner un coup de fouet à l'économie locale • **to turn Olympic quarters into social housing :** transformer le quartier olympique en logements sociaux • **to help improve transport infrastructure :** contribuer à améliorer les infrastructures de transport • **to turn the Olympic Park into a place for people to live, work and play :** transformer la Cité olympique en un lieu de vie

80 The Web: bane or boon?

the cyberspace	le cyberespace
the cyber age	l'ère du tout numérique
the cyberscape	le cyberpaysage
a wide-open space	un espace grand ouvert
a new frontier	une nouvelle frontière
a technological revolution	une révolution technologique
an open platform / to tinker (with)	une plateforme ouverte / bricoler
the digital age	l'ère du numérique
the world wide web / WWW / www	la Toile mondiale, le web
an Internet connection / to be wired	une connexion Internet / être câblé
a connection speed	une vitesse de connexion
(to have) Internet access	(avoir) accès à Internet
broadband Internet access	l'Internet haut débit
a hotspot / a hot spot	un point d'accès wifi
to access a site	avoir accès à un site
to log onto / to connect to the Internet	se connecter à Internet
to link into / to plug in the Internet	se brancher sur Internet
to hook up with sb	se connecter avec qn
cloud computing	l'infonuagique / l'informatique dématérialisée / en nuage
to download	télécharger
digital technologies	les technologies numériques
a backbone / a network	une épine dorsale / un réseau
e-learning	l'apprentissage électronique
e-commerce / m-commerce	le commerce électronique / par mobile
interactive (a)	interactif
webcasting / a webcast	la webdiffusion / un webévénement
Internet radio	la radio sur Internet
podcasting / a podcast	la baladodiffusion / un balado
a feed / a playlist	un flux / une liste de lecture
streaming	la diffusion multimédia
VoIP (voice over IP)	le transport de la voix sur Internet
IPTV (Internet Protocol over TV)	la télévision IP
a cyberzine / a webzine / an ezine	un cybermagazine
to make information available (to)	rendre l'information disponible (à)
to gather like-minded people	rassembler des gens qui se ressemblent
a social network	un réseau social
to suffer from Internet addiction	souffrir d'une addiction à Internet
a net addict / a nethead	un accro / un mordu du Net
to be hooked on cyberspace	être accro au cyberespace
to prise sb away from their computer	arracher qn à son ordinateur

for

- **to change our world beyond recognition :** changer notre monde du tout au tout • **to wreck fundamental values :** détruire des valeurs fondamentales • **to destroy / to undermine the record industry / the publishing industry / newspapers / cinema :** détruire / saper l'industrie du disque / l'édition / la presse / le cinéma • **to pirate / piracy :** pirater / la piraterie • **theft :** le vol • **to have access to an enormous range of knowledge :** avoir accès à une vaste étendue de connaissances • **at the tap of a finger :** au bout des doigts • **web content :** le contenu du web • **to purvey falsehoods :** répandre des mensonges • **unverified information :** des informations non vérifiées • **to be riddled with errors :** être criblé d'erreurs • **misinformation :** la désinformation
- **to change the meaning of notions :** bouleverser le sens de notions • **to build up friendships through social networking sites :** bâtir des relations par le biais de réseaux sociaux • **an online community :** une communauté virtuelle
- **to unleash dangers :** menacer • **the fear of Big Brother :** la peur de Big Brother • **to destroy personal liberties :** détruire les libertés personnelles • **to infringe on people's intimacy :** empiéter sur la vie privée des gens • **to be constantly monitored :** être sous surveillance constante • **to plant cookies in computers :** introduire des mouchards dans les ordinateurs • **to spy (on) :** espionner • **to steal [stole / stolen] data (health records / bank details) :** dérober des données (dossiers médicaux / données bancaires) • **phishing :** le détournement d'identité
- **the fear of plagiarism :** la peur du plagiat • **to lift material from the Internet :** pomper des documents sur Internet • **to cheat / cheating :** tricher / la triche
- **the fear of cyberwar :** la crainte d'une cyberguerre • **a cyberwarrior :** un cyberguerrier • **to cripple a whole nation :** paralyser tout un pays • **to steal intelligent data :** dérober des données sensibles • **to launch WWIII :** déclencher la 3e guerre mondiale • **a hacker :** un pirate • **to sneak into a system :** s'introduire dans un système

against

- **to change man's life overnight :** changer radicalement la vie de l'homme • **another step on the road to progress :** une nouvelle étape sur la route du progrès • **technological progress can't be stopped :** on n'arrête pas le progrès technologique • **another form of entertainment :** une autre forme de distraction • **another source of information :** une autre source d'information • **a trove / a wealth of information :** une mine de renseignements • **a boon for humanity :** une aubaine pour l'humanité
- **to create untold opportunities for everyone :** créer des occasions uniques pour tous • **to exercise man's creativity / ingenuousness :** exercer la créativité / l'ingénuité de l'homme • **to enable other forms of production :** permettre d'autres formes de production • **"open source" methods :** des méthodes logiciel ouvert • **to share knowledge over vast distances :** partager des connaissances à longue distance • **to open up new horizons :** ouvrir de nouveaux horizons • **boundless / unparalleled opportunities for education / training :** des occasions de formation / de recyclage illimitées / sans pareil

81 The world is losing the war on AIDS

a global scourge	un fléau mondial
a pandemic	une pandémie
the AIDS epidemic	l'épidémie de sida
a killer disease / a deadly disease	une maladie mortelle
a sexually transmitted disease (STD)	une maladie sexuellement transmissible (MST)
AIDS (Acquired Immune Deficiency Syndrome)	le sida (syndrome d'immuno-déficience acquise)
HIV (human immunodeficiency virus) / the HIV virus	le virus HIV (virus d'immunodéficience chez l'homme)
an HIV positive / to be HIV positive	un séropositif / être séropositif
to contract / to develop AIDS / HIV	contracter le sida
an AIDS carrier / patient / sufferer	un malade du sida
people living with AIDS (PLWA)	les malades du sida
to be infected with AIDS	être contaminé par le sida
to test positive (for)	subir un contrôle positif
to spread [spread]	se répandre
to be stricken with AIDS	être atteint du sida
an AIDS case	un cas de sida
to be AIDS-free	ne pas être infecté par le sida
tainted / contaminated / infected blood	le sang contaminé
to be transmitted (through)	se transmettre (par)
a blood transfusion	une transfusion sanguine
semen / sperm (ni)	le sperme
a risk group	un groupe à risque
a drug user	un toxicomane
gay sex	l'amour homosexuel
an AIDS-control program	un programme de lutte contre le sida
to contain / to control the epidemic	contenir l'épidémie
to stop the epidemic	stopper l'épidémie
a blood screening program	un programme de dépistage
to transmit the virus in childbirth	transmettre le virus à la naissance
to die of / from AIDS	mourir du sida / des suites du sida
to lose [lost] a parent to AIDS	perdre un parent à cause du sida
to treat a patient / treatment	soigner un patient / le traitement
to win / to lose the fight (against)	gagner / perdre la bataille (contre)
to fall apart	se désintégrer
to be on drugs	être sous traitement
to be on treatment	suivre un traitement
Doctors Without Borders	Médecins sans frontières

for

- **to make failure inevitable :** rendre l'échec inévitable • **science has produced no magic bullet / no cure / no vaccine :** la science n'a pas trouvé de remède miracle / de remède / de vaccin • **the lack of a widely accepted female condom :** l'absence d'un préservatif féminin accepté par tous • **to make little progress :** faire peu de progrès
- **an emerging country :** un pays émergent • **the lack of drugs :** le manque de médicaments • **a drug shortage :** une pénurie de médicaments • **to trim / to ration treatment :** rationner le traitement • **the cost of treatment :** le coût du traitement • **the availability of drugs :** la disponibilité des médicaments • **to be on a waiting list :** être sur liste d'attente • **to turn people away :** renvoyer les gens chez eux • **to close clinics :** fermer des cliniques
- **to live in a remote area :** habiter une région reculée • **to have little information :** avoir peu de renseignements • **to abide by / to follow the rules of prevention :** suivre les règles de la prévention • **to have access (to) :** avoir accès (à)
- **to suffer from the collapse of economies :** souffrir de l'effondrement des économies • **a global recession :** une récession mondiale • **the impact on donors :** les conséquences pour les donateurs • **donor fatigue :** la lassitude des donateurs • **the loss of donor interest :** la perte d'intérêt éprouvée par les donateurs • **government corruption :** la corruption gouvernementale • **lack of oversight :** l'absence de contrôle • **mismanagement :** la mauvaise gestion
- **to re-arrange one's priorities :** réordonner ses priorités • **to fight other / cheaper diseases :** combattre d'autres maladies / des maladies moins coûteuses • **pneumonia :** la pneumonie • **diarrhea :** la diarrhée • **malaria :** la malaria • **measles :** la rougeole • **tetanus :** le tétanos • **antibiotics :** des antibiotiques • **a mosquito net :** une moustiquaire • **rehydration salts :** des sels de réhydratation • **a water filter :** un filtre à eau

against

- **to practice safe sex :** faire l'amour sans danger • **AIDS prevention :** la prophylaxie antisida • **to wear a condom / a rubber :** mettre un préservatif • **to be equipped with condom vending machines :** être équipé de distributeurs de préservatifs • **to protect oneself :** se protéger • **to practice abstinence :** pratiquer l'abstinence • **chastity :** la chasteté • **to circumcise / circumcision :** circoncire / la circoncision • **to sterilize needles :** stériliser les seringues • **effective prevention strategies :** des stratégies efficaces de prévention
- **to develop new treatments :** mettre au point de nouveaux traitements • **to make headway :** faire des progrès • **protease inhibitors :** des inhibiteurs de protéase / anti-protéases (IP) • **a vaginal microbicide :** un microbicide vaginal • **AZT (azidothymidine) :** l'AZT • **triple-drug therapy / triple therapy :** la tri-thérapie • **anti-retroviral drugs (ARVs) :** des antirétroviraux • **to make cheap generic antiretroviral drugs available :** proposer des antirétroviraux génériques bon marché • **to reduce the risk of HIV infection (in) :** réduire le risque d'infection (chez) • **an awareness-building campaign :** une campagne de sensibilisation

82 To clone or not to clone

an ethical question	une question éthique
to fiddle around with nature	trafiquer la nature
to tamper with nature	altérer / trafiquer la nature
genetic engineering	le génie génétique
cell biology	la biologie cellulaire
stem cell research	la recherche sur les cellules souches
to copy / to replicate	copier / dupliquer
to duplicate a human being	reproduire un être vivant
an exact replica (of)	une réplique fidèle (de)
to clone a gene / a human	cloner un gène / un humain
a clone / a cloned animal	un clone / un animal cloné
an advance in cloning	un progrès dans le clonage
cloning technology	la technologie du clonage
to extract the genetic material (from)	extraire le matériel génétique (de)
to transplant (into)	transplanter (sur)
to donate an egg	donner un œuf
an embryo	un embryon
an embryo transfer	un transfert d'embryon
a womb	une matrice / un utérus
to be genetically identical (to)	être génétiquement identique (à)
to clone an animal (from)	cloner un animal (à partir de)
to clone a mammal	faire le clonage d'un mammifère
nuclear transfer	le transfert de noyau
to fuse two cells together	faire la fusion de deux cellules
identical / fraternal twins	des vrais / faux jumeaux
eugenics	l'eugénisme
transgenics	les animaux transgéniques
a transgenic animal	un animal transgénique
to engineer transgenic animals	produire des animaux transgéniques
biopolitics	la biopolitique
an ethicist	un éthologue
baby-making technology	la technologie pour fabriquer des bébés
a designer baby	un bébé médicament
a gene patent	un brevet génétique
to discriminate (against)	faire de la discrimination (à l'encontre de)
to practice eugenics	pratiquer l'eugénisme
to re-engineer the human species	restructurer l'homme
to regulate human cloning research	réglementer la recherche sur le clonage humain

for

- **the technological benefits of cloning clearly outweigh the possible social consequences** : les avantages technologiques du clonage l'emportent largement sur les conséquences sociales possibles • **to allow human cloning** : autoriser le clonage humain • **infertility** : l'infertilité / la stérilité • **to conceive a child** : concevoir un enfant • **to help infertile couples to have a child** : aider les couples stériles à procréer • **a genetic illness** : une maladie génétique • **to pass on a genetic illness** : transmettre une maladie génétique • **to replace a child who has died** : remplacer un enfant décédé • **to seek redress from the loss (of)** : chercher à se consoler (de la mort de)
- **to cure disease** : guérir des maladies • **regenerative medicine** : la médecine régénérative • **therapeutic cloning** : le clonage thérapeutique • **to save human lives** : sauver des vies humaines • **to produce clones to provide "spare parts" for people who need transplants** : produire des clones afin d'offrir des « pièces détachées » pour les personnes en attente de greffe • **to supply limitless organs to those in need** : fournir des organes en nombre illimité à ceux qui en ont besoin
- **to make a better race of people** : fabriquer une race d'hommes meilleurs • **a super-human** : un super homme • **a disease-free human race** : une race humaine affranchie de la maladie
- **to bring back extinct species** : faire revivre des espèces disparues • **to clone endangered species** : cloner des espèces en voie de disparition • **Jurassic Park** : Jurassic Park • **a dinosaur** : un dinosaure

against

- **to ban human cloning** : interdire le clonage humain • **to play God** : jouer à Dieu • **a violation of the uniqueness of a human life** : une violation de l'unicité de la vie humaine • **to determine gender / the sex** : déterminer le sexe • **sex selection** : le choix du sexe • **to adopt an orphan** : adopter un enfant • **an orphanage** : un orphelinat
- **to be identical to the genetic original person** : être identique à la personne originale • **to cause a lot of psychological / emotional pressure** : imposer une terrible pression psychologique / émotionnelle • **to establish one's own identity** : établir son identité
- **to abuse the technology (to one's own interests / purposes)** : abuser de la technologie (dans ses propres intérêts / pour ses propres fins) • **a child built / made to order** : un enfant fabriqué sur commande • **to devalue children** : dévaluer les enfants • **to treat children as commodities** : considérer les enfants comme des marchandises
- **to create a black market for stolen / discarded embryos** : créer un marché noir pour des embryons volés / rejetés • **a black market of fetuses** : un marché noir de fétus • **to go wrong** : mal se passer • **to produce deformed offspring** : produire des enfants handicapés • **to be cleverer / stronger than us** : être plus intelligent / fort que nous • **to play the sorcerer's apprentice** : jouer les apprentis sorciers

83 Torture can be justified

to torture (sb to death)	torturer (qn à mort)
to practise / to carry out torture	pratiquer la torture
to resort to torture	avoir recours à la torture
to inflict / to engage in torture	infliger / se livrer à la torture
to inflict pain on a person	faire souffrir qn
to be subjected to torture	être victime de torture
a torture instrument	un instrument de torture
a captor / a captive / a detainee	un geôlier / un prisonnier
to detain / to hold prisoner	détenir / retenir prisonnier
a detention center / facility	un centre de détention
a torture victim / a torturer	un supplicié / un tortionnaire
a martyr (to a cause) / martyrdom	un martyr (à une cause) / le martyre
an interrogation / an interrogator	un interrogatoire / un interrogateur
to confess under duress	avouer sous la torture
to coerce / to intimidate	contraindre / intimider
coercion / coercitive (a)	la coercition / coercitif
abusive treatment	les abus de traitement
physical / psychological abuse (ni)	les violences physiques / psychologiques
to be subjected to abuse	être victime de mauvais traitements
to rough up / to beat [beat / beaten] up	rudoyer, malmener / tabasser
water-boarding	le supplice de la baignoire
to hang from hooks on the wall	pendre à des crochets au mur
to ill-treat	maltraiter
to mutilate / mutilation	mutiler / les mutilations
to treat with electric shocks	soumettre à des chocs électriques
a stress position	une position de stress
sleep deprivation	la privation de sommeil
to elicit (information) under torture	obtenir (des informations) sous la torture
rendition / rendering	la détention secrète
barbarity (ni)	la barbarie
a barbarous regime	un régime barbare
an act of barbarism	un acte de barbarie
agony / to be in agony	la douleur atroce / souffrir atrocement
excruciating suffering (ni) / pain	la douleur atroce
post-traumatic stress disorder (PTSD)	les troubles psychiques post-traumatiques
sleeplessness / a recurrent nightmare	l'insomnie / un cauchemar fréquent
to be given / to undergo therapy	être soumis à / subir une thérapie
a ban on torture	une interdiction de la torture

for

- **a torture proponent :** un partisan de la torture • **to condone / to turn a blind eye on torture :** fermer les yeux sur la torture • **to obtain / to glean / to extract / to wriggle out valuable information :** obtenir / glaner / soutirer des renseignements précieux • **to yield useful information :** révéler / livrer de précieux renseignements • **to obtain information by torture (from) :** obtenir des renseignements (de la part de) sous la torture • **information is a weapon :** les renseignements sont une arme • **to wage the war on terror :** livrer la guerre au terrorisme • **the end justifies the means :** la fin justifie les moyens
- **the ticking bomb scenario :** le scénario de la bombe à retardement • **to be vulnerable to a terrorist attack :** être exposé à un attentat terroriste • **to let innocent people die :** laisser mourir des innocents • **millions of innocent lives at stake / in jeopardy :** des millions de vies innocentes en jeu / en danger

against

- **cruel :** cruel • **cruelty :** la cruauté • **inhuman(e) :** inhumain • **degrading :** dégradant • **unspeakable :** indicible • **brutish :** brutal • **revolting :** révoltant • **ignominious :** infamant • **barbaric (a) / barbarian (n/a) :** barbare • **ineffective :** inefficace • **counterproductive :** contre productif
- **a violation of human rights / human dignity :** une violation des droits de l'homme / de la dignité humaine • **to violate basic tenets of international law :** violer les principes fondamentaux du droit international • **to encroach / to impinge upon human rights :** violer les droits de l'homme • **to earn the contempt (of) :** s'attirer le mépris (de) • **to debase an ideal :** salir un idéal • **to degrade / to corrupt the society that allows torture :** salir / dépraver la société qui permet la torture • **to go against the grain of democracy :** aller à l'encontre de la démocratie • **the rights of the accused :** les droits de l'accusé • **to be laid down in the Geneva Convention / the UN Convention against Torture (the ban on torture or any cruel, inhuman or degrading treatment is absolute, even in times of war) :** être écrit dans la Convention de Genève / la Convention de l'ONU contre la torture
- **the efficacy of torture :** l'efficacité de la torture • **to invalidate confessions :** rendre les aveux nuls et non avenus • **a false confession :** une fausse confession • **evidence that cannot be used in a court of law :** des preuves irrecevables devant un tribunal • **to be inadmissible in a court :** être irrecevable devant la justice • **to generate false leads :** donner lieu à de fausses pistes • **to derail an ongoing investigation :** faire capoter une enquête en cours
- **to belong to an age long gone by :** appartenir au passé • **the Cold War :** la guerre froide • **spying :** l'espionnage • **a spy :** un espion • **to put suspected terrorists on the rack / to pull off toenails :** mettre les terroristes présumés à la torture / arracher les ongles des pieds • **to brand with red-hot irons :** marquer au fer rouge

84 TV is doing more harm than good

to watch television / TV	regarder la télévision
to turn on / to shut off TV	allumer / éteindre la télévision
Digital Terrestrial Television (DTTV, DTV)	la télévision numérique
interactive television	la télévision interactive
educational television	la télévision éducative
pay-per-view television	la TV à la carte
a subscription package	un bouquet de chaînes payantes
a subscriber / a subscription	un abonné / un abonnement
TVoIP (TV over Internet Protocol)	la télévision par Internet
Web TV	la télé Web
a satellite dish	une antenne parabolique
a license fee	une redevance
to watch live	regarder en direct
to televise / to telecast	téléviser
to show / to broadcast [broadcast]	passer, diffuser
a TV programme (UK) / program (US)	une émission de télé
a live program	un programme en direct
a live broadcast (from)	une (re)diffusion en direct (depuis)
a news broadcast / the news	un journal / les nouvelles
a TV station / channel	une station / chaîne de télévision
the mainstream channels	les chaînes généralistes
an all-news channel	une chaîne info
a pay / toll channel	une chaîne payante
pay cable / pay per view (PPV)	le paiement à la séance
a news network	une chaîne d'informations
to change over to...	passer sur... / mettre...
to channel surf / to switch channels / to zap	zapper
to be glued to the screen	être scotché devant l'écran
a couch potato	un téléphage
a cheap source of entertainment	une source de distractions bon marché
to expose children to rubbish	montrer n'importe quoi aux enfants
a universal pacifier	un arbitre de la paix des ménages
to popularize masterpieces	populariser des chefs d'œuvre
the viewing audience	les téléspectateurs
the television audience	l'audience de la télévision
a televiewer	un téléspectateur
viewership / viewing audience	l'indice d'écoute, l'audimat
to score a good / wide viewership	obtenir un bon indice d'écoute
an audience share	une part d'audience
prime time / peak viewing time	les heures de grande écoute
breaking news	un flash info

for

- **to blame TV (for)** : rendre la TV responsable (de) • **the dumbing down of television** : le nivellement par le bas (de la télévision) • **the idiot box / the goggle box / the boob tube (US)** : la téloche • **to destroy communication (between)** : détruire la communication (entre) • **to brainwash / to condition** : conditionner
- **standardization / homogenization of cultures** : la banalisation des cultures • **the stupefying impact of TV upon the masses** : l'abêtissement des masses par la télévision • **cultural imperialism** : l'impérialisme culturel • **to influence people's behavior** : influencer l'attitude des gens • **to mould opinions** : façonner les opinions • **to set fashions** : lancer des modes • **to make people more violent / lazy / less imaginative** : rendre les gens plus violents / plus paresseux / moins créatifs • **to encourage passive enjoyment** : encourager le plaisir passif • **to become less sensitive to violence** : devenir moins sensible à la violence • **to confuse fact and fiction** : confondre la fiction avec la réalité • **to glamorize violence** : glorifier la violence • **to cripple / to exercise one's imagination** : paralyser / exercer son imagination • **to destroy individuality** : détruire l'individualité • **to corrupt moral values** : corrompre les valeurs morales • **to debase the political process** : avilir le processus politique • **to warp one's perspective of the world** : déformer sa perspective du monde • **to be cut off from the real world** : être coupé du monde réel
- **to play a sport** : faire du sport • **to take a walk** : se promener • **to develop an addiction** : devenir accroc • **to be hooked (on TV)** : être accro (à la TV) • **to be mesmerized (by)** : être hypnotisé (par) • **to distract sb (from)** : distraire qn (de) • **to crimp / to shorten one's attention span** : limiter / diminuer son degré d'attention

against

- **to increase / to encourage communication** : intensifier / encourager la communication • **no matter where you live you have access (to)** : où que vous habitez, vous avez accès (à) • **to help us understand each other better** : permettre de mieux se comprendre • **to discuss the same programs** : discuter des mêmes programmes • **to share one's interests (with)** : partager ses intérêts (avec) • **to provide subjects to think and talk about** : offrir des sujets de réflexion et de discussion
- **to keep people abreast of / apprised of / informed of the latest news** : tenir les gens informés des dernières nouvelles • **to convey information** : transmettre des informations • **a wealth / a trove of information** : une mine d'informations • **to watch sports / cooking shows (on TV)** : suivre les sports / des programmes de cuisine (à la TV)
- **to provide entertainment (to isolated / lonely people)** : offrir des distractions (à des gens isolés / seuls) • **to be cut off (from)** : être coupé (de) • **to cater for people's individual interests** : répondre aux besoins individuels
- **to expose scandals / the ills and abuses (of)** : révéler les scandales / les maux et les abus (de) • **to get a story to the public** : rendre une affaire publique • **to drive a message across** : faire passer un message • **to help recover victims of abduction** : aider à retrouver les victimes d'enlèvement

85 Water is Africa's major challenge today

water supply	l'alimentation en eau
drinking / fresh water	l'eau potable
running water / tap water	l'eau courante / l'eau du robinet
bottled water	l'eau en bouteille
the consumption of water	la consommation de l'eau
a utility / a water company	une compagnie des eaux
a well / a cistern	un puits / une citerne
a water pipe	une conduite d'eau
a precious commodity	un bien précieux
a finite supply	un approvisionnement fini
rainfall	les précipitations
groundwater / a water table	la nappe phréatique
an aquifer	un aquifère
deep / shallow	profond / peu profond
a withdrawal (from)	un retrait (de)
to refill / to replenish	regarnir / remplir
a water shortage	une pénurie d'eau
water scarcity	la rareté de l'eau
to deplete / water depletion	épuiser / l'épuisement de l'eau
to have access to water	avoir accès à l'eau
a rising / growing demand for water	une demande croissante en eau
to meet the demand	faire face à la demande
competition for water	la lutte pour l'eau
a water war	une guerre de l'eau
foreign dependency	la dépendance de l'étranger
to import water (from)	importer de l'eau (de)
a water-blessed country	un pays béni des pluies
a water-starved country	un pays en mal d'eau
domestic / industrial use	l'usage domestique / industriel
a water-intensive industry	une industrie gourmande en eau
to irrigate / irrigation	irriguer / l'irrigation
desalination	la désalinisation
to feed [fed] the thirsty	nourrir les assoiffés
a human right (to water)	un droit de l'homme (à l'eau)
man's dependence on water	la dépendance de l'homme à l'eau
to expand the availability of water	généraliser l'usage de l'eau
to recycle water	recycler l'eau
a water purifier / to filter water	un purificateur d'eau / filtrer l'eau
to save / to ration water	économiser / rationner l'eau
a water-saving campaign	une campagne de sauvegarde de l'eau

for

- **to wage war over water** : faire la guerre de l'eau • **to fight over water** : se battre pour de l'eau • **to lead to mass migration / famine / fighting** : mener à une migration / une famine / un conflit massif • **the improvement of storage and delivery** : l'amélioration du stockage / de l'alimentation • **to create underground reservoirs** : créer des réservoirs souterrains • **to recover / to collect water** : récupérer l'eau • **to treat used water** : traiter les eaux usées • **a sewage works / farm** : un champ d'épandage
- **to make farming less thirsty** : rendre l'agriculture moins gourmande en eau • **to grow drought-resistant plants** : faire pousser des plantes résistantes à la sécheresse • **to grow food** : faire pousser de la nourriture • **to invest in technologies to take the salt out of sea water** : investir dans des technologies de désalinisation
- **water-related risks** : les risques liés à l'eau • **contaminated water** : de l'eau contaminée • **to fight against water-related diseases** : lutter contre les maladies liées à l'eau • **safe water for drinking / sanitation** : une eau sûre pour la consommation / les sanitaires • **to wash one's hands** : se laver les mains • **to have access to piped water** : avoir accès à un réseau d'alimentation en eau • **to be unfit to drink** : être impropre à la consommation

against

- **eradication of poverty / hunger** : l'éradication de la pauvreté / de la faim • **to face starvation from prolonged drought** : affronter la famine à la suite de la sécheresse prolongée • **to ensure environmental sustainability** : assurer le développement durable • **to engage in poverty-reducing strategies** : mettre en place des stratégies de lutte contre la pauvreté • **to grant debt relief** : annuler la dette
- **to achieve universal primary education** : assurer l'éducation primaire pour tous • **to put battle-hardened teenage soldiers back in school** : scolariser les enfants soldats • **to promote gender equality / to empower women** : promouvoir l'égalité des sexes / donner le pouvoir aux femmes
- **to combat HIV / AIDS / TB / malaria** : lutter contre le HIV / le sida / la tuberculose / la malaria • **to claim millions of lives** : faire des millions de victimes • **to reduce child mortality** : réduire la mortalité infantile • **to improve maternal health** : améliorer la santé de la mère • **to have universal access to vaccinations** : avoir accès aux vaccins pour tous • **life expectancy** : la durée de vie
- **to put an end to civil wars / genocides / ethnic strife / border wars / simmering political, economic, religious tensions** : mettre un terme aux guerres civiles / aux génocides / aux rivalités ethniques / aux guerres de frontières / aux tensions politiques, économiques, religieuses latentes • **to be devastated by war** : être ravagé par la guerre • **to placate rebel groups** : apaiser les groupes rebelles • **to stop delivering / supplying weapons (to)** : cesser les livraisons d'armes (à) • **to replace corrupt governements** : remplacer les gouvernements corrompus • **to install democracy** : installer la démocratie • **to achieve political stability** : parvenir à la stabilité politique • **to attract foreign investment** : attirer les investissements étrangers • **to expand and diversify exports** : étendre et diversifier les exportations

86 Windfarms are an eyesore

to harness wind power (ni)	capter l'énergie éolienne
the wind power industry	l'industrie éolienne
a wind power plant	une éolienne
a wind farm / a wind power plant	un parc d'éoliennes
a wind farm site	un site pour un parc d'éoliennes
an offshore wind farm	un parc d'éoliennes marin
a wind pump	une roue éolienne
a wind turbine / a wind machine	une éolienne
to blow [blew / blown]	souffler
power generation	la production d'énergie
wind-powered (a)	qui fonctionne à l'énergie éolienne
kinetic energy	l'énergie cinétique
wind availability	la disponibilité d'énergie éolienne
wind-power generation	la production d'énergie éolienne
wind speed / intermittency	la vitesse / l'intermittence du vent
a sea / land breeze	une brise marine / de terre
air density	la densité de l'air
wind power density (WPD)	la densité de l'énergie éolienne
to deploy turbines	installer des turbines
to shut down a turbine	arrêter une turbine
to spin / a blade	tourner / une pâle
a wind power unit (WPU)	un aérogénérateur
a source of energy	une source d'énergie
to produce electricity	produire de l'électricité
to generate energy (from the wind)	produire de l'électricité (à partir du vent)
to be dependent on (for) / dependence (on)	dépendre de (pour) / la dépendance (de)
to develop a technology	mettre au point une technologie
to capture / to tap / to convert energy	capturer / convertir l'énergie
energy harvesting / power harvesting / energy scavenging	la capture de l'énergie
to tap into a source of energy	exploiter une source d'énergie
to recover energy	récupérer l'énergie
to provide / to supply energy	fournir de l'énergie
nameplate capacity / maximum effect	la production maximum
the electric power transmission network	le réseau d'électricité
electricity consumption	la consommation d'électricité
an eyesore	une pollution visuelle
to spoil the beauty (of)	gâcher la beauté (de)
a blight on the landscape	une tâche dans le paysage

for

- **a source of renewable electricity** : une source renouvelable d'électricité • **to generate power from wind** : produire de l'électricité à partir du vent • **an alternative to fossil fuel** : une alternative aux carburants fossiles
- **global wind resources are inexhaustible** : les ressources éoliennes sont inépuisables • **to meet the world's current energy needs** : faire face aux besoins énergétiques globaux • **global wind-energy potential** : le potentiel mondial d'énergie éolienne • **to be cost-competitive with electricity derived from natural gas and even coal in many markets** : être compétitif avec l'électricité dérivée du gaz naturel et même du charbon • **to forecast wind availability (within)** : prédire la disponibilité du vent (dans) • **to schedule wind power** : prévoir l'énergie éolienne
- **to make a significant contribution to curbing greenhouse gas emissions** : contribuer de façon significative à atténuer les émissions de gaz à effet de serre • **pollution-free** : non polluant • **competitive (with)** : compétitif (face à)

against

- **a project's opponents** : les adversaires d'un projet • **an intermittent / unreliable power / energy source** : une source d'énergie intermittente / peu fiable • **variable / constant** : variable / constant • **non dispatchable** : non dispatchable • **not to be available on demand** : ne pas être disponible à la demande • **to be affected seasonally (more output in winter than summer) / by daily temperature variations** : être affecté en fonction des saisons (plus de production en hiver qu'en été) / par les variations de température journalières • **the wind does not blow all the time** : le vent ne souffle pas tout le temps • **peak demand** : le pic de la demande
- **to blow far away from cities that need electricity** : souffler loin des villes qui ont besoin d'électricité • **to build new transmission lines / to improve the integration of wind power into the grid** : construire de nouvelles lignes à haute tension / améliorer l'intégration de l'énergie éolienne au réseau • **to overhaul the power grid to accommodate wind power** : remettre le réseau électrique à plat pour gérer l'énergie éolienne • **transmitting wind power from rural areas with strong winds to populated areas with high demand will require expensive new transmission lines** : transmettre l'énergie éolienne des régions rurales venteuses aux régions peuplées à la forte demande nécessite des lignes à haute tension coûteuses • **to be expensive to operate and maintain** : coûter cher à faire fonctionner et à entretenir
- **wind farms don't make good neighbours** : les parcs d'éoliennes ne font pas bon ménage • **to mar the landscape** : gâcher le paysage • **an unobstructed view** : une vue dégagée • **to clutter up the horizon** : encombrer l'horizon • **to spoil the view** : gâcher la vue • **to be noisy** : être bruyant • **to hurt wildlife / fishing / tourism** : causer du tort à la faune sauvage / à la pêche / au tourisme • **the danger wind turbines pose to birds** : le danger que les turbines représentent pour les oiseaux

87 Youth is the best time of life

the young generation	la jeune génération
the young [pl. the young]	les jeunes
a youngster / a youth (nd)	un jeune
young (a) / youth (ni)	jeune / la jeunesse
a teenager / an adolescent	un adolescent
teenage (a) / teen (a) / the teens	adolescent / l'adolescence
to be in / to reach one's teens	être adolescent / atteindre l'adolescence
a teenaged American	un adolescent américain
pre-teen (a)	préadolescent
to have a good time / to have fun / to enjoy oneself	bien s'amuser
to enjoy life	profiter de la vie
to conform (to) / conformity (ni)	se conformer (à) / le conformisme
non-conformist (a)	non conformiste
carelessness / careless (a)	la négligence / négligent
idleness (ni) / idle	l'oisiveté / oisif
boredom (ni) / bored (a)	l'ennui / qui s'ennuie
to be self-conscious	être mal à l'aise, timide, gauche
a risky behavior	une conduite à risque
to drive too fast / under the influence	conduire trop vite / en état d'ébriété
drunk driving	la conduite en état d'ébriété
to have unprotected sex	avoir des rapports non protégés
to have sexual relations	avoir des relations sexuelles
to experiment with drugs	toucher à la drogue
to try cannabis	essayer le cannabis
binge drinking	les beuveries
to date (sb) / a date	rencarder (qn) / un rencard
the awkward age	l'âge ingrat
to grow up [grew / grown]	grandir
the grown ups	les adultes
growing pains	les troubles liés à la croissance
maturity / mature (a)	la maturité / mûr
immaturity / immature (a)	l'immaturité / immature
a developmental stage	un stade de développement
a developmental crisis	une crise de croissance
a volatile / transitional stage	une étape difficile / de transition
a physical change	un changement physique
to come of age	devenir majeur
an emerging adult	un jeune adulte (20-30 ans)
adulthood / adult life	l'âge adulte / la vie d'adulte
to settle down	se calmer

for

- **during / throughout one's youth** : pendant (toute) sa jeunesse • **in one's youth** : dans sa jeunesse • **the youth of today** : les jeunes d'aujourd'hui • **to be satisfied with one's life** : être satisfait de son existence
- **to live a carefree life** : mener une vie sans souci • **to have no bills to pay** : ne pas avoir de factures à payer • **to assume / to take on no responsibilities** : ne pas assumer de responsabilités • **not to have a worry in the world** : être sans souci • **to relax** : se détendre • **to have dreams (about the future)** : faire des rêves (d'avenir) • **to enjoy good health** : être en bonne santé • **a time of discovery** : un temps de découvertes • **to be taken care of / looked after (by)** : être l'objet d'attention (de la part de) • **to live in a cocoon** : vivre dans un cocon • **to spend time / to go out with friends** : passer du temps / sortir avec des amis
- **to spread one's wings** : prendre son envol • **to fly [flew / flown] / to leave [left] the nest** : quitter le nid • **to sow one's wild oats** : jeter sa gourme, faire les quatre cents coups • **boys will be boys** : il faut que jeunesse se passe • **callow youth** : la folle jeunesse • **to run wild** : faire n'importe quoi • **the age of innocence** : le temps de l'innocence

against

- **to change into an adult's body** : se transformer en corps d'adulte • **hormones** : les hormones • **to have a skin condition** : avoir des problèmes de peau • **fuzzy-cheeked (a)** : à la barbe naissante • **to develop acne** : faire de l'acné • **pimples / zits / spots** : des boutons • **a spotty adolescent** : un adolescent boutonneux • **to be obsessed with oneself** : être obsédé par son moi • **to titivate (oneself) / to doll up / to dress up** : se pomponner • **to primp** : se bichonner • **the onset of puberty** : les débuts de la puberté • **to posture** : prendre des airs, affecter des attitudes • **self conscious** : mal à l'aise
- **a perilous time** : une période dangereuse • **to be (a) victim of physical / sexual violence** : être victime de violence physique / sexuelle • **dating violence** : la violence dans les rapports amoureux • **to escape unscathed** : s'en sortir indemne • **teenager suicide** : le suicide chez les jeunes • **the choking game / the scarf game** : le jeu du foulard • **to play the choking game** : jouer au jeu du foulard • **risky sexual behavior** : une conduite sexuelle à risque • **to be bullied** : être harcelé • **to run away from home** : fuguer • **a mood swing** : un changement d'humeur • **to be in search of identity** : être à la recherche de son identité • **to find oneself** : se trouver • **to assert one's identity** : affirmer son identité • **to carve out a niche in society** : se tailler une place dans la société • **to be subject to peer pressure** : être soumis à la pression du groupe
- **to be trapped at home** : être coincé chez soi • **to lack independence** : manquer d'indépendance • **to yearn for / to crave independence** : aspirer à l'indépendance • **to be unable to make one's own decisions** : être capable de décider pour soi • **to be clueless** : être sans repères • **to comply with discipline** : obéir à la discipline
- **to be inexperienced** : manquer d'expérience • **to have trouble landing / finding a job** : avoir du mal à trouver un emploi • **the teenager unemployment rate** : le taux de chômage chez les jeunes

AUBIN IMPRIMEUR

Achevé d'imprimer en octobre 2010
N° d'impression L 74041
Dépôt légal, octobre 2010
Imprimé en France